シン日本流経営

成長のダイナミズムを取り戻す「超進化」

名和高司
Takashi Nawa

はじめに

日本が元気を取り戻している。

「失われたX年」などという自虐的なムードに、いつまでも閉じこもっている場合ではない。マイナス思考からプラス思考に転換すれば、明るい未来が実現できる。これを社会心理学では「自己成就的予言《じこじょうじゅてきよげん》」と呼ぶ。根拠がない思い込みをもって行動すると、結果的に本当に実現できてしまうというのだ。

とはいえ、いったん停滞を経験した日本は、自分に対して疑い深くなっている。自信を取り戻すためには客観的な根拠がほしい。

そのような手がかりの一つとして、「国家ブランド指数（ＮＢＩ）」に注目したい。世界最大の世論調査会社イプソスが、60カ国を対象に、「輸出」「ガバナンス」「文化」「人材」「観光」「移住と投資」という６つの切り口から世界の世論を調査した結果を毎年発表している。日本は毎年着実に順位を上げ、２０２３年、過去最高の６年連続で首位をキープしていたドイツを抜き、ついに首位に立ったのである（※1）。

個別の項目で目を引くのが、「製品の信頼度」と「他のどの場所とも異なる」という点において、1位を獲得している点である。前者は納得感が高い一方、後者は意外に感じられるかもしれない。日本人は自国の世界標準からの逸脱を、「ガラパゴス化」と呼んで自嘲してきた。しかし、均質化に向かう世界の中で独自性を保っている日本は、みずからの希少価値をもっと肯定的に評価してもいいのではないだろうか。

もっとも、昭和世代は、そう手放しで喜んではいられないかもしれない。半世紀ほど前、『ジャパン・アズ・ナンバーワン』(※2)とおだてられて、「その気」になった経験が思い起こされるからだ。その頃が頂点で、その後、日本が下り坂を転がり落ちていった苦い記憶が蘇ってしまう。ただ、その当時なぜナンバーワンと言われたのかを、しっかり振り返ってみてはどうだろうか。

著者のエズラ・ヴォーゲルは同書の中で、日本の高い経済成長の基盤は、日本人の学習への意欲だと分析している。そして皮肉なことに、この学習能力に変調をきたしたことが、平成の失敗に結びついてしまったのだ。

成長が頭打ちになる中で、日本企業の多くはこれまでの日本流経営を「昭和型」と切り捨て、アメリカ流経営に大きく舵を切った。そして、マイケル・ポーターの競争戦略に代表される、一見切れ味のよさそうな経営論を次々に学習していく。リエンジニアリング、ビジネスモデル・

イノベーション、ROIC（投下資本利益率）経営など、枚挙にいとまがない。

しかし、そのような理論先行型の経営モデルは、実践知を重視する日本企業の現場に実装されることはなかった。日本流の現場の強みは軽視され、最新理論で武装したはずの経営が迷走を繰り返す。このような表面的な学習、すなわち「擬態（コスプレ）」経営が、平成の失敗の本質である。

この失敗は、令和にも持ち越されようとしている。ガバナンス、両利きの経営、ジョブ型などを「世界標準」と崇めて取り込もうとする擬態が、留まるところを知らない。しかし、そもそも世界標準などというものは、どこにも存在しない。卑屈な島国根性が生んだ幻想でしかないのだ。北欧諸国やシンガポールなど、成長を続ける国々の企業は、それぞれ独自の経営モデルに磨きをかけている。

当のアメリカですら、欲望資本主義を基軸とするアメリカ流経営を抜本的に見直そうとしている。そのような中で、数周遅れの擬態学習にすがっていたのでは、いつまでたっても「失われたX年」という負のスパイラルから脱することはできない。

20世紀型の競争優位は、先が読めないVUCA時代には通用しない。筆者は20年前から、「学習優位」を次世代経営モデルとして提唱してきた（※3）。その本質は学びに徹するだけでなく、それを乗り越えて、新たな地平をみずからの手で拓くことにある。この「学習」→「脱学習」

↓「超学習」のサイクルこそが、21世紀の経営のカギとなるはずだ。

そして、それを日本流に言い換えれば、「守破離《しゅはり》」という流儀そのものである。古来、日本人が芸道や武道で大切にしてきたこの日本流をいかに未来に向けてアップデートし、経営に実装するか。それが「シン日本流経営」の基本テーマである。

日本が元気を取り戻したからといって、いまさら昭和型を復活させようという話にはなるまい。かといって平成型の擬態経営を続けていたのでは、いつまでたっても世界のフロントラインには立てない。

進化の本質は、過去から未来を紡ぎ出していくことにある。経営の次元に応用すれば、「日本流」から「シン日本流」への経営OSのバージョンアップが問われることになる。

そのためには、まず日本が伝統的に培ってきた強みと、未来に向けた可能性をしっかり見極めることから始めなければならない。経営用語にすると、日本企業が持つ「秘匿」資産と、「未実現」資産の棚卸作業とでもいえよう。

本書では、「日本流経営」の本質を見極めたうえで、それをいかにシン日本流経営に進化させていくかを展望することに主眼を置きたい。

本書は大きく4部構成となっている。

第I部では、現在を俯瞰する。道元禅師は「而今《にこん》」に刮目《かつもく》せよと説く。現在は、過去と未来の結節点である。過去の延長線上に未来があるわけではない。過去と断絶した未来もありえない。未来はひとえに、我々自身の選択にかかっている。

我々の前には、大きく3つの道が開かれている。超成長、脱成長、そして異成長の3つだ。それぞれの道の先にある未来を展望したうえで、第三の道、すなわち「質的な成長」において世界をリードしていくことこそ、日本が選択すべき道ではないかという仮説を論じる。

第Ⅱ部では、過去を振り返る。日本の伝統的な学習の流儀を、守破離という3つの動態でとらえ直す。茶の湯の達人・千利休の教えである。

古来、日本は中国（漢学）、古代（国学）、そして欧米（洋学）を手本としてきた。そしてそれを単に「まねぶ」だけでなく、「ずらし」続けることで、独自の道を「ひらく」ことを旨としてきた。この「まねび・ずらし・ひらく」という日本古来のイノベーションの流儀を、我々はもう一度「学びほぐす」必要がある。

ただし、そこで最も重要なことは、「本《もと》」を忘れないことだと千利休は釘を刺す。学習における本とは何か。本書では、それはいま風の「専門化」でも「リスキリング」でもなく、「学習することを学習する力」だと論じる。

第Ⅲ部では、未来を展望する。シン日本流の「シン」を8段活用させてみる。「深」と「新」、「心」と「身」、「信」と「真」、「進」と「津」の8つである。シン日本流が、空間軸上では開放系として広く外に開き、時間軸上では非線形状に未来を拓く特性を持っていることに気づくはずだ。

したがって、その開花する形は多種多様でありうる。そこで、故・松岡正剛氏が説く「別日本の可能性」についても、経営の視点から展望してみたい。

第Ⅳ部では、明日を提言する。日本は「個」が確立していないと揶揄されてきた。しかしそれは、「和をもって貴しとなす」を原点とする、日本があえて選んだ方法論だったはずだ。個人ではなく「和人」を目指す日本の姿勢は、明日を拓く価値観として、世界の共感を呼ぶ力があるのではないだろうか。

そのためには、「志」「倫」「拓」という日本古来の三種の神器をしっかりとパワーアップする必要がある。同時に、異質なものをインクルージョンするための「ホーリズム」、変化を常態とする「ダイナミズム」、そして価値創造のための「アルゴリズム」を、シン三種の神器として身につけなければならない。

シン日本流は、世界に大きく貢献することが期待される。たとえば現在のＳＤＧｓは、欧米が新興国の社会経済の発展を念頭に置いた、上から目線の内容になっている。２０３０年以降、ＳＤＧｓの次が模索されている中で日本が世界を包摂する和の視点を説くことにより、世界に共感の輪が広がる可能性がある。

いま経営の現場のみならず、社会、そして政治、経済といったあらゆるシーンで求められているリーダーシップは、もはや「英雄（カリスマ）型」でも「奉仕（サーバント）型」でもない。それは、「静かなリーダーシップ」という名で呼ばれているものだ。

日本、そして日本企業は、この「静かなリーダーシップ」を発揮することで、伝統を尊重しつつ、異次元の明日への扉を拓くことができるはずだ。その未来の可能性を実現できるかどうかは、我々一人ひとりの自覚と行動にかかっている。そうした未来に向けて、本書が皆さまのよりどころの一つとなることを心から期待している。

２０２５年１月　新春の飛鳥路にて　　名和高司

Contents

第II部 日本流経営の奥義

Contents

Contents

第Ⅲ部 シン日本流経営とは

Contents

第IV部 扉の向こうへ

Contents

第Ⅰ部 分岐点に立つ日本

「僕の前に道はない　僕の後ろに道は出来る」

『道程』高村光太郎

東山魁夷画伯の代表作の一つに「道」という作品がある。草原の中を一筋に伸びた道。なだらかな坂を青空に向かうようでいて、少し右に曲がっている。その先は見えない。

高校の現代国語の教科書で、ご覧になった方も多いだろう。筆者もその一人だ。いまでも東京で勤めている大学院の近くにある国立近代美術館に足を延ばしては、この絵の前にたたずむことを楽しみにしている。もっとも、最近は展示される機会がないようで、また見られるのが待ち遠しい。

解説によると、「これから歩もうとする道」を描いたものだという。1950年の作。戦後の混乱から歩み出そうとする日本人にとって、未来への希望を暗示してくれる絵だったに違いない。

それから4分の3世紀たった現在、我々の前にはどのような道が開かれているのだろうか。この絵の先にある丘の上に立てば、未来の道が見えてくるはずだ。そして、それは大きく3つに分岐しているのではないだろうか。

1つ目は、ひたすら高い空に向かって真っすぐ進む道。しかも勾配はますます急になる。デジタル勝ち組が唱える「指数関数的成長」に向かう道だ。いずれ天に届いてしまうかもしれない。もっとも「リミットレス(限界なし)」という強者の思想は、天すら突き破ってしまいかねない。

2つ目は、左に大きく曲がって、来た方向に逆戻りする道。アメリカの生態学者レイチェル・カーソンが、名著『沈黙の春』(※4)の中で、「未踏の道」と呼んだ脱成長に向かう道だ。このまま成長を続けると地球は破綻する。したがって多くの環境論者や社会主義論者は、成長志向そのものに封印をして、「ウェルビーイング」な世界に安住すべきと説く。

そして3つ目は、東山魁夷画伯の絵のように右に曲がって方向を変えていく道。量から質へと成長の次元をワープすることを目指す。成長か非成長かというデジタルな二択ではなく、「異成長」という第三の選択肢を模索する。


真の「未踏の道」とは、単に現状に留まることでも、元の道を引き返すことでもない。もちろん「けもの道」でもない。それはけものたちが、自分たちのリスクとリターンを考慮に入れて、秘密裏につくり上げた利己的な道にすぎない。

安易な選択肢を避け、道なき道にみずから踏み出していかなければならない。そうすることによって、我々の後に正しい道ができるはずだ。第Ⅰ部では、そのような第三の道を選択することの重要性と可能性を論じることにしたい。

第1章

第一の道——超成長

この章では、第一の真っすぐに伸びる道の風景を取り上げてみたい。「超成長」路線である。過去を振り返ってみよう。戦後日本は、世界が目を見張る成長を遂げていった。1955～1973年の約20年、実質経済成長率は10％前後の高い水準で推移していった。いま成長著しいインドですら、年平均成長率は8％弱。この数字だけを見ても、いかに爆発的な成長だったかがうかがえる。

現在の日本はどうか。実質GDP成長率は2％を切る。IMFの国別ランキング（2023年）を見ると、131位だ。先進国の中では、アイスランドの5・04％（47位）、アメリカの2・89％（94位）、スペインの2・67％（99位）、デンマークの2・50％（107位）などに続いて健闘している。フランス、イギリスは、ロシアのウクライナ侵攻に端を発したエネルギー価格の高騰もあり、いずれも1％を切っている。スウェーデンやドイツに至っては、マイナス成長だった。

成熟国として立派に頑張っているではないか、という声が聞こえそうだ。一方で、かつての栄光を夢見て、再成長に舵を切ろうという掛け声も喧しい。本章のテーマである「超成長」論である。

そもそも、GDPという数字に惑わされてはいけない。D（Domestic）、すなわち国内での生産しか対象としていないからだ。それでは、グローバル化する企業の活動実態と大きく乖離してしまう。

さらに、平均値の罠にはまってはならない。デジタルやバイオなどを起爆剤とした「第4次産業」と、旧来型の産業が混在しているからだ。欧米、なかんずくアメリカでは、極端な二極化が進んでいる。社会レベルで言えば富裕層と貧困層の分断であり、企業レベルで言えば優勝劣敗の加速である。それが高度資本主義の実態であるとすれば、何としても「勝ち組」に入らなければならない、と超成長論者は力説する。

本章ではまず、アメリカにおける超成長モデルを概観しておこう。そして、日本における超成長企業を取り上げてみたい。ニデック（旧日本電産）、ファーストリテイリング、ソフトバンクの3社だ。「失われた30年」の中で、なぜこれらの企業は異次元の成長を遂げてきたのか。その秘訣を探り、日本企業への学びを抽出する。

そのうえで、「超成長」モデルの先にある未来を考察する。ここからは、かなりSFチックな世界になっていくはずだ。ぜひしっかりとシートベルトを締めて、読み進めていただきたい。いざ、超成長ワールドへ！

必要なのは、スケールアップの知恵と仕組み

『マグニフィセント・セブン（The Magnificent Seven）』というタイトルをご存じだろうか。映画ファンなら、少し前（２０１６年）のあまりヒットしなかった西部劇を思い浮かべるかもしれない。私の世代だと、スティーブ・マックイーンが出演した往年の名作『荒野の七人』（１９６０年）を思い出すのではないだろうか。先に挙げた２０１６年の映画は、この名作のリメイクだ。ちなみに、『荒野の七人』が実は黒澤明監督の代表作の一つ『七人の侍』（１９５４年）のリメイクだったことは、知る人ぞ知るエピソードである。

さて、現代の「マグニフィセント・セブン」と言えば、アメリカを代表するテック企業7社の代名詞である。ＧＡＦＡＭと総称される5社（グーグル＝現アルファベット、アップル、フェイスブック＝現メタ・プラットフォームズ、アマゾン・ドット・コム、マイクロソフト）に、エヌビディアとテスラを加えた7社のことだ。なぜか分からないが、ＧＡＦＡＭＥＴとは呼ばないらしい。

この7社の超成長ぶりは凄まじい。三井住友トラスト・アセットマネジメントによると、マグニフィセント・セブン（Ｍ7）の株価は、２０１３年からの11年間で平均して43・7倍に上昇。一方、Ｍ7も含むＳ＆Ｐ５００は4・19倍で、これら7社を除くと3・40倍に留まる。こ

図1-1

マグニフィセント・セブンの驚異的な株価上昇

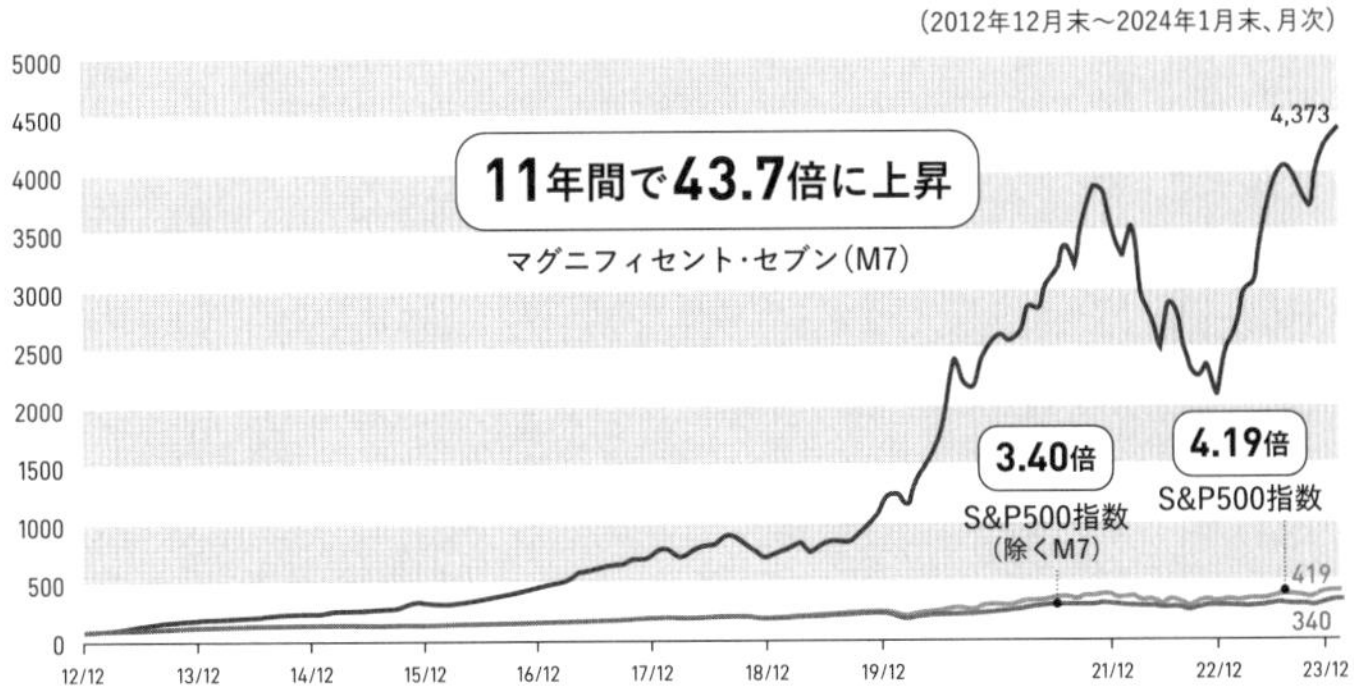

スケールアップに成功した一部の超成長企業が、アメリカの株式市場を牽引している。

※1 マグニフィセント・セブンは該当する7銘柄に均等投資したポートフォリオで、2月末、8月末にリバランスして算出。
※2 グラフの起点を100として指数化、米ドルベース、配当込み。
※3 BARRA、Bloomberg、MSCI、ロンドン証券取引所グループのデータをもとに三井住友トラスト・アセットマネジメントが作成。

出所：三井住友トラスト・アセットマネジメント

れは、同じ期間の日経平均株価成長率（3・49倍）にも届かない数字だ（図1－1）。極言すれば、日本企業群がアメリカに大きく劣後しているように見えるのは、M7レベルの超成長企業が出てこなかったからにすぎない。そこで日本政府は、スタートアップの育成に大きく踏み出そうとする。2022年を「スタートアップ創出元年」と位置付けたほどの力の入れようだ。

　しかし、残念ながら、これは大いなる勘違いだ。アメリカでも日本でも、もちろん星の数ほどスタートアップは生まれている。ただ、よくて中小企業どまり、多くは海の藻屑のように消え去っていく。この点において、日米の差はない。

日米の差は、スタートアップの創出力の差ではなく、「スケールアップ」の知恵と仕組みの差にある。にもかかわらず、スタートアップの裾野を広げれば、その中から大化けする企業も現れるのでは、という安易な発想そのものが貧困と言わざるをえない。

アメリカの伝説のベンチャーキャピタリストの声を聴いてみよう。それはピーター・ティール。ペイパルを創業した後、数々の大化けベンチャーを創出してきた人物で、フェイスブックの初期の投資家の一人でもある。また、2020年に1兆6000億円規模の上場を果たしたパランティア・テクノロジーズは、彼が創業者・会長を務めている。

そのティールの著作に『ゼロ・トゥ・ワン』（※5）という名著がある。スタートアップを大きくスケールアップさせる成功の秘訣を披露したものだ。ちなみに「ワン」とは「1ビリオン（10億）ドル」、すなわち年間収益1500億円超を指す。まさに桁違いである。

同書は、その条件として、7つのキークエスチョンに答えられなければならないと説く。誰も気づいていない大化け市場を発見したか、そこで10から20年にわたって独占的な地位を維持できる参入障壁を築けているかなど、いずれの質問もハンパない。これらの質問のすべてをクリアできる企業は、日本のトップ・ユニコーン企業群の中でも皆無である。

「スタートアップ」待望病に陥っている限り、日本版マグニフィセント・セブンが出現することはないだろう。

「エグゾス」10の法則

デジタルの世界では、「指数関数的成長」が常識となっている。複利式の成長、あるいはネズミ算的な成長と言ったほうが分かりやすいかもしれない。プラットフォーム型のビジネスは、その典型である。利用者が増えれば増えるほど、個々の利用者の利便性が増す一方で、顧客獲得コストやサービス提供コストは下がる。経済学で「ネットワーク外部性」と呼ばれる現象である。

より広くは、無形資産そのものが指数関数的に成長する。たとえば組織資産、人的資産、顧客資産は、いずれも「共有資産」化されることで、より価値が増す。これは、ある用途に活用されると占有化されてしまう、建物や機械設備、金融資産などの有形資産との本質的な違いである。言い換えれば、有形資産から無形資産へと経営の基軸をシフトすることで、指数関数的な成長が可能になる。

そのような桁外れの成長を遂げる企業を、「エグゾス（ExOs）」と呼ぶ。指数関数的組織（Exponential Organizations）の略。新種の怪獣のような名前だ。邦画の主人公「シン・ゴジラ」は、放射能を浴びて巨大化した。エグゾスは、デジタルパワーを満身に浴びて巨大化していくのである。先述したマグニフィセント・セブンはその典型といえよう。

シリコンバレーに拠点を置くシンギュラリティ大学では、エグゾスの法則を教えている。使われる教科書は、その名も『Exponential Organizations』、邦題は『シンギュラリティ大学が教える飛躍する方法』（※6）である。

まず、「MTP」を高く掲げることが大前提となる。MTPはシリコンバレーでは呪文のように唱えられるキーワードだ。Massive Transformative Purpose（巨大で変革的なパーパス）の略である。「北極星」と呼ぶこともある。そもそも、このような奇想天外なパーパスがなければ、桁違いの成長を目指す資格はない。

そのうえで、10の法則が並ぶ。そのうちの5つは、組織の内部に向いたものだ。

①Interface（インターフェース：組織間の境界が明確であること）
②Dashboard（ダッシュボード：2、3つに限定されたKPIがあること）
③Experiment（実験：実験を奨励すること）
④Autonomy（自律型組織：自律性を尊重すること）
⑤Social Technologies（ソーシャル技術：SNSなどを活用すること）

これらの頭文字を並べると「IDEAS」となる。一方、残りの5つは、組織の外に向いたものである。

⑥Staff on Demand（オンデマンド型の人財調達：人財は必要に応じて外から調達）
⑦Community & Crowd（コミュニティとクラウド：外部との関係性づくり）
⑧Algorithm（アルゴリズム：独自の価値創造方程式を構築）
⑨Leveraged Assets（外部資産の活用：他力や外部資産を手の内化せずに活用する）
⑩Engagement（エンゲージメント：外部を惹きつける求心力）

これらの頭文字は「ＳＣＡＬＥ　ＩＤＥＡＳ」となる。したがって、両方あわせて「ＳＣＡＬＥ　ＩＤＥＡＳ」。アイディアを生み出すだけでなく、それをいかにスケールさせるかが桁違いの成功のカギを握る。ここでも内向きのちまちましたスタートアップ（０↓１）ではなく、外部経済を取り込むスケールアップ（１↓１００）こそが、本質的な課題であることに気づかされる。

リミットレス

それでは、指数関数的成長の先には、何が待っているのだろうか。アメリカでは、「リミットレス（限界なし）」が、まことしやかに唱えられている。その震源地は、大きく3つあるようだ。

第一に、技術からの論点。「シンギュラリティ」という言葉は、よく耳にするようになった。

先述の「シンギュラリティ大学」もこの言葉を冠している。日本語では「技術的特異点」と訳されることが多い。ＡＩが人間の知能を超える特異点のことを指す。この特異点を超えると技術の進歩が超加速度的になり、人間の文明は極端に変化する。その結果、それ以前の歴史的出来事すべてが無意味化してゼロに見えるほどになる、というのである。

シンギュラリティ論は、さまざまな分野から批判されてきた。日本でも「シンギュラリティは来ない」などという反論が喧しかった。しかし、チャットＧＰＴの出現や量子コンピュータの長足の進展とともに、少なくともプレ・シンギュラリティは間違いなく始まっているという論調が広がり始めている。

第二の論陣は、経済の視点に立ったものだ。たとえばアメリカの経済社会理論家ジェレミー・リフキンは『限界費用ゼロ社会』（※7）の出現を唱える。限界費用、つまりモノやサービスを生み出すためのコストは限りなくゼロに近づき、やがてモノやサービスは無料の社会が到来するという。

ソフトやコンテンツがフリー（無料）で提供される現象は、いまや日常茶飯事だ。ＩｏＴの進展に伴い、物理的な世界でもモノやサービスを生み出すための限界費用逓減が進んでいく。その結果、所有することの価値は失われ、共有型経済（シェアリング・エコノミー）へと移行すると論じる。

そうなると、これまでのビジネスモデルそのものが大きな転換点を迎える。究極は、市場原理を中核とした資本主義から、共同体（コモンズ）を中核とした新たな経済モデルに移行していくと予言する。それは期せずして、80余年前に資本主義の崩壊と新たな社会主義の到来を唱えたヨーゼフ・シュンペーターの予言とも軌を一にするものである。

そして第三の声は、人間論の地平から沸き起こっている。人間が内包する潜在能力に光を当てるアプローチである。たとえば、アメリカの脳コーチであるジム・クウィックは著書（※8）の中で、人間は無限の能力を開発できると述べている。そのためには、マインドセット（思い）、メソッド（方法論）、モチベーション（情熱）の「3つのM」の限界を突破する必要があると説く。

これは、同名のアメリカ映画『リミットレス』（2011年）を彷彿とさせる。そこに登場するのが、普段20％しか使えていない脳の能力を100％活性化させるスマートドラッグ。これを服用した主人公は、一晩で本を書き上げてしまう。筆者もぜひあやかりたいところだが、薬が切れた後の副作用がハンパないらしい。

しかも、以上の技術・経済・人間の3要素は、指数関数的な成長によって急速に融合していく。『ポスト・ヒューマン誕生』（※9）の著者である未来学者レイ・カーツワイルは、同書の中で「特異点に到達すれば、我々の生物的な身体と脳が抱える限界を超えることが可能になり、運命を超えた力を手にすることになる」と予言。そして、それは「神の概念」への進化だとすら語る。まさに「ホモ・デウス（神のヒト）」への道である。人間の営みとしての経済も、人間の能力そのものも、技術の特異点を超えると「限界ゼロ」に突入していく。

しかし、それは「制御ゼロ」ということになりはしないか。この点については、後の章で改めて考えてみたい。

大ボラ3兄弟に見る共通点

指数関数的な成長など、日本企業はしょせん蚊帳の外という声が聞こえてきそうだ。たしかに高度成長時代であればいざ知らず、日本経済が成熟という名の衰退に30年間陥り続けてきた中で、現実離れした話に思えるかもしれない。

しかし、その同じ30年間に、指数関数的な成長を遂げてきた日本企業が一握りだが存在することも見落としてはならない。そのような「例外」企業としては、ニデック、ファーストリテイリング、ソフトバンクの3社が、真っ先に挙げられる。

電機部品メーカー、アパレル製造小売り企業、通信メディア企業と、業種は明らかにバラバラ。進化のパターンも、筆者が『超進化経営』(※10)で示した類型に従えば、ニデックとファーストリテイリングは「深耕(カルト)」型、ソフトバンクは「脱構築(デコン)」型と異なる。

一方で、重要な共通点をくくり出すことができる。

第一に、創業者みずからがスケール化を力強く牽引してきたこと。ニデックの永守重信グローバルグループ代表、ファーストリテイリングの柳井正会長兼社長、そしてソフトバンクの孫正義会長兼社長は、いずれも日本を代表するカリスマ創業者である。当然ながら、3人とも創業当時はスタートアップ創業者の一人にすぎなかった。しかし、他の泡沫スタートアップとの決定的な違いは、0→1に留まらず、それを1→100にスケールアップし続けてきたことにある。

第二に、前述したMTPを、高らかに掲げていること。創業当時から1兆円を目指す、世界一になる、といった身の丈以上の目標を公言。「大ボラ3兄弟」と揶揄されても、まったく意に介さない。たとえば、永守氏は「ウソはいかんが、ホラならいずれ現実にしてみせる」が口癖。3社とも売上高1兆円を約束通り達成するや、すかさず次の目標を10兆円へと1桁高く掲げ直した。

第三に、前述のエグゾス10法則をいずれも実装していること。なかんずく光っているのが、⑧のアルゴリズム、すなわち独自の価値創造方程式だ。もちろん、その中身は三者三様。その詳細を論じることは、本書の目的から外れるので差し控えたい。

ただし、この価値創造方程式にも3つの共通点があることを指摘しておこう。それは、「自社ならでは」のひねりがあり、自社の中で再現性と拡張性があり、かつ常にアップグレードし続ける、という3点である。この3つこそ、圧倒的にスケールし続けるための成功条件と呼ぶことができそうだ。

ほかにも、このようにしっかり指数関数的な成長を実現した日本企業は存在する。たとえばリクルート、キーエンス、ダイキン工業なども、先に挙げた成功要件が見事に共通する超成長企業である。裏を返すと、そのほかの多くの残念な日本企業は次の3点のいずれか、あるいはすべてにおいて、大きく劣後していたといえそうだ。

第一に、スケール化に向けたリーダーシップの迫力不足。もっとストレートに言えば、経営者の能力と覚悟の欠如。

第二に、MTPの不在。もっとストレートに言えば、帰納的発想で中期計画をつくることはできても、演繹的発想で長期目標を掲げる能力と覚悟の欠如。

第三に、再現性・拡張性の高いアルゴリズムの未整備または高度化の遅れ。もっとストレートに言えば、「進化する仕組み」をつくり、磨き上げる能力と覚悟の欠如。

いずれも、課題の本質は、能力（Skill）と覚悟（Will）の欠如に集約される。よりストレートに言えば、覚悟（Will）の欠如こそが最大の敗因である。能力（Skill）は覚悟（Will）の従属関数にすぎないからだ。

いま日本では、人的資本強化などという表面的な潮流の中で、働き方改革やリスキリングがブームになっている。しかし、まずは経営者自身、そして社員一人ひとりの不退転の覚悟がない限り、そのような通り一遍の改革の中から指数関数的な成長企業が生まれてくることはないだろう。

想像力の翼

さて、指数関数的な成長はどのような未来をもたらすのか。悲観シナリオは次章に譲るとして、ここでは楽観シナリオに沿って考えてみたい。

科学の進化がシンギュラリティに近づくにつれ、解決不可能だった課題は次々に片付いていくと楽観主義者は語る。たとえば現行のＳＤＧｓ（持続可能な開発目標）の17のゴールと、その下にある１６９のターゲットが解決されるのは、時間の問題である。技術が1年の間に倍々ゲームで進化するなら、半分まで解決すれば、次の1年ですべてが解決してしまう。

たとえば世界の二大脅威といわれる環境破壊と食料不足。人工光合成など、二酸化炭素を捕獲・再利用する技術や、アミノ酸生成のカギを握る窒素を固定・再利用する技術が確立すれば、究極の循環社会が訪れることも夢ではない。

その際に欠かせないのが、微生物などのバイオ技術と、それを利用して安価に酸素やアミノ酸を生成する設備技術だ。いずれも日本企業が得意とする分野である。実用化に向けて必要となるのはスピードとスケールの10X（10倍）化だけだ、と楽観主義者は豪語する。

差し迫った課題解決だけではない。よりワクワクするのは夢の実現だ。たとえば時空を一瞬にして駆け抜ける体験。その目くるめく楽しさたるや、現代のジェットコースターやロールプレイングゲーム（RPG）の比ではない。

空間（3次元）移動はテレポート、時間（4次元）移動はタイムトラベルとも呼ばれ、古今東西、人間が憧れてきた体験である。約1世紀前にアルベルト・アインシュタインが予言したワームホール（虫の穴）が発見され、瞬間移動（ワープ）する技術が確立すれば、空間歪曲や時間歪曲が可能になるはずだ。

あるいは不老不死。いまや老化は病気の一種にすぎないことが分かってきた。ハーバード大学大学院のデビッド・シンクレア教授は、世界的ベストセラーとなった著書（※11）の中で、老化は治療できる病だと主張。ビタミンBに似たNMN（ニコチンアミド・モノヌクレオチド）という物質を投与すると、（マウスだけでなく）人間も若返るという。さらに、いずれ不老不死の実現も夢ではないとまで言い切る。

もっとも、不老不死が理想であるかどうかは、はなはだ疑わしい。終わりがないということは、ギリシア神話のシーシュポスのように、生きるという重荷を永遠に運び続けなくてはならないことになる。これに対し、「心配ご無用」と楽観主義者は答えるだろう。その頃には安楽死という選択肢が豊富に準備されているはずだ、と主張する。

一方で、そもそも人口が爆発すれば地球がもたない、という反論もあるだろう。従来予想では世界人口は100億人でピークアウトするはずだったのに、不死を選んだ人間であふれかえってしまうからだ。しかしここでも、「心配ご無用」と楽観主義者は意に介さない。その頃には快適な生活空間が宇宙に広がっていると、イーロン・マスク張りの脱地球構想を展開するに違いない。

問題解決のためにも、新しい価値創造のためにも、科学の指数関数的な成長は必須だと楽観主義者は結論づける。「もちろん、未来のアーミッシュとなる道を選ぶのはあなたの勝手だが」と付け足すことを忘れないだろう。ちなみにアーミッシュとは、アメリカで近代文明に背を向けて300年変わらぬライフスタイルを貫く集団を指す。

楽観主義者が信奉しているのは、アインシュタインの次の名文句だ。

想像力は知識より大切だ。知識には限界がある。想像力は世界を包み込む。

AIは想像力を持たない。ビッグデータがないところでは、新しいものを生み出しえない。一方、想像力のある人間はAIを駆使して現実を歪曲し、未来をつくり出すことができる。イスラエルの歴史学者ユヴァル・ノア・ハラリが、名著『ホモ・デウス』(※12)の中で描いた未来の支配者階級の姿だ。

一方、想像力に乏しい人間は、AIをたくみに操る神のような人間(ホモ・デウス)に、家畜のごとく扱われるようになるだろう。それが、超成長シナリオに背を向けた人たちの未来である。

第2章

第二の道――脱成長

想像力の翼を広げると、どこまでも高く舞い上がれる気がする。しかし、ギリシア神話に出てくるイカロスのように太陽に近づきすぎると、翼が解けて墜落するのがオチだ。自分の力を過信すると、必ず大きなしっぺ返しがある。

健全な想像力は、未来の破局まで見通せてしまう。そこで破局への行進に待ったをかけ、このままで本当にいいのかと問いかける。そして来た道を引き返し、「Good Old Days（古き良き時代）」に戻ろうとする。先に紹介したアーミッシュは、その極端な実践者といえよう。日本の学者の中からも、成長路線に異を唱える声が上がっている。大きく3つのタイプの論者がその典型である。

第一の論者は、公共経済学や福祉社会学といった分野の専門家。たとえば東京大学の故・宇沢弘文教授は、「社会的共通資本」という概念を提唱、持続可能な社会のあり方を模索した。近年では、公共政策や科学哲学を専門とする京都大学の広井良典教授が、さらに成長そのものに背を向け、「定常型社会」への移行を提唱する。

第二の論者は、脳科学やシステム工学といった分野の専門家。たとえば慶應義塾大学の前野隆司教授は、幸せ因子を追求すれば社会全体のウェルビーイング度が上がるという幸福学を提唱している。「幸せ」「ウェルビーイング」「幸福」という言葉が散りばめられ、トートロジー感が否めないが、いま風な感じが受けている。

第三の論者は、マルクス主義の専門家。たとえば東京大学の斎藤幸平准教授は、資本主義こそが自然や社会を破壊する諸悪の根源だと論じる。著書『人新世の「資本論」』(※13)が超ベストセラーになるなど、進歩思想を装った共産主義(コミュニズム)が流行した戦後の一時期を彷彿とさせるような光景である。

これらの論調は、必ずしも同調しあっているわけではない。たとえば、宇沢弘文氏は共産主義の非人間性を徹底的に批判していた。しかし、どこかで時代の通奏低音を奏でているようにも思えてくる。たとえば定常型社会、ウェルビーイング主義、コミューン回帰などという思想が、心地よいアンサンブルとなって聞こえてこないだろうか。

それはおそらく、いずれの思想も「脱成長」を主旋律としているからだろう。さらに言えば、成長志向そのものが悪の根源という共通認識から出発しているのである。成長という強迫観念に取りつかれているから、無理に少しでも前に進もうとする。だからこそ、Give me a break! そろそろこのようなゲームは終わりにしよう。そうすれば社会はギスギスすることなく、みんな心豊かな生活を送れるようになるはずだ、というものである。

もっとも、そのような思いは、いまの日本だけに限った特殊なものではない。たとえば古代中国における陶淵明《とうえんめい》の桃源郷や、中世ヨーロッパにおけるトマス・モアのユートピア物語などが挙げられる。思えば、時代が混乱している時には必ずと言っていいほど、現状逃避型の理想郷思想が疲れた人々の心を鷲掴みにする。それ自体は特に目新しいものではなく、「歴史は繰り返す」の一幕にすぎない。ただ歴史をひも解く限り、そのようなユートピアはそもそも幻でしかなく、たとえ実現したとしてもごく短命に終わる。それでは、今回の「脱成長」狂騒曲の行く末は——。

本章では、脱成長主義が目指す世界観を展望し、そのような未来に向かおうとする企業群を紹介する。そして最後に、脱成長がもたらす未来を展望したい。

脱成長の誘惑

成長という強迫観念から解放されたらさぞ楽なことだろう。誰しも、ふとそんな思いにとらわれることがあるに違いない。成熟社会を迎えて、成長という言葉に違和感を覚える日本人はますます増えてきているのではないだろうか。

成長は若い世代の特権だという見方もよく聞く。たしかに、ヒトの成長ホルモンは子どもが大きくなっていくのに不可欠だ。もっとも、加圧トレーニングなどで高齢者になっても成長ホルモンを人為的に増やすことは可能である。肉体的成長においてすら、必ずしも年齢制限がないのである。

一方、精神的には大人として成長することを拒絶する現象も時折観察される。「ピーターパン症候群」と呼ばれる症例だ。いくつになっても子どもっぽさが抜けない。たしかに社会常識に欠けた行動は、なにかと揶揄されがちだ。しかし、はたして分別くさい大人になることだけが成長なのだろうか。

大人を英語で言うと「grown up」という過去分詞、すなわち「成長した状態」を指す。だとすれば、大人の状態に陥ることを拒否する現代のピーターパンたちは、まさに成長途上(growing)にあるとすらいえるのではないか。少なくとも老成したつもりになった大人たちが、若者たちから成長する特権を奪ってはならないはずだ。

それでも自分は成長レースから降りたい、と思う人がいるかもしれない。もちろん、それはその人の自由だ。しかし、成長ではないとするとどこに向かうのか。

成長の対義語には、「衰退」や「没落」などという言葉が並ぶ。いかにも悲観的な響きを伴う。たとえば「衰退産業」というレッテルを貼られただけで、若者たちに背を向けられてしまいがちだ。もっとも「衰退国家」日本そのものから脱出しようとする挑戦心にあふれた若者も、実はけっして少なくない。

「没落」といえば、大著『西洋の没落』(※14)が思い出される。第一次世界大戦中に、ドイツの歴史哲学者オスヴァルト・シュペングラーが発表。「経済が思想（宗教、政治）を支配した末、西洋文明は21世紀で滅びる」という予言は、欧米を震撼させた。

ここにきて、日本人も、この手の悲観シナリオにはまっている。成熟という名の「緩慢なる衰退」を楽しむ風潮すらうかがえる。「失われたX年」という自虐的なセリフは、すっかり日本人の十八番《おはこ》になってしまった感がある。さすがに、もう少し「価値ニュートラル」な表現はないものか。「定常型社会」には、そんな思いが込められているようだ。

2001年に刊行された広井良典教授の『定常型社会』(※15)は一躍注目を集めた。定常型社会とは、右肩上がりの成長、特に経済成長を絶対的な目標としなくとも、十分な豊かさが実現されていく社会を指す。言い換えれば、「ゼロ成長」社会そのものである。「定常」とはなかなか洒落たネーミングである。少なくとも衰退や滅亡よりは、はるかに持続可能なイメージが漂う。しかし「定常」という状況は簡単には実現しない。

まず、外部環境は不断に変化する。最近のようにVUCA時代といわれなくても、環境変化は太古の昔から現実そのものだ。仏教に由来する「無常」観は、日本人の心情に深く根付いてきた。すべてのものが移ろう。だからこそ、いまを大切にしようという気持ちが生まれてくる。仏教で「而今《にこん》」と呼ばれる考え方である。「無常」とは対極にある「定常」は、そんな日本人にとって、現実にはありえない彼岸の地なのかもしれない。

内部的にも、定常状態を保つことは簡単ではない。生物は一見同じ状態を保っているようでも、細胞レベルでは常に入れ替わっている。分子生物学者の福岡伸一氏は、それを「動的平衡」と呼ぶ。生命が定常状態を保つためには、飽くなき新陳代謝を続けなければならない。さもなければ、死が大きな口を開けて待っている。

「定常」状態を保つためには、必死になって生き続ける必要がある。「成長」に背を向けたとしても、「変化」は受け入れなければならない。さらには、みずから変化を起こすことによって、よりよい状態をつくり出すことができるはずだ。

「定常」の本質は変化しないことではなく、「変化が常態化する」ことなのである。定常型社会を実現するには、参加者が必死で生き抜く努力を続けなければならない。それはそれで、けっして楽な選択肢ではないはずだ。

ウェルビーイングへの疑問

さらに人々の心をとらえるキーワードとして急浮上しているのが、次に取り上げる脱成長論「ウェルビーイング」だ。「Well（よい）＋Being（あること）」、すなわち「（人や社会にとって）よい状態」を意味する。1946年に設立された世界保健機関（WHO）の憲章の中で、初めて使われた言葉だとされている。

最近では、SDGsの目標3に「Good Health and Well-being」が掲げられている。日本政府も2021年に発表した「成長戦略実行計画」の中で、「Well-beingを実感できる社会の実現」を謳っている。まさにウェルビーイング大合唱である。日本語では「幸福」という言葉が、ほぼ同義語として使われることも多い。

しかし、これまた極めて曖昧模糊とした言葉と言わざるをえない。幸福と感じることが、人によって、また時と場所によって、まちまちだからだ。仕事から解放されることで幸せに感じる人もいれば、一心不乱に仕事に打ち込んでいる時に至極の幸福感に満たされる人もいるだろう。仲間と楽しい時間を過ごしている時に幸せを感じることもあれば、誰にも邪魔されずに物思いにふけっている時に幸せを感じることもある。

世界幸福度ランキングがよく話題になる。2024年度版もフィンランドを筆頭に、デンマーク、アイスランド、スウェーデンなどの北欧諸国が上位を占める。そして日本は、残念ながら51位。過去10年、ほとんど同じようなランキングに留まっている。なかんずく、人生選択の自由度、他人への寛容度、腐敗認識度などの項目は相対的に劣後している。

これをどう評価すればいいのか。だから日本はダメなのだと読むのか、それとも、これから改善の余地が大きいと考えるのか。そもそも幸福度が低いのは、期待値が高いことの裏返しでもあるはず。逆に幸福度が高いのは、単に自己満足度が高いだけにすぎないのではないか。さらに言えば、幸福だと感じることが本当に幸福な状態なのだろうか。幸福度という曖昧な指標をうんぬんすること自体、どこまで意味があるのだろうか。

幸福は探し求めるほど手に入らない。メーテルリンクの童話ではないが、夢から覚めてみると、幸せの青い鳥は意外にも自分の鳥かごの中にいたりする。もっとも、それが青い鳥にとって幸せであるとは限らない。物語の最後には、青い鳥は遠くへ飛び立ってしまうのだ。

ウェルビーイングや幸福を標榜する人々の声をよく聴いてみると、その定義はまちまち。もっと言えば、あまり深く考えていないというのが実態だろう。「幸せ」ということに目くじらを立てる人はまずいない。不幸になりたいなどと、本気で思っている人もいないだろう。だったら、定義うんぬんなどという硬いことにこだわらず、とりあえず幸福を未来の旗頭に掲げようではないか。一人ひとりが自分の幸福を実現する社会、ということでいいのではないかと思えてくる。

究極の幸福などという状態は、定義しようがない。だとすれば、少なくともウェルビーイングという「静的な状態」を指す言葉は不適切だろう。筆者は、どうせなら「Well」ではなく「Better」という比較級、「Being」ではなく「Becoming」という動詞に変えることを提唱している。「Better-becoming（ベタービカミング）」、終わりのない旅といったところか。求道精神に近いともいえるであろう。

そう考えると、本格的にウェルビーイングを志向する企業は、実は正しい意味での成長企業であることに気づかされる。

CSVという潮流

世界には利益成長ではなく、ソーシャルインパクトを第一義として活動する営利企業群が存在する。その代表例として「Bコープ認証」がある。アメリカのペンシルベニア州に拠点を置く非営利団体Bラボが運営する国際的な認証制度だ。社会や環境に配慮した公益性の高い企業に与えられるものである。

2024年5月現在、世界100カ国以上で8400以上の企業がBコープ認証を取得している。たとえば、アウトドア用品のパタゴニア。同社は次のようなパーパスを高らかに掲げている。

「私たちは、故郷である地球を救うためにビジネスを営む」

創業者のイヴォン・シュイナードは、「地球が私たちの唯一の株主」と語る。まさに本業で地球を守ろうとする、筋金入りの環境保護主義者の集団である。

また、フランスに本社を置くダノンは、2025年までに世界中の子会社がBコープ認証を取得することを目指している。ダノンジャパンをはじめとする各国の子会社が、すでにBコープ認証を取得している。

日本にもBコープ認証を受けた企業が少しずつ増えてきている。その1社が、食品ロスの削減を目的に、ソーシャルグッドマーケット「Kuradashi」を運営するクラダシだ。同社は2023年6月に東証グロース市場に上場、日本で初めてのBコープ認証企業の上場ケースとして注目された。

株主利益と社会への便益の両方を追うことは、もちろん簡単なことではない。アメリカではBコープ認証を取得した後に上場したところ、利益を追求する投資家からの圧力により合理化を迫られ、認証を放棄したという例もある。それでも、クラダシの創業者・関藤竜也氏はぶれない。同社を応援する筆者に対して、次のように胸を張って答えてくれた。

「我々は今後も社会価値を追求することで、サプライヤーや生活者からの認知度や信頼を高め、株主価値を向上させる循環をつくってみせます」

社会価値と経済価値を両立させる経営モデルは、CSV（Creating Shared Value：共通価値の創造）と呼ばれて注目されている。2011年に、ハーバード・ビジネス・スクールのマイケル・ポーター教授と、マーク・クラマー氏が提唱したものだ。詳細は、拙著『CSV経営戦略』（※16）を参照願いたい。筆者は、2014年から10年以上にわたり、「CSVフォーラム」を日本で展開している。

その日本でも2021年に、当時の岸田政権の肝入りで「新しい資本主義実現会議」が発足。2023年6月には「新しい資本主義のグランドデザイン及び実行計画 2023改訂版」が発表された。その中で「社会課題の解決」と「持続可能な成長」を両立し、社会へポジティブな影響を与えることを目的としたインパクトスタートアップへの支援策が打ち出されている。

しかし、スタートアップを対象としているところに、残念なボタンの掛け違いがある。世界的なCSV企業は、スイスのネスレや、フランスのシュナイダーエレクトリック、デンマークのノボ ノルディスクをはじめ、100年を超える伝統的な企業が少なくない。そしてそのような企業群こそが、「新しい」資本主義ではなく、「正しい」資本主義を牽引してきたのである。

進化を止めないレガシー・カンパニー

そもそも日本企業には、営利以上に公益を大切にする企業は少なくない。たとえば坂本光司・前法政大学教授の『日本でいちばん大切にしたい会社』シリーズ（※17）には、そのようなすばらしい企業群が紹介されている。全部で49社、その大半が地方の伝統的な中小企業である。

たとえば長野の伊那食品工業。創業以来65年間、少しずつ成長しながら、寒天のトップメーカーに育っていった。同社の社是は、「いい会社をつくりましょう」だ。塚越寛・最高顧問は、次のように語る（※18）。

「私は会社の役目とは、人々を幸福にすることだと考えています。それはきれいごとや建前ではありません。なぜなら、人々の幸せを追求するいい会社には、必ず経営にプラスの影響があるからです」

同社はみずからの経営手法を「年輪経営」と呼ぶ。木の年輪のように少しずつではあっても、前年より確実に成長していく自然の姿にならったものである。成長に背を向けているわけではない。しかし、憑かれたような成長至上主義には与しない。その結果、人々の幸福と企業の成長という両輪をしっかりと回し続けていくことができる。

もう一つ、『レガシー・カンパニー』（※19）は、10年近くにわたりシリーズが受け継がれ、繰り返し訪れる時代の激変期を乗り越え、たくましく成長を続ける老舗企業を紹介している。シリーズ最新の『レガシー・カンパニー7』（2024年）には、筆者の巻頭インタビューが掲載されている。その中の一節を引用しよう。

「ゴーギャンの絵画の『我々はどこから来たのか』、『我々はどこへ行くのか』の文節は、『伝統と革新』という言葉に置き換えられるかもしれません。歴史ある企業の皆さんは、常にこの『伝統と革新』の積み重ねのなかで今があるといえるでしょう。

一般にこの2つの言葉は、別々に存在すると思われがちです。私は対義的なものではないと考えています。むしろ両義性がある一体的なものなのです。伝統の中にこそ次なる革新の芽が存在し、革新によって生み出されたものが次なる伝統になっていくからです」

日本には「いい会社」だけを対象とするユニークな投資信託があることをご存じだろうか。その名も「結《ゆ》い２１０１」。22世紀まで必要とされる企業を厳選し、投資家も「結い」のメンバーとなって、そのような企業を応援することを狙いとしたものである。

この投信を運用する鎌倉投信は、「いい会社」を「人・共生・匠」の３つの要素に分けて評価している。「人」は、優れた企業文化を持ち、人財を活かしているか。「共生」は、循環型社会をつくろうとしているか。「匠」は、日本の匠の技を活かして、感動的なサービスを提供しているか。

ホームページには、投資先として76社（２０２４年12月現在）が紹介されている。なかにはカゴメや堀場製作所のような大手企業、オイシックス・ラ・大地やマザーハウスのようなベンチャーもあるが、多くは伝統的な中堅・中小企業である。

これらの企業が22世紀まで残り続けるという保証はもちろんない。しかし、「会社の寿命30

年説」(『日経ビジネス』)というジンクスを超えて100年以上続く企業は、成長以外の存在意義を持ち続けているはずだ。

もっとも、長く存続すればいいというわけではない。そもそも日本は、世界一の長寿企業国である。しかし、残念ながらその多くは「22世紀まで必要とされている企業」とはいえない。変化が常態である以上、同じところに留まり続けていては存続すら危うい。「成長」ではないにしても、「進化」は存続の条件となるはずだ。

脱成長コミュニズム

脱成長ストーリーの3つ目は、その名も「脱成長コミュニズム」。『人新世の「資本論」』で一躍マスコミの寵児となった感のある斎藤幸平・東京大学准教授が提唱する次世代モデルだ。経済成長だけを目指す社会から、持続可能性や公正さを重視する脱成長型の社会への転換を説く。スウェーデンの環境活動家グレタ・トゥーンベリ氏に代表されるZ世代の考え方に深い共感を寄せる。「経済成長もしながら、地球環境も守られるという道はない」と脱成長への方向転換を強く主張。そして、カール・マルクスが晩年に目指した「コモン主義=コミュニズム」を目指すべきだと論じる。

斎藤氏は「コモン」を、「社会的に人々に共有され、管理されるべき富」と定義する。そして、

「市場原理主義のように、あらゆるものを商品化するのでもなく、かといって、ソ連型社会主義のようにあらゆるものの国有化を目指すのでもない。第三の道としての「コモン」は、水や電力、住居、医療、教育などといったものを公共財として、自分たちで民主主義的に管理することを目指す」という。「地球をコモンとして持続可能に管理する」ことで、「平等で持続可能な脱成長型経済」が実現するというのである。

どこかで聞いた気がしないだろうか。そう、前述した宇沢弘文教授の「社会的共通資本」の焼き直しのようにも見える。もっとも、誰がどのように管理するのかについては納得感のある議論は展開できておらず、残念である。ましてや、成長なくして山積する課題をどう解決するのかについては、まったく触れられていない。これでは本人が躍起になって否定しようとしている「コミュニズムの牧歌的なユートピア思想」と揶揄されても致し方あるまい。

斎藤氏の発言で注目を浴びたが、このような脱成長論はマルクス主義陣営以外からも根強く唱えられてきた。たとえば水野和夫・法政大学教授。民主党政権時代の経済ブレーンを務め、「資本主義の限界」と「ゼロ成長社会の到来」を論じ続けている。

最近も次のようにコメントしている（※20）。

「経済の目的は本来、明日のことを心配しなくてもよい社会をつくること。それには働く人の権利を守り、社会保障を充実させることが必要です。育児休業の取得促進も『年収の壁』

撤廃も女性活躍も本来、ＧＤＰを上げるためではなく、働きやすい環境づくりが目的でなければならない。それは成長至上主義からはけっして生まれてこない。政治と国民の力で実現するしかないのです」

水野氏は「成長信仰」を現代の新興宗教だとして徹底的に断罪しているが、良くも悪くも斎藤氏のコミュニズムのようなオルタナティブがあるわけではない。とはいえ、前述した広井良典氏の「定常型社会」と同様、社会福祉論としては傾聴すべき指摘だろう。

しかし、ドイツの気鋭の哲学者であるマルクス・ガブリエルは、このような脱成長論を資本主義の本質的なダイナミズムを理解していない稚拙な発想と一蹴する。そして、資本主義と倫理を再結合（リカップリング）させた「倫理資本主義」を提唱する。これについては第12章で詳述することとしたい。

「すばらしい新世界」への逃避行

イギリスの作家オルダス・ハクスリーの作品に、『すばらしい新世界』（※21）というＳＦ小説がある。設定は２０４９年。全世界から暴力をなくすため、安定至上主義の世界が目指される。それ以前の歴史や宗教は抹殺され、世界統制官と呼ばれる10人の統治者による「世界統制官評議会」が世界を支配する。先述した『ホモ・デウス』を彷彿させるような筋書きだ。

人間は培養ビンの中で製造され、階級ごとに体格も知能も決定される。あらゆる予防接種を受けているため病気にならず、60歳ぐらいで死ぬまでずっと若いまま。社会は完全に安定していて、誰もが生活に完全に満足している。

人々は常に安定した精神状態にあるが、仮に不快になった時は、「ソーマ」と呼ばれる薬を服用すればハッピーな気分になれる。ビンから出てくるので家族はなく、結婚は禁止。しかし、人々は常に一緒に過ごして孤独を感じることはない。隠し事もなく、嫉妬もなく、誰もがほかのみんなのために働いている。これこそまさに幸せに包まれた楽園、「すばらしい新世界」だというのだが……。

言うまでもなく、これはイギリス流の風刺スパイスをふんだんに利かせたディストピア物語である。しかし、これが定常型社会、幸福主義、そして脱成長コミュニズムの行きつく先だとしたらどうだろうか。

日本ではあまり知られていないが、ハクスリーには、『島』(1962年)という遺作がある。レオナルド・ディカプリオが監督となって映画化を企画しているという噂があるので、楽しみにしたい。

舞台は、インド洋上に浮かぶ架空の島・パラ。そこに漂着した主人公のイギリス人は当初、天然資源の採掘をもくろんだが、やがて島の人々の高い文化や独特の伝統を受け入れていく。

パラ島では、マイナと呼ばれる鳥たちが「目覚めよ」「いま、ここ（而今）」「カルナ（慈悲）」と鳴いて悟りを促す。東洋的な精神と英知をたたえる描写が随所に見られ、ハクスリーが晩年、東洋思想に傾注していたことがよく伝わってくる。また、作品の中では「モクシャ（解脱の意）」という幻覚剤が、悟りを開くために与えられる。LSDを常用し、サイケデリック体験に浸っていたハクスリーらしいエピソードである。

『すばらしい新世界』では皮肉に満ちたディストピアを描いたのに対して、本作では素直にユートピアを描いたとハクスリーは語っている。たしかに、ある種の桃源郷を彷彿とさせる光景である。子どもたちは、神経症の両親の影響を逃れるため、相互養育クラブで集団生活を営む。仏教寺院で霊的な能力を高め、トランス状態を通じて超学習を実践する。セックス、愛のヨガも自由。みんなが幸せで包まれている。まさに本当の楽園がここにある！　と、ハクスリーは超真面目に考えているようである。

しかし、サイケデリックが流行った頃ならいざ知らず、50年以上過ぎたいま、我々はここに理想郷を感じるだろうか。同様に、定常型社会や幸福主義、脱成長コミュニズムは、自由への渇望やよりよい生きがいのような、人間的な感情を麻薬で麻痺させた世界にすぎないのではないか。

定常型、幸福、脱成長などという耳触りのいい言葉にとらわれているだけでは、現実からの逃避行でしかないことを、我々はいま一度、肝に銘じる必要がありそうだ。

第3章

第三の道——異成長

成長か脱成長かという問い自体、いま流行りのデジタル思考の産物である。しかし、そもそも複雑系の世界は、切れ味のよいデジタルのメスで小気味よく切り裂けるものではない。

編集工学の知恵に「分けると分かる」というものがある。筆者は、それを「分けると分かった気になる」と読み替えている。この分かった気になるのが曲者で、本質は逆に見失ってしまう。分子生物学者の福岡伸一氏の本のタイトルにもあるように、『世界は分けてもわからない』(※22)のだ。

ロジカルに言えば、AかBかというデジタルな問いに対して、3つのずらし方が考えられる。

1つ目は、A(またはB)を線的に超えるという選択。第一の道である「超成長」は、従来の成長(A)を超えるという意味で、この論法を示している。

2つ目は、AでもなくBでもないという選択。第二の道のうち、「定常」は、単に直線上で立ち止まっているだけであり、「脱成長コミュニズム」は、直線を逆走しているにすぎない。

一方、「幸福」は、脱成長(B)を成長(A)の否定としてとらえるだけでなく、平面上に新

図3-1

成長のSカーブ

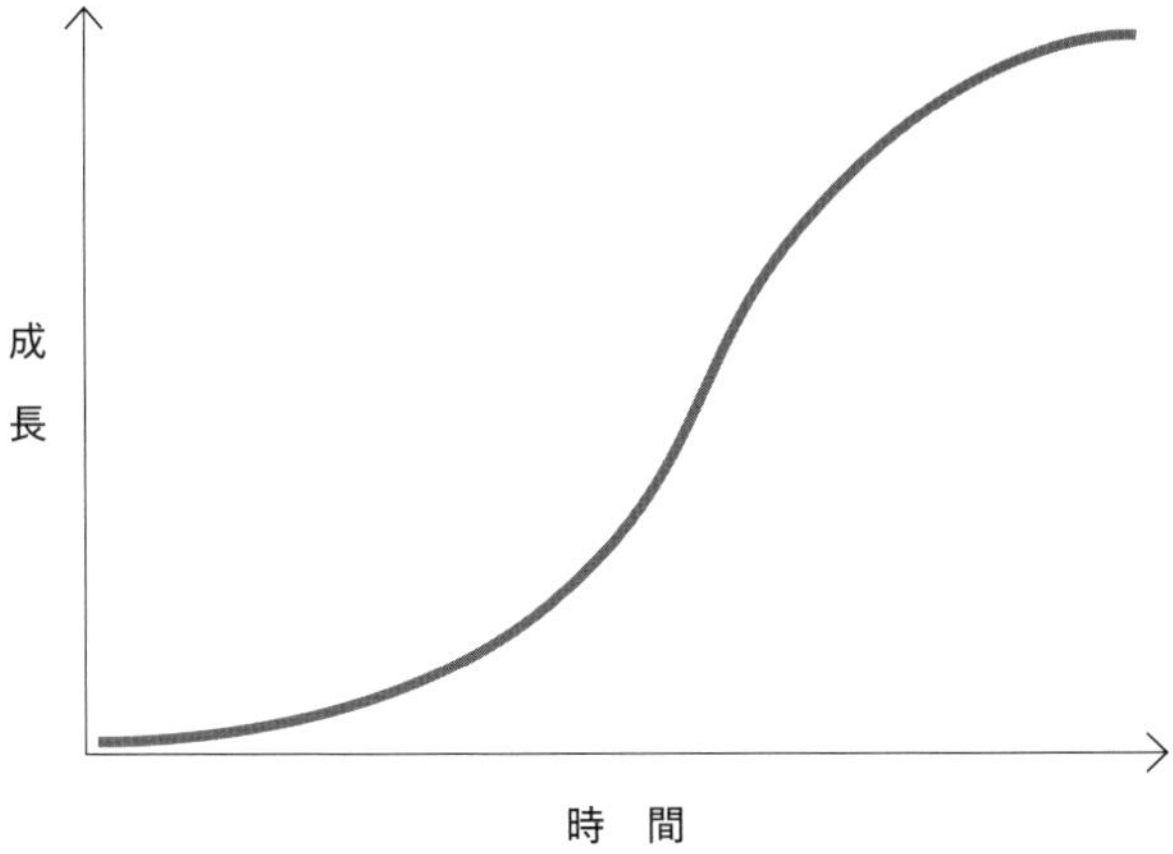

経済や事業は、成長期、成熟期を経て、やがて衰退期を迎える。

しい軸を見出そうとする。

3つ目は、AでありBでもあるという選択。成長であり、脱成長でもある。なんだか禅問答のように聞こえるかもしれない。もはやロジカルではない、というそしりを受けそうだ。しかし、時間軸を加えてシステム全体の動きを観察してみると、成長の後に脱成長があり、脱成長の中から新しい成長が生み出されることが分かる。

「成長のSカーブ」と呼ばれる現象である（図3－1）。一つの生命は成長を経て成熟に向かう。しかし、その過程で生み出された新たな生命が、次の成長と成熟の波動を描き続ける。それを永遠と繰り返すのが、生命の集合体としての生態系の営みである。

図3-2

Sカーブがもたらす経済発展

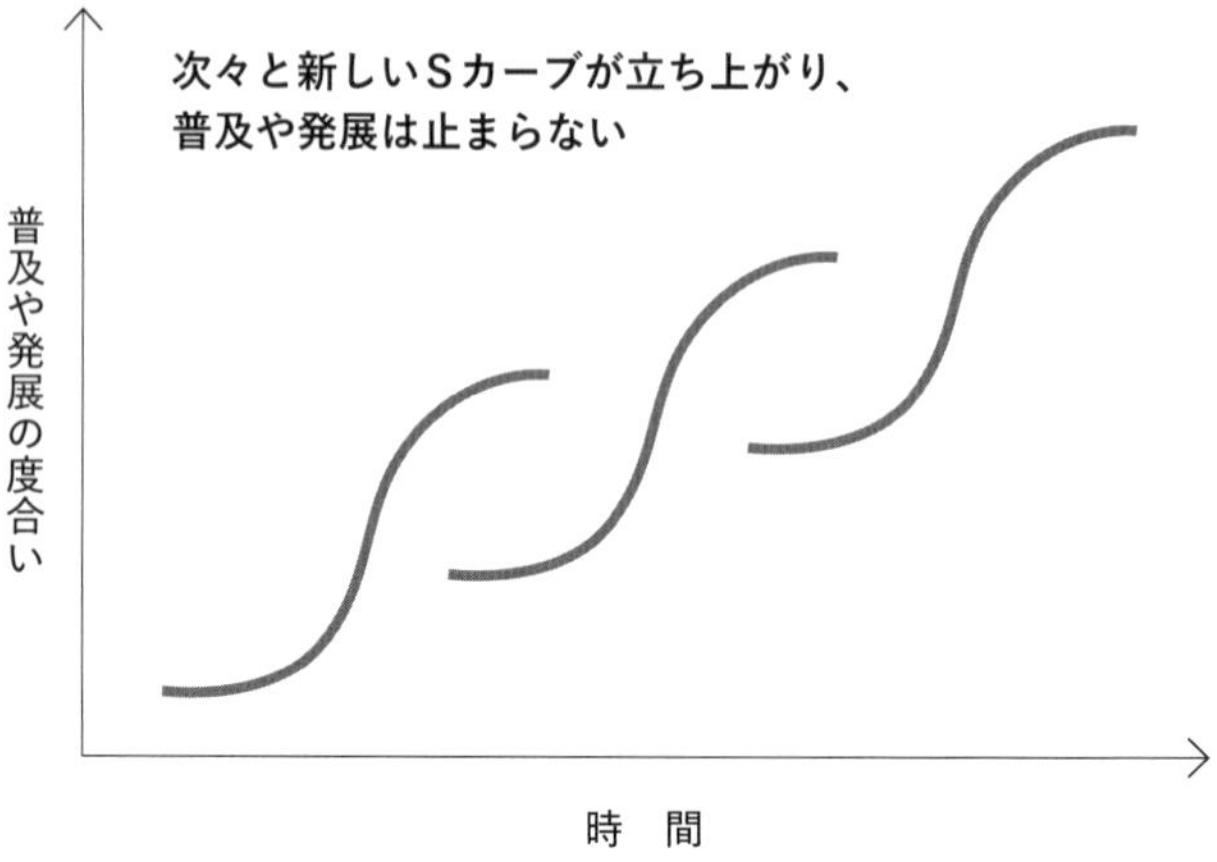

成熟期(定常期)に次の新たなSカーブが立ち上がることで、成長は続く。

経済も同様である。一つの発展の波は萌芽期を経て、次第に大きく成長していく。そして、やがて飽和状態に近づくにつれて成長は鈍化し、成熟期に移る。

ただ、経済の発展がそこで終わることはない。定常期に見える間に、既存の資産は組み替えられ、次のSカーブが立ち上がっていく(図3−2)。約1世紀前にイノベーションを経済の動態の源泉だと喝破した経済学者シュンペーターは、そのような現象を「創造的破壊」と名付けた。

生きた社会、生きた経済は、常にそのような生成発展を繰り返す。超成長論者は、Sカーブが急激に立ち上がっているところを切り取り、逆に、脱成長論者は一つのSカーブが衰退期に入ったところを切り取っているにすぎない。

本書では、このような時間軸を加えた4次元的な思考を、第三の道と呼ぶ。ただしその際の縦軸、すなわち成長の定義は、必ずしも同質なものではない。第二の道では、たとえば幸福論者は、成長を幸福に置き換えようとする。これに対して第三の道では、価値軸をずらすことを試みると同時に、それを新たな成長のダイナミズム（縦軸）の中に取り込もうとする。

幸福を例にとれば、前述したように「ウェルビーイング（Well-being）」ではなく「ベタービカミング（Better-becoming）」としてとらえ直す。しかも、その軸は幸福という多義的で曖昧なものを包含するが、それだけには留まらない。空間的に言えば、より多価値的（diverse）であり、かつ包摂的（inclusive）である。そして時間的に言えば、より環境適合的（adaptive）であり、かつ変容的（transformative）である。

本章ではこの第三の道の可能性を示す。それは超成長や脱成長に対して、「異成長」と呼ぶべきだろう。禅問答のように論理を超え、直観で感得する世界なので、どこまで理解していただけるかは不安が残るところだ。ここでは編集工学の知恵を借りて、ロジカルではなく、「アナロジカル（類推的）」に素描することを試みたい。

そして先回りして言ってしまえば、そこには多分に東洋、ひいては日本的な流儀が織り込まれる。そう、本書の主題である「シン日本流」が、ここに初めて登場してくるはずである。

QoXという新機軸

「異成長」は、成長そのものを異次元でとらえる考え方である。一つの分かりやすいアナロジーは、量から質への転換である。経済成長ではなく幸福を目指すという主張も、量から質への転換といえるかもしれない。ただし幸福は何とでも定義できる。しかも幸福度を高め、広げるとは何を意味するのかが曖昧だ。だとすると、そのままでは「質的成長」の軸にはなりえない。

日本人がこだわる価値観の一つに「質（Quality）」がある。「はじめに」でも紹介した通り、日本の「品質」へのこだわりが世界一であることは、自他ともに認めるところだ。もっとも、そのこだわりが過剰品質につながりがちで、顧客の期待や要求レベルより高止まりする結果、ニッチなものに留まってしまう傾向がある。しかし、ニッチであること自体は、希少価値の証左でもある。日本が世界に誇るもう一つの価値である「ほかのどの場所とも異なる」を、先鋭化させることにもつながるはずだ。

しかも、日本人のこだわりは「品」質に留まらない。モノからコトへの転換が世界レベルで進む中で、日本人の「サービス」の質へのこだわりは世界遺産級の価値を秘めている。

たとえば「おもてなし」。語源をひも解くと、相手を「もてなす」という意味と、「表なし」とが掛け合わされた言葉らしい。裏表のない心でもてなすことを指す。老舗旅館や料亭のおもてなしの精神は日本ならではだ。

また茶の湯では、千利休が「利休七則」でおもてなしの心得を謳っている。7番目には「相客に心せよ」とある。そこに貫かれた「一期一会」の精神は、亭主・客ともに互いに誠意を尽くす心構えを説いたものとして、茶の湯の真髄そのものといえよう。

最高のおもてなしには、「想像を超えた心配り」が込められている。それはまさに過剰品質と紙一重かもしれない。しかし、その心配りが伝われば、相手の感謝の気持ちも高まるはずだ。もっとも、そのような「見返り」を求めないこともおもてなしの流儀であるらしいので、筆者のような凡人にとっては何とも奥深く感じられる。求められるのは「おもてなし」道として高みを目指す姿勢なのだろう。

東京オリンピック・パラリンピック決定時のIOC大会のプレゼンテーションでも、「OMOTENASHI」が話題となった。単なる異国情緒を超えて、日本発の新たな社会の成長軸として、世界に発信することができるのではないだろうか。

もちろん質へのこだわりは、おもてなしに限らない。「睡眠の質（Quality of Sleeping）」「生活の質（Quality of Life）」「移動の質（Quality of Mobility）」など、あらゆる体験価値の質を高めることに、日本人の多くは余念がない。そのような質にこだわる日本人の気質を、筆者は「QoX（Quality of X）」と呼んでいる。Xにはまず、さまざまな体験（eXperience）が当てはまる。かつ、「常に上を目指す」というこだわりが、「リミットレス」な可能性をもたらし続けるはずだ。

さらに言えば、Xには組織や人そのものも含まれる。「会社の質」であり「人の質」である。こちらは、「質」を「徳」と置き換えて呼ばれることが多い。「社徳」であり「人徳」だ。これまた奥が深く、「極める」ことは容易ではない。しかし、だからこそ単なるユートピアを夢見るといった逃避行ではなく、磨き続ける、進化し続けるといった不断の努力が不可欠となる。言わば「質道（Tao of Quality）」である。

このようなQoXにこそ、シン日本流の質的成長のヒントが詰まっているはずだ。

長期視点が実現するディープX

異成長の2つ目の切り口として、表層から深層へのシフトを考えたい。日本企業は、華やかな表舞台から、次々に姿を消しつつある。家電の世界、デジタル機器の世界、最近では、日本が最強であり続けた自動車の世界ですら、日本企業の地盤沈下は目を覆うべきものがある。

しかし一方で、そのような表層の世界から深層に目を移せば、そこには依然として日本が生み出した製品群がひしめいている。たとえば、アップル製品も一皮剥けば、日本製の素材や部品が詰まっている。半導体も日本の製造装置がなければ、微細加工を効率よく実装することはできない。自動車も日本のコア部品や素材がなければ、高性能化や軽量化は困難だ。

社会に大きなインパクトをもたらすこれらの革新的な素材や部品は、最近「ディープテック」と呼ばれて注目されている。明確な定義はないが、英語版ウィキペディアによれば「実質的な科学的または工学的課題に基づいたテクノロジー・ソリューション」を指す。そして、「商業化を成功させる前に、長期にわたる研究開発と大規模な設備投資を必要とする」と説明している。この後者の点こそ、日本企業が活躍する絶好の機会を提供してくれるはずだ。

『日経ビジネス』は、毎号の最終ページに「賢人の警鐘」という日本企業を代表する経営者によるコラムを載せている。東レの日覺《にっかく》昭廣会長は、自身の最終コラムで次のように語っている。オンライン記事から紹介しよう（※23）。

> 世の中の流行や志向にいち早く対応することが重要な組み立て産業とは異なり、素材産業では技術の蓄積や人材育成に長い時間をかける必要がある。欧米型の短期志向では、10年単位の時間を要する素材の開発は難しい。現代社会の課題を解決する革新的な素材を開発できるのは、長期視点で人を基本とする経営を実践している日本企業なのだ。
> （中略）高機能・高性能による差別化が日本企業の進むべき道であり、そのためには人を基本とする長期視点の経営が重要になるだろう。メンバーシップ型雇用や新卒一括採用といった日本型の慣行を全否定する必要はない。人材育成を重視し、長期視点で経営していくことが肝要である。

事実、東レは航空機の燃費向上に役立つ炭素繊維や、海水淡水化や排水再利用に使われるRO（逆浸透）膜を、10年以上の歳月をかけて商業化させてきた。短期的な株主価値向上に躍起となるアメリカ型経営では、逆立ちしてもできない芸当である。

これまでは技術に立脚した成功事例が多かった。ディープ「テック」と呼ばれるゆえんである。しかし、長期視点による価値創造は技術に限った話ではないはずだ。たとえば「技能」、たくみに注目してみたい。

そもそも日本は昔から「からくり（機功）」を得意としてきた。「糸を引っ張って動かす」という意味の「からくる」という動詞が語源となり、室町時代から使われていたようだ。近代科学以前の「技能」が源流となっている。

江戸時代に入ると「からくり人形」は、日本各地で祭礼や興行などに盛んに登場。その最高傑作は、「弓曳童子《ゆみひきどうじ》」と「文字書き人形」だといわれている。いずれも、「からくり儀右衛門」とも「東洋のエジソン」とも呼ばれた田中久重の傑作である。

ちなみに、田中久重は江戸後期から明治初期に活躍。晩年の明治8年に東京・京橋区に設立した田中製造所は、後に芝浦に移って芝浦製作所に改名、いまの東芝の前身となる。東芝はまさに日本を代表する「からくり屋」から出発したのである。それを思うと、株主にもみくちゃにされて解体の憂き目にあっている東芝の現状は、とても残念な光景である。

それでもなお日本の現場には、深い匠の技や質へのこだわりが、特に中小企業を中心に脈々と受け継がれている。そのような一味も二味も深い日本のものづくりやサービスが、目まぐるしく変化する表層を支える揺るぎない基盤となる可能性は、今後ますます期待される。

それを筆者は、「ディープX」と呼ぶ。「テック」の専売特許にする必要はないからだ。「テック」の本質は、細部へのこだわりと、長期間の努力とコミットメントの蓄積にある。だとすれば、それは日本の世界遺産と呼べるものではないだろうか。

「未」財務が生む将来価値

異成長の3つ目の切り口として、資産の質が考えられる。資産は、大きく有形資産と無形資産に分けられる。通常、貸借対照表（バランスシート）には、有形資産が計上される。具体的にはモノやカネだ。例外的に無形資産が計上されることもある。たとえば、企業買収をした際に、買収企業が被買収企業の無形資産に支払った金額が、「のれん代」として計上される。

欧米型資本主義は昨今、有形資産をコモディティとして扱っている。モノは自分で持つ必要はない。半導体産業で言えば、エヌビディアに代表される設計技術を握るファブレスが、世の中の最先端を走る。ものづくりは、TSMCのような世界一のファウンドリーと組むほうが、中途半端な規模と技術を抱えた自社工場を持つよりも、はるかに競争優位を築きうる。

カネはとっくの昔から、余剰資産として市場にあふれている。それ自体価値を生まないカネをみずから握りしめるより、優れたビジネスモデルで市中からカネを調達するほうが、ずっと企業価値を高められる。

その端的な指標がＰＢＲ（Price Book-value Ratio：株価純資産倍率）だ。１株当たりの資産価値に比べて、株価が何倍かを示す指標である。ＰＢＲが1倍未満だと、株価が有形資産の価値総額を割り込むこととなり、解散したほうがいいレベルと考えられる。

日本企業は概してＰＢＲが低く、２０２３年３月に東京証券取引所から対処要請が出された。その結果、東証株価指数（ＴＯＰＩＸ）構成企業に占めるＰＢＲ１倍割れ企業の比率は、２０２３年３月末の52％から、１年後の２０２４年３月末には45％にまで下がった。

とはいえ、投資先企業との対話を重視するみさき投信の中神康議社長は、「米国で２％、欧州も17％しか存在しない１倍割れ企業が45％も存在する背景には重い課題が潜んでいる」と警告する（※24）。

これは、３つの原因による言わば「複雑骨折」によるものだ。

第一に、そもそも会社が有形資産を過剰に持ちすぎていること。そこには個社レベルを超えて、業界全体で資産がだぶつき、整理されていないという構造要因も絡んでいる。余計な資産を抱え込まず、もっと贅肉を落とした（リーンな）経営を心掛ける必要がある。

第二に、株式市場が正しく機能していないこと。中神氏は次のように指摘している。

1倍割れ企業の7割強は中小型市場に偏在している。約4000もの企業を抱える株式市場に対し、我が国の資産運用業は極端にプレーヤー数が少ない。有望な中小型企業に目が届かず、割安のまま放置されやすいのだ。

第三に、中神氏が正しく指摘するこれら2つに加えて、筆者はもう一つ大きな落とし穴が存在していると考える。それは、無形資産を「非」財務資産と位置付けている点である。初めから「非」としてとらえてしまっては、財務価値を換算しようがない。無形資産とは、知財や風土のような組織資産、スキルや意欲を持った社員という人財資産、そしてブランドなどの顧客資産が対象となる。これらはいずれも、将来の財務価値を生む有力な資産なのである。だとすれば「非」財務ではなく、「未」財務としてとらえ直さなければならない。そして、無形資産を無駄に貯めているわけではなく、それらが将来の価値を生み出すことを資本市場にしっかり示す必要がある。それを筆者は、その企業特有の価値創造アルゴリズムと呼んでいる。

逆に言えば、ここにこそ日本企業の潜在的な成長機会が眠っている。無形資産の将来価値をしっかり可視化することができれば、企業価値はPBR1倍どころか、2倍以上に高めることも十分に可能なはずだ。理論上はPBR2倍でちょうど、有形資産と無形資産が半々の割合で評価されている状態を意味する。

そもそも日本企業は、企業風土、人的資産、顧客資産など、極めて高価値の無形資産を保有している。しかもそれらは、設備など現場の有形資産に深く根差し、有形資産を有効活用することから生み出されたものである。この有形資産と無形資産の有機的な価値創発効果を投資家に対してしっかりと説明することで、欧米企業を超えるPBRを達成することも夢ではないはずだ。

もっとも、そうなると将来価値をいまの株主に先取りさせてしまうことになる。そうではなく、未来のステークホルダーたちへの隠し財産として、これまで通りせっせと資産を蓄積し続けることに勤しんだほうが賢明かもしれない。

進化する江戸の知恵

異成長の4つ目の切り口として、循環と進化の関係を考えてみたい。

資本主義経済は生産と消費が絶え間なく行われ続けることで成り立ってきた。そして環境などの自然資本や人権などの社会資本は、「外部経済」として視野の外に置かれ続けてきた。そのツケが生態系の破壊や格差の広がりとして、いまや資本主義経済そのものに成長の限界を突きつけている。持続可能性（サステナビリティ）は、資本主義存続の必要条件となった。

17世紀から19世紀にかけての210余年、日本は鎖国政策によって世界の進化から取り残された。そして、ほぼすべての物資とエネルギーを国内で賄わなければならなかった。そこで生まれたのが究極の循環型社会である。

都市部のし尿や生ごみなどの有機物は、農村で肥料として活用された。衣服や日用品のリユース、リサイクルも当たり前。空樽や使ったホウキ、紙屑や灰まで回収する多様な静脈産業が発達していった。エネルギー源としては、栽培した菜種などが行灯《あんどん》の油に再利用されていた。

いま改めて、江戸の知恵をいかに現代に生かすかが問われている。「モノを大事にする」という習慣は、現在も「もったいない」という精神として日本の中に息づいている。もっとも「もったいない」という言葉は、室町時代から使われていたようだ。仏教用語「もったい（勿体＝物体）ない」が語源とされる。浄土真宗本願寺派大見山超勝寺の大來《おおぎ》尚順《しょうじゅん》住職によれば、「この世に何一つとして独立して存在しているものはない」という「空《くう》」の思想や、「物事はすべてつながって存在している」という「縁起《えんぎ》」の思想に通ずる言葉だという（※25）。

「すべて当たり前ではなく、何一つとってもすべては有難い（有ることが難い）ことであり、私たちは支えあって『生かされている』という真実が『もったいない』という言葉の根底にあるのです」

日本発の「もったいない（MOTTAINAI）」という言葉は、世界でも注目されている。ケニアの環境保護活動家で、２００４年にノーベル平和賞を受賞したワンガリ・マータイ氏は、日本でこの言葉に出会ったのを機に、世界に広く紹介している。「wasteful」と訳されることが多いが、筆者は「Too good to waste（捨てるには惜しい）」のほうがぴったりくる気がしている。

そしてそれは、「Don't Buy This Jacket（このジャケットを買わないで）」という広告で有名になったパタゴニアの精神にもつながる。「直して、いつまでも大切に使おう」という呼びかけである。

ただ、単なる懐古趣味に浸っていても始まらない。現代の知恵で、「もったいない」をいかにバージョンアップするかがカギを握る。

たとえば、化学肥料などを使わないリジェネラティブ（環境再生）農業。その結果、世界の農地の半分がもう1％余分に二酸化炭素を取り込むことができるようになれば、2030年頃の気温上昇を産業革命前の1・5℃以内に抑えるために必要な二酸化炭素排出削減量と、現状とのギャップをかなり埋めることができるという試算がある。

また、二酸化炭素を槍玉に挙げるばかりではなく、「原料」として再利用する技術も期待されている。たとえばCCUS（Carbon dioxide Capture, Utilization and Storage）。二酸化炭素を分離・回収後に地中に貯蓄したうえで、燃料などに再利用する技術である。さらには、人工光合成。二酸化炭素と水から、有機化合物と酸素を生み出す「夢のテクノロジー」だ。

環境や社会にプラスの影響を与えるネットポジティブを実現することと、暮らし（life）や仕事（work）の豊かさを目指すことは、必ずしもデジタルな二項対立ではない。いまこそ、線形（リニア型）進化から非線形（らせん型）進化へのシフトが問われている。「もったいない」という江戸の知恵を、バイオやデジタルといった科学の進歩と異結合させることで、これまでの量的な成長の限界を突破することができるのではないだろうか。

身心一如がもたらす未来

異成長の5つ目の切り口として、身体と心の関係を考えてみたい。

西洋の近代は、ルネ・デカルトの「心身二元論」（『方法序説』、1637年）で幕が切って落とされた。以来、モノ自体の物理法則を解明する自然科学が発展していくと同時に、そこから切り離された心（精神）を対象とする形而上学としての哲学が深められていった。

そのような二元論に異を唱えた哲学者もいた。デカルトとほぼ同世代ではバールーフ・デ・スピノザ、19世紀末にはフリードリヒ・ニーチェ、そして20世紀にはアンリ・ベルグソン、マルティン・ハイデガーなどの実存主義哲学者が、心身一元論を説いた。

そのような思想が現象学と合流していく。メルロー・ポンティは、主著『知覚の現象学』（1945年）の中で、「生きられる身体」こそが知の根源だと論じている。

一方、日本では古くから心身一元論が唱えられていた。道元（曹洞宗開祖）や栄西（臨済宗開祖）などの禅僧は、「身心一如《しんしんいちにょ》」を説いた。身体を心に先行させているところが、いかにも禅の教えならではだ。

臨済宗に学んだ哲学者・西田幾多郎は、主著『善の研究』（※26）で「身体といふものなくして、我といふものはない」と唱え、「行為的直観」の重要性を説いた。禅の思想、そして西田哲学は、実存主義や現象学などに代表される20世紀の西欧哲学よりはるか以前から、身心一元論を基軸としてきたのである。

西田哲学、そして現象学の流れを汲んで、身体論を経営学として展開したのが、野中郁次郎・一橋大学名誉教授である。野中教授は、インタビューの中でも「身体知こそイノベーションの源泉である」（※27）と喝破している。そして「身体知」を「Practical Wisdom」、すなわち「実践知」とも呼ぶ。頭で考えるのではなく、実践を通じて身体が覚えることによって、まさに「身につく」からである。

昨今、身体を超えた世界が再び注目されている。メタバースと呼ばれるサイバー上の3次元空間だ。そこでは我々は、アバターと呼ばれる分身となって仮想体験を楽しめる。まさに異次元の成長感覚である。

しかし人々は、それがしょせん現実逃避にすぎないことに気づく。そして、つかの間の仮想空間に戯れるだけでなく、自身の現実そのものを変えたいという思いが強まってくる。「夢を現実に（Make dream come true）」という願いは、人間の成長本能を駆り立ててきた。また、日本人はアニメの世界で、そのような未来の姿を思い描いてきた。
たとえば、22世紀からやってきたネコ型ロボットのドラえもん（藤子・F・不二雄作）。「ドラえもんのポケット」は、まさに「Dream Come True」の魔法をかなえてくれる。シンガーソングライターのｍａｏは、主題歌「夢をかなえてドラえもん」を、のびやかに歌う。

心の中 いつもいつもえがいてる（えがいている）
夢をのせた自分だけの世界地図（タケコプタ〜）

空を飛んで時間を越えて 遠い国でも
ドアをあけてほら行きたいよ 今すぐ（どこでもドア〜）

大人になったら忘れちゃうのかな？
そんな時には思い出してみよう

Shalalalala　僕の心に
いつまでも　かがやく夢
ドラえもん　そのポケットで　かなえさせてね

Shalalala　歌をうたおう
みんなでさあ　手をつないで
ドラえもん　世界中に　夢を　そうあふれさせて

＊『夢をかなえてドラえもん』　作詞・作曲　黒須克彦

チャットＧＰＴが象徴するＡＩの長足の進歩は、世界を震撼させている。先述した「ホモ・デウス」の到来を予感させるからだ。ＡＩに対する警戒と規制は、ヨーロッパを中心に大きな潮流となっている。

しかし日本では、昔から進化に対する警戒より期待が、規制より実装が、先行してきた。再びアニメの世界に目を向けると、手塚治虫や藤子・Ｆ・不二雄は、人間とＡＩやロボットが共存する世界を描き続けた。

一方、ＳＦ映画は、何といってもハリウッドが本場だ。「スター・ウォーズ」シリーズは、その代表作の一つ。そこに登場するキャラクター、たとえばジェダイやダース・ベイダーは、「サムライ」を模して描かれている。そして賢者ヨーダは、禅僧を彷彿とさせる。監督のジョージ・ルーカスが黒澤明監督や日本文化に心酔してきたことを、さまざまな場面で垣間見ることができる。

未来が、ユダヤ人ハラリの描く「ホモ・デウス」のようなディストピアとなる可能性は、もちろん否定できない。しかし、日本人が描く未来は、より希望に満ちている。そこには、士の心、「志」が描く姿を未来の現実にしたいという、健全な精神が投影されているからだろう。日本人が古来大切にしてきた身心一如の世界を、再び取り戻していきたい。夢を現実にしたい、希望に満ちた未来を手にしたいという日本人ならではの身心一如によって、成長の加速（超成長）でも、成長の否定（脱成長）でもなく、異次元の成長（異成長）に向けた想像力と創造力が再起動するはずだ。

異質のインクルージョン

ここまで5つの切り口から、異成長の可能性を論じてきた。簡単に振り返ると、「量から質へ」「表層から深層へ」「有形（既）から無形（未）へ」「線形進化から非線形進化へ」「心身分離から身心一如へ」の5つである。

ほかにも多様な切り口がありうるはずだ。たとえば、「ずらし（差延）」から「つなぎ（融合）」へという発想。「有機と無機の融合」「外部と内部の融合」「過去と未来の融合」などという視点からも、異次元の進化を生み出すことができるだろう。

「異」は、イノベーションの宝庫だ。いま風を装えば、ダイバーシティ（多様性）と言い換えてもいいだろう。しかし、それだけではイノベーションは生まれない。最近の言葉に直せば、インクルージョン（結合）こそが、イノベーションのカギを握る。

言い換えれば、ダイバーシティという遠心力を利かせたうえで、インクルージョンという求心力を発揮させる「二項動態」、すなわち異なる概念同士を有機的に結合させる知恵が求められるのである。

「異端」の経済学者シュンペーターは、イノベーションの本質は、新しいものの「発明（invention）」ではなく、既存の異質なものの「新結合（New Combination）」であると看破した。それを筆者は「異結合（Cross Coupling：クロスカップリング）」と読み替えている。「異」がダイバーシティだとすれば、それを「結合（inclusion）」して、初めてイノベーションが創発するのである。

日本は伝統的に、インクルージョンを大切にしてきた。たとえば「共生」の思想、あるいは地域や仲間を大切にする思いなどである。ただ、それはどちらかというと、同質（仲間）なもの同士のインクルージョンになりがちだ。異質なものに対しても、それを同質化しようという傾向がある。

企業においても同じだ。ケイレツに象徴される閉鎖的な生態系。組織の中における「同調圧力」。そのような同質化の中からは、真の異結合は起こらない。遠心力と求心力という、ややもすると対立しかねない力を結合してこそイノベーションは生まれる。

野中郁次郎教授も近著『二項動態経営』(※28)の中で、矛盾やジレンマを「あれかこれか」の二項対立で切り抜けるのではなく、「あれもこれも」の二項動態を、経営においても実践する重要性を説いている。

ただ、歴史をひも解くと、「異質のインクルージョン」は本来、日本人の得意技だったことが分かる。俳人・長谷川櫂氏は、『和の思想』(※29)の中で、日本人の「異質なものを共存させる力」に注目する。

なぜ「共存」なのか。長谷川氏は、大きく3つの要因を挙げている。第一に、緑の野山と青い海原のほか何もない、「空白の島国」だったこと。第二に、さまざまな人や文化が渡来したこと。そして第三に、夏が異様に蒸し暑く、涼しさを好む感覚を身につけたこと。

これら3点に共通しているのは、「間《ま》」を大切にする思いだという。1つ目の「空白」は、空間の「間」そのものだ。2つ目の「移り行くもの」は、時間におけるつかの「間」である。そして、3つ目の「涼しさ」とは、空間や時間の「間」を置くことに価値を感じる感性(言わば「間」性)である。

いまの日本人は、このような日本流の美学を、どこかに置き去りにしてきたのかもしれない。都会の街並みは平面を埋め尽くし、立体空間にまで乗り出していく雑踏と化している。また、近年若者たちを中心に重視される価値観の「タイパ」は、時間を効率よく埋め尽くそうとする病的衝動にほかならない。

そのように暑苦しく、あくせくとした生活からは、異質なもの、意外なものを取り込む真のイノベーションを創発する活力は生まれてこないだろう。ダイバーシティ（多様性）にばかり気を取られている場合ではない。デジタルやバイオ技術を駆使すれば、異次元の結合の地平が広がってくる。

デジタル化によってあらゆる情報をデジタル信号に置き換えることができれば、これまで異質とされてきたものの結合が可能になる。食と健康と生命保険がつながれば、健康な食生活が送れて健康寿命が延び、長生きリスクの軽減につながるだろう。バイオ分野も有望だ。たとえばゲノム編集。ＤＮＡの情報格納機能にタンパク質と同様のペプチド核酸（ＰＮＡ）を結合させることで、新しい生命体を創造する可能性が生まれる。

その結果、ロボットでもサイボーグでもなく、新しい動植物や人間すら生み出すことができるはずだ。それはノーベル文学賞作家カズオ・イシグロが『わたしを離さないで』（２００５年）や『クララとお日さま』（２０２１年）で描いたクローン人間や人工フレンド（Artificial Friend）を超える、本当の友達や仲間を生み出してくれることだろう。

次世代技術を駆使して、日本古来の「異質のインクルージョン」の流儀をバージョンアップしよう。そこに「シン日本流」の可能性が見えてくるはずだ。

第Ⅱ部

日本流経営の奥義

「規矩作法 守り尽くして破るとも 離るるとても本を忘るな」

『利休百首』千利休

さて、ではそもそも日本流とは何か。そして日本流経営とは。「シン」を論じる前に、まず「元型《げんけい》」をしっかり確認していくことから始めたい。

元型、アーキタイプとは、集合的無意識で働く「人間に共通する心の動き方のパターン」を指す。分析心理学者ユングが提唱した概念で、神話や伝説、夢などに、時代や地域を超えて繰り返し表出してくる。

たとえば、日本神話で言えば、太陽神・アマテラスオオミカミは英雄（ヒロイン）の元型である。一方、荒ぶる神である弟・スサノオノミコトは、トリックスター（破壊的創造者）の元型といえるだろう。

元型は言わば原風景であり、出発点である。いつまでもそこに留まっていたり、原点回帰するのではなく、時代に合わせて変容していく。現代の日本的ヒロインやトリックスターの姿も、2つの元型からは大きく進化している。

日本流も時代とともに大きく進化してきた。日本神話を元型とする神道に、仏教や儒教が流れ込み、近世には武道や町人道などが形づくられていった。明治維新以降は、怒涛のように押し寄せる欧米流をたくみに取り込んで、「文明道」（福沢諭吉）や「科学道」（理化学研究所・編集工学研究所の同名プロジェクトより）をはじめとするさまざまな流儀が生み出されていった。

「日本流経営」も、同様に進化し続けてきた。近世になると、「三方よし」で知られる「近江商人道」、そして明治維新以降は渋沢栄一の「論語と算盤」に代表される公益資本主義、戦後には人本《じんぽん》主義（伊丹敬之・現一橋大学名誉教授）などが時代の大きな潮流となっていった。

しかし、進化の中にも元型が色濃く影を落としている。それは折々の進化形それ自体ではなく、進化のダイナミズムに見出すことができる。その共通項として、「和化《わか》」「異化《いか》」「空化《くうか》」の3つの運動を括り出せるのではないだろうか。

「和化」とは、足し合わせること。言い換えれば、異質なものを同質化する力。聖徳太子の十七条憲法の第一条「和をもって貴しとなす」という教えが典型的だ。密教の大日如来を、神道のアマテラスと重ねてとらえてみることもその派生形といえるだろう。

「異化」とは、異質なものを共存させること。既存のものに取り込もうともせず、逆に拒絶することもせず、別の可能性、選択肢として受け入れる。相対化といってもいいだろう。八百万の神々が共存することこそ、その一つの原風景である。

「空化」とは、異質なものにとらわれないこと。そして常に心を開き、変化し続けること。仏教における空とは、何事も固定的なものなどない、という教えである。そのような境地を、道元禅僧は「身心脱落《しんしんだつらく》」と呼ぶ。身心が一切の束縛から解き放たれて自在の境地になることである。
この3つの日本流の作法は、経営の世界においても広く浸透してきた。「和化」とは、欧米の先進的な経営手法を取り込みながら、日本独自の経営モデルに仕立て上げる力を指す。「異化」とは、多種多様な経営手法、たとえば日本モデル、シリコンバレーモデル、中国モデルなどを共存させる流儀を指す。「空化」とは、松下幸之助翁や稲盛和夫翁が唱え続けた「とらわれない心」を指す。

このような3つの日本流の運動論を、進化のリズムにまで昇華させたモデルとして、「守《しゅ》破《は》離《り》」という手法が注目される。守が「和化」、破が「異化」、離が「空化」を内包したものである。

次章以降ではこの守破離を切り口に、日本流の元型を解読していくことを試みたい。そのうえで、日本流を実践することで進化し続けてきた企業群を紹介する。その際には時間軸に注目してみた。

まず、創業300年を超える超老舗企業として、中川政七商店を取り上げる。続いて2024年現在で創業100年以下の企業を、25年（四半世紀）ごとの節目でピックアップしていく。

創業100年目のダイキン工業。75年目のカネカ。50年目のキーエンス、そして25年目

（正確には24年目）のオイシックス・ラ・大地。業種を見ても、生活雑貨、空調機器、化学、FA（ファクトリーオートメーション）、食品とバラバラ。しかし、そこには日本企業ならではの進化の型が読み取れる。そこから「日本流」の元型が、改めて浮き彫りになってくるはずだ。

第4章

守《しゅ》破《は》離《り》

本章では、まず守破離《しゅはり》という進化のリズムについて考えてみたい。

守破離は、芸道や武道における修行のプロセスを指す言葉だ。「守」は師の教えを忠実に守ることで、基本を学ぶ段階。「破」は自分で考え工夫することで、自立の段階。そして「離」は独自の新しい世界を確立することで、創造の段階を指す。

そもそもは、第Ⅱ部の冒頭に掲載した『利休百首』に出てくる言葉として知られている。茶の湯においてのみならず、半人前から一人前、そして達人となっていく成長のプロセスを示したものである。日本人であれば、どこかで聞いたことがある「日本流」の元型《げんけい》と言っていいだろう。

もちろんこの3つのリズムを実践すれば、誰でも必ず成長するわけではない。あまり知られていないが千利休はこの百首の中で、次の一首も詠んでいる。

上手にはすきと器用と功績むとこの三つそろふ人ぞ能《よ》くしる

上達するためには、3つの要素が必要だと言っている。「すき」すなわち意欲（Will）、「器用」すなわち基本的な能力（Skill）、そして「功積む」すなわち努力（Effort）の3つである。大谷翔平選手であろうと、藤井聡太棋士であろうと、フツーの人間であろうと、この3つが成長の必要条件となる。

そのうえで守破離というリズムを実践する。その際には、まず「守」、つまり「型」を身につけることから始めなければならない。そのうえで「破」、つまり「型」を破らなければならない。この2つは学習（Learning）と脱学習（Unlearning）のプロセスとして、海外においてもよく知られている。

では、「離」はどうすればいいか。これこそ「イノベーション」、すなわち新機軸を生み出すプロセスである。ただしそこには、定義上「型」は存在しない。とはいえ、やみくもに新しいことを試してみても成功はおぼつかない。日本流の「離」の奥義を、しっかりと見極める必要がありそうだ。

さらにもう一つ、大きなチャレンジがある。「本《もと》を忘るな」という戒めである。基「本」を破り、基「本」から離れても、基「本」を忘れてはならないと言うのはなぜか。どうすれば、そのような矛盾したことが実現できるのか。

「本」すなわち伝統から、「離」すなわち革新が生まれる。逆に言えば、伝統を大切にしない限り、革新は生まれようがない。禅問答のように聞こえるだろうか。

本章では、日本人が稽古事などを通じて、当たり前のように身につけている守破離のリズムをめぐる本質について、論じることとしよう。

「守」型なしと型破り

すべてはまず、基本を学ぶことから始まる。基本の型を会得しないまま、いきなり自己流を発揮しようとすると、「型なし」となる。

とはいえ、型に従っているだけではそれ以上の成長は期待できない。進化していくためには、これまでの型を破る必要がある。まさに「型破り」である。型が身についているからこそ、型破りが可能となる。

これは日本だけのお家芸ではない。たとえばアップルの創業者スティーブ・ジョブズは、「Get Out of Box（箱から出ろ）」を口癖としていた。まさに型破りのすすめである。しかし、そのためにはまず、「箱（Box）＝常識」を見極めることから始めなければならない、とクギを刺すことを忘れなかった。

筆者も、社会人ルーキー時代に、まさに「型」の大切さを実感した。三菱商事のプラント部門に配属された筆者を、先輩たちは「我々の背中を見て覚えろ」とばかりに実戦に担ぎ出す。いかにも商社らしい鍛え方だ。

しかし、それでは時間もかかるし偏りも出る。そこで筆者は、若手有志と協働して、プラント事業に必要な「型」の収集と編集を、時間外プロジェクトとしてスタート。その後、「技術編」「ファイナンス編」「プロマネ（プロジェクトマネジメント）編」という3つの「型集」として積み上げていった。

それから3年後、ニューヨークに転勤し、「型破り」に挑戦することになった。生き馬の目を抜くようなビジネスの最前線では、基本技だけでは歯が立たない。百戦錬磨の経営者や野心にあふれる起業家、超一流の投資銀行や弁護士事務所のプロ集団にもまれながら、みずからの技を懸命に磨いていった。いまから思えばそれは、型を踏まえながら型を破り、新しい型をつくり上げるプロセスだったといえよう。

その後、マッキンゼーに入社した当時にも忘れられない思い出がある。畏敬する大前研一さんが率いるプロジェクトに参加した時のことである。「どうすれば大前さんのような仕事ができるようになれるのでしょうか」と、いまから思うとなんとも間抜けな質問をしてしまった。するとと大前さんは、「3年早い」と即答。「まず、コンサルとしての基本ステップをしっかりマスターすること。それができて、初めて自由自在に自己流のパフォーマンスができるようになる」

まさに「守」あっての「破」という教えである。それ以来、筆者は余計なことを考えず、マッキンゼー流の問題解決手法を徹底的に習得し、大前さんをはじめ超一流コンサルの価値創造の技法を、盗めるだけ盗みまくった。これもいまにして思えば、大前さんが最初の名著『企業参謀』(※30)の裏で演じていた「功積み」を、筆者なりに演じたプロセスだったといえよう。「日本流」経営コンサルは、こうして誕生していくのである。

「守」にかかる時間は、業種業態によってまちまちで、個人差もある。しかし、筆者が商社マン、そしてコンサルタントとしての基本型の習得に3年かかったことは、偶然の一致ではあるまい。「石の上にも三年」というが、一つの学習サイクルとして3年という歳月は、それなりに意味のある期間なのかもしれない。

「タイパ」の時代に古臭い、あるいはAIを活用すればあっという間にできるはず、と思われるかもしれない。しかし、学ぶのは生身の身体である。分かったつもりになるだけでなく、身体知に落とし込まなければならない。そのための「功積み」には、必要な時間を惜しみなくかける必要があるだろう。

では、「破」と「離」には、どれだけ時間がかかるのだろうか。これこそ一概には言えないが、軽く10年はかかりそうだ。

たとえば、達磨《だるま》大師。中国禅宗の開祖とされるインド人の僧侶だ。悟りを開くために、9年間、誰とも会話することなく、壁を向いて座禅を続けたという。「面壁9年」と呼ばれる有名なエピソードだ。その結果、悟りを開くことができたものの、足が腐ってしまったという。だるまさんに足がない理由として、語り継がれている。

座禅を旨とする禅宗ならではの教えである。しかし、実際のビジネスでは「悟り」を開くだけでなく、それに基づいて結果を出す必要がある。そのためには、身体もしっかり鍛錬しなければならない。その意味でも、石の上には3年程度で十分。その後は、みずからの身心をしっかり動かして、「型破り」を始めなければならない。

「破」ずらしのテクニック

さて、いよいよ守から破に転じるにはどうすればいいか。規定演技から自由演技に進むからといって、自由奔放にやればいいということではない。ここではまず、よく陥りがちな3つの「なし」から押さえておこう。

第一に、「軸なし」に陥ること。自由だからといって、まったく新しいことをゼロベースで始めようとすると、成功確率もゼロベースになってしまう。いままで学んできたことが活かせないからだ。たとえば、いま日本ではリスキリングというカタカナ英語が感染爆発している。しかし、単に新しいスキルを身につけるだけでは、着せ替え人形と変わらない。もっとも「コスプレ」世代には、得意な身のこなしかもしれないが。

第二に、「型なし」に陥ること。「型破り」の結果、型がなくなってしまうと「型なし」となる。破のプロセスにおいては、型をなくすのではなく、新しく型をつくることがカギとなる。

「破壊的イノベーション」という勇ましいアメリカ流の経営モデルが、もてはやされている。

しかし、既存の型を破壊するのではなく、組み替えることで、初めて次世代イノベーションが可能となる。1世紀近く前にイノベーションという言葉を最初に提唱した経済学者シュンペーターは、それを「創造的破壊」と呼ぶ。単なる破壊は命とりとなることを、肝に銘じる必要がある。

第三に、「限界なし」に陥ること。第1章で紹介した「リミットレス」という幻想である。新しい世界は、無限の可能性が広がっているように見える。しかし、そこにも当然、成長の限界はつきものだ。第3章で紹介した「成長のSカーブ」である。

いま、生成AIが破竹の勢いで成長している。しかし、いずれ成長の限界を迎えるはずだ。たとえ技術的にリミットレスであったとしても、いずれ社会的、倫理的な制約がかかってくる。生成AIの壁を「脱」する新たな知恵が求められることは、必然である。

これら3つの落とし穴に陥らないためにはどうすればいいか。一言で言えば、キーワードは「ずらし（差延）」である。まず、軸足は動かさず、もう一方の足をずらす。バスケットボールのゲームで使われる「ピボット（軸旋回）」という運動である。それによって、軸（強みとなる資産）をずらさず、方向を360度変えることが可能になる。

次に型をずらす。型をさらにモジュールに分解することで、多様な組み合わせができるようにする。あるいは新たな型を生み出し、それを既存の型と組み合わせる。そのような「型ずらし」によって、既存の資産を再活用（regenerate）することが可能になる。最後に、軸そのものをずらす。その結果、新しい時空や異次元の価値に大きくずらしていく。これは破を超えて、「離」の技につながるので、次節でくわしく論じることとしたい。

この「ずらし」は、実は日本語特有の意味を持った言葉である。「なめらかに滑らせる」という微妙なイメージを内包しているからだ。英語では、「shift」と訳されることが多いが、それだと無機質に響く。「extension（延長）」だと有機的だが、同質性から抜け出せない。「deviation（逸脱）」だと、逆に異質性が強調されすぎる。フランスの哲学者ジャック・デリダの造語「différance（差延）」が、最も近い語感を持っている。微妙なずれや逸脱を意味するからだ。

いずれにせよ安易に外来語に頼ることなく、ヤマト言葉の持つ豊かな語感を大切にしたいものである。

「離」異次元へのワープ

「守」は学習、「破」は脱学習と言い換えることができよう。進化は、この学習と脱学習のサイクルをループのように回し続けることによって駆動されていく。筆者が「メビウス運動」と呼ぶモデルである。

では「離」とは何か。一言で言えば、異次元へと移動することである。SFの世界における「ワープ」に近い。ちなみに「ワープ」とは、そもそも「ひずみ」や「ずれ」を指す言葉だ。それが転じて、時空間のずれを利用して瞬時に移動することを意味するようになった。したがって、「離」に向かうためには、時間軸や空間軸をずらす必要がある。

時間軸で言えば遠い過去、たとえば元型に立ち返る。あるいは逆に、遠い未来を夢想してみる。空間軸で言えばたとえば地球を超え、宇宙へと思いを馳せる。

スタンリー・キューブリック監督のSF映画『2001年宇宙の旅』（1968年）は、そのような時空の旅を見事に描いている。「人類の夜明け」から始まり、ハルと名付けられたAIとの協働と闘いを経て、やがて人間を超越した「スターチャイルド」へと進化していく。まさに一大叙事詩ともいうべきスケールである。

これが「日本流」とどう関係があるのかと、戸惑われるかもしれない。実はキューブリック監督は、美術担当として手塚治虫の協力を仰いでいたというエピソードが残っている。手塚治虫は多忙を極めていたためこのオファーを断ったが、もしも実現していれば、日米「異結合」の幻の名作となっていたことだろう。

手塚治虫と言えば、ライフワーク『火の鳥』（※31）が想起される。古代から未来まで、地球や宇宙を舞台に、人間、そして生命そのものの本質が壮大なスケールで描かれる。

『火の鳥』の物語が、大きな円環構造になっている点に注目したい。シリーズ4作目の「未来編」の最後は、「黎明編」に回帰していく。この輪廻転生の思想は、古より仏教を通じて日本人の底流に流れている。三島由紀夫の遺作『豊饒の海』(※32)の基本モチーフでもある。これこそまさに、日本流の元型だともいえよう。

「離」は「軸ずらし」の技である。「破」は軸足をしっかり踏みしめている。しかし、「離」は軸足そのものも動かさなければならない。それは一歩間違えば、前節で落とし穴の一つと表現した「軸なし」に陥る危険を伴う。

「軸なし」と「軸ずらし」の違いは何か。前者がまったくのゼロベースでスタートするのに対して、後者はこれまでの軸を、「なめらかに滑らせる」ことを試みる。言い換えれば、「軸ずらし」は既存の軸を前提としつつ、それを動かすことを試みる。

時間と空間以外に、もう一つ異次元に動かせる軸がある。「価値軸」だ。たとえば、量から質へ。モノの豊かさから心の豊かさへ。自利から利他へ。価値軸をずらすことで、異次元のイノベーションを創出することが可能になる。

転生する輪廻

「離」の結果、異次元の時空に舞い立つ。そしてそこで再び、守破離という運動を始めなければならない。まさに輪廻である。

輪廻転生を説いた日本仏教の歴史を例にとろう。

仏教がインドから中国、百済を渡って、日本に伝えられたのは飛鳥時代。その後、奈良時代には、平城京のもとで南都六宗《なんとろくしゅう》が栄える。いわゆる顕教《けんぎょう》である。顕教とは、言葉や文字などで明らかに示された教えで、経典などで学ぶことを旨とした。言わば「守」である。

それに対して、奈良末期から平安時代にかけて、密教が台頭してくる。空海が開いた東密《とうみつ》（＝真言宗）と、最澄が開いた台密《たいみつ》（＝天台宗）の二系統がある。いずれも、加持《かじ》、祈禱を重んじる点が共通している。顕教に対して密教は「破」を目指したのである。

鎌倉時代には、禅宗が広がっていく。いわゆる鎌倉仏教である。ここでも、栄西が開いた臨済宗と、道元が開いた曹洞宗という二大宗派に分かれる。いずれも、座禅を中心にした修行を通じて悟りが得られるという点で共通している。禅宗は、顕教 対 密教という構図を超えた別世界、すなわち「離」を目指したものといえよう。

もちろん、進化はここで止まらない。法然が、念仏を唱えることで救われるとする浄土宗を説く。言わば、異次元における「守」である。さらにその弟子・親鸞は、自力を捨て、他力（＝阿弥陀仏）を信じることで、すべての人が救われると説いた。いまなお、仏教として最大の信者数を持つ浄土真宗の教えである。浄土宗に対する「破」ともいえよう。

南北朝・室町時代には、禅宗が京都五山を中心に栄え、武家社会と貴族社会が融合した北山文化や東山文化などが花咲いていく。一方で、浄土宗からは踊念仏の時宗を唱えた一遍や、臨済宗からは風狂の禅師・一休などが庶民に寄り添い、民衆文化などを生み出していく。京都を舞台に、多様な「離」の世界が開いていったのである。

続いて、茶道における輪廻に目を転じてみることにしよう。室町時代の新しい文化の土壌の中で、僧侶・村田珠光《じゅこう》が「わび茶」を編み出す。安土桃山時代に入ると、千利休が珠光の教えを受け継いで「型」として整備し（守）、草庵の風情を取り入れた茶室という異次元の空間を舞台とした、独自の「茶の湯」を完成させていく（破）。そして、茶の湯の修行を通じて、やがて自然に無我無心のゾーンに入るという。その悟りともいうべき境地こそ、利休における「離」の世界である。

茶道は、利休という個体を超えて進化していく。利休直系の千家が、表千家、裏千家、武者小路千家の3つに分かれていったことはよく知られている。また武士の間では、武家茶道（大名茶）がたしなまれるようになる。織部流や遠州流などが代表的だ。

さらに庶民の間では、抹茶ではなく煎茶をたしなむ煎茶道が広がっていく。現在の小川流や花月菴流《かげつあんりゅう》などの源流である。そもそもは、江戸時代に中国から渡日した禅僧・隠元禅師が、第三の禅宗・黄檗宗《おうばくしゅう》とともに、京都・宇治で開いたものだという。

このように茶道も、仏道同様、日本文化の中に深く浸透し、守破離のリズムを繰り返しながら進化し続けていったのである。

「本」とは

ここまで見てきたように、守破離という永久運動が進化の原動力となる。しかし、そのどの局面においても、常に「本を忘るな」と利休は戒める。では、「本」とは何か。

茶道においては、「和敬清寂《わけいせいじゃく》」という精神が説かれる。お茶を点《た》てる主人と、そのお茶をいただく客が互いの心を和らげて、敬い合い、茶道具や茶室、露地を清浄な状態に保つことで、澄み切ったこだわりのない境地に達することができるという教えである。裏千家ではこれを「四規」と呼ぶ。

裏千家第16代目家元の千宗室氏は、四規の本質を、次のように読み解く(※33)。

誰とでも仲よく、すべてにおいて調和を大事にし、お互いを尊重し合い、何事も心から清らかであること、それによって穏やかでどんなときにも動じない心にいたる。

これが茶道における「本」であり、まさに聖徳太子の「十七条憲法」から、日本流の根底に流れる精神である。

では、仏教における「本」とは何か。ここでは、仏教の基本的な教えの一つである「諸行無常」を取り上げてみよう。『平家物語』の冒頭の一節、「祇園精舎の鐘の声、諸行無常の響きあり」で広く知られている。

そもそもは『涅槃経』にある言葉だとされる。「すべての現象や事象が常に変化し、永遠に不変のものは存在しない」ということを意味する。転じて、物事に執着することの無意味さを説く。

浄土真宗の開祖・親鸞は、祇園精舎というインドの原風景を日本の桜にたとえ直して、次のような詩句を詠んでいる。

「明日ありと 思う心の あだ桜 夜半に嵐の 吹かぬものかは」

ただし、「無常」だからといって、無力感にとらわれてはならない。浄土真宗では、親鸞の「本」意を、「明日自分の命があるかどうか分からない、だからこそいまを精一杯大事に生きていきたい」と教える。

この教えを経営の「本」として位置付けたのが、松下幸之助である。亡くなった年に出版された『人間としての成功』(※34)の中で、次のように語っている。

「諸行無常とは、すなわち万物流転であり、生成発展ということであると解釈したらどうかと思うのです。いいかえますとお釈迦さまは、日に新たでなければならないぞ、ということを教えられたのだということです」

ここで語られている「日に新た」は、松下経営哲学の「本」でもある。経済評論家で、幸之助翁と親交の深かった筆者の亡父・名和太郎は、幸之助翁が常日頃から「日に新た」を諭し、変化することの重要性を説いていたという(※35)。

このように、仏教や茶道の教えは、日本流経営の「本」質を理解するうえで、極めて示唆に富む。空間軸としての「和」、時間軸としての「日に新た」は、日本流の時空をとらえるキーワードとして、留意しておく必要がありそうだ。

「経営の神様」に見る守破離

松下幸之助といえば、日本流の「経営の神様」であることは、異論のないところだろう。「日に新た」を「本」として、幸之助翁は守破離のそれぞれの局面で何を唱えているのか。ここでは、『松下幸之助「一日一話」』(※36)から、関連する教えをピックアップしてみたい。

まず、「守」だ。それは「学ぶ心」から始まる。

「学ぶ心」

学ぶという心がけさえあれば、宇宙の万物はみな先生となる。物言わぬ木石から秋の夜空に輝く星くずなどの自然現象、また先輩の厳しい叱責、後輩の純粋なアドバイス、一つとして師ならざるものはない。

どんなことからも、どんな人からも、謙虚に、素直に学びたい。学ぶ心が旺盛な人ほど、新しい考えをつくり出し、独創性を発揮するといっても過言ではない。

「学習」したうえで、脱学習に向かう。それは「常識を破る」という教えに凝縮されている。

「常識を破る」

私たちを取り囲んでいる常識というものは、想像をはるかに越す根強さを持っています。しかし私たちは、その常識を尊ぶとともに、ときには常識から自分を解放することが必要だと思います。そしてそのためには、やはり強い熱意が要請されます。熱意のたぎっているところ、人は必ず新しい道を開きます。常識では考えられないことをやってのけ、運命を切り開き、新しい発明発見をします。常識を破るのです。

次に「離」の境地に向かう。そこでは学習したことも、自己流として確立した流儀も通用しない。茶の湯における「無我無心」の境地である。それを幸之助翁は、「素直な心」と表現する。

「素直な心とは」

素直な心とはどういう心であるのかといいますと、それは単に人にさからわず、従順であるというようなことだけではありません。むしろ本当の意味の素直さというものは、力強く、積極的な内容を持つものだと思います。

つまり、素直な心とは、私心なくくもりのない心というか、一つのことにとらわれずに、物事をあるがままに見ようとする心といえるでしょう。そういう心からは、物事の実相をつかむ力も生まれてくるのではないかと思うのです。

だから、素直な心というものは、真理をつかむ働きのある心だと思います。物事の真実を見きわめて、それに適応していく心だと思うのです。

筆者は生前の幸之助翁と直接お会いする機会はなかったが、大学生時代に亡父・名和太郎の著書『評伝 松下幸之助』(※37)の資料づくりを手伝う過程で、幸之助流の経営道に深く触れる時間を持つことができた。それを改めて守破離という文脈で編集してみると、幸之助流の極意を読み解くことができそうだ。前述したように、その底流にあるのが「日に新た」という「本」である。

これこそ、昭和時代の日本流経営の伝統的な奥義だったのではないだろうか。そして平成時代の「失われた30年」は、まさにこの日本流に背を向けてしまったことに起因しているのではないだろうか。

この点は、第Ⅱ部の最後にくわしく論じることとしたい。

伝統から革新を生む

伝統と革新は、対立するものととらえられがちだ。しかし、伝統を学び（守）、伝統を革新する（破）ことを通じて、新たな境地が生まれる（離）。そして、それが世の中に受け入れられることで、次世代の伝統となる。

これらは、あらゆる「道」に通じる真理である。たとえば華道。未生流《みしょうりゅう》笹岡の若き家元・笹岡隆甫氏は、次のように語っている（※38）。

「伝統の継承は大切ですが、家元の役割は新しいことに挑戦することだと考えています。古典は、数百年の時を経て今に残ったわけで、『確からしさ』があり、この先も残っていく強さがある。日々、革新的な花のみを生けるのは現実的ではないし、古典に則れば美しい花が生けられるのだから、普段は古典を多用します。しかし、革新を目指す思いは、常に頭の片隅にあります」

伝統が革新を生む礎となる。同じ鼎談で、聖護院八ッ橋総本店の若き専務・鈴鹿可奈子氏は、これは「菓子道」にもつながると述べている。次の短いコメントが、その奥義を的確に物語っている。

「体で覚えていると、何かを取り入れる時にそれほど考えずに決断できるかもしれません。ぴょんと飛び越えられる部分はある気がします」

「型」を学んで身体知として実装することで、跳躍、すなわち「離」すら可能になるというのである。事実、鈴鹿氏は八ッ橋の伝統を継承しつつ、ｎｉｋｉｎｉｋｉ（ニキニキ）という新時代のブランドを立ち上げた。

伝統と革新は、対義的ではなく両義的なのである。そして、動的な時間の流れの中でとらえ直すと、伝統と革新は常に入れ替わっていく。

これが経営についてもそのまま当てはまることは、前述の松下流経営からも明らかだ。伝統と革新を土地柄とする京都の企業群を見ても、同様である。たとえば、京セラ。１９５９年に故・稲盛和夫が京都セラミックを創業して以来、「京セラフィロソフィ」を基軸に成長してきた。

ただしその解釈は、時代とともに進化する。10代目にあたる谷本秀夫社長は、最近お目にかかった際、「京セラフィロソフィは不変か」という問いに、次のように答えてくれた。

「『心』の部分、つまり哲学そのものは不変です。洋の東西も問いません。ここは人間性の本質だからです。一方、行動指針は、時代に応じて変えるべきところも出てくるでしょう。たとえば『誰にも負けない努力をする』。精神論としてはいいのですが、そのために長時間労働に走るのは時代錯誤です。これからは、集中力をいかに高めるかが問われるはずです」

フィロソフィーに込められた精神は、経営の原点（「本」）として大切にしなければならない。そしてそのよき伝統を受け継ぎながら、時代を先取りすることによって革新を生み出していく。これこそ、日本流経営の真髄といえよう。

第5章

ケース1 中川政七商店（創業1716年）

ここからは、日本流経営を実践している代表的な企業5社を、ケーススタディしていく。時間軸に注目して、創業が古い順に見ていこう。

日本には長寿企業が多い。創業200年以上となる企業は1340社に上る。日経BPコンサルティング・周年事業ラボが2020年に行った調査によると、世界の創業200年を超える企業全体の65％、すなわち3社中2社が日本企業ということになる。ただ、業種別に見ると宿泊・飲食業がトップで、地元で長らく愛されてきた零細企業がほとんどだ。

しかし、なかには創業400年を超える竹中工務店のような大企業も含まれる。その中から本書では、中川政七商店を取り上げることにする。創業300年を超える超老舗企業でありながら、近年、新興企業張りの超成長を遂げているからだ。

同社の創業は、1716年に遡る。奈良晒《さらし》黄金期に、初代中屋喜兵衛が奈良で晒の商いを始めたのが源流。その後も長らく手績み手織りの麻織物の商いを続けていたという。そのまま「守」に終始していれば、ほかの長寿企業同様、地方の小粒な企業であり続けていたはずだ。

しかし、2008年に中川淳氏が第13代当主に就任すると、同社は大きく業容を拡大し始める。生活雑貨工芸品の製造小売業（SPA）に進出することにより、10年足らずで売上は10倍以上に成長していった。まさに「破」のプロセスといえよう。

進化はそこで止まらない。本業の小売りと並行して、日本の老舗工芸品メーカーへのコンサルティングを開始。いまではさらに、教育や地域活性にも事業領域を拡大している。言わば「破」のセカンドステージである。

2018年には、社員出身の千石あや氏が第14代当主に就任。創業家出身ではない当主は、同社の長い歴史上初めてだ。一方、会長となった中川氏は、以前から手掛けていた「産業観光」に注力している。

産業観光とは、「人がものづくりの現場を旅して、産地の食や文化丸ごと工芸の魅力に触れる新しい観光のかたち」を指すという。2013年に始まった、金属加工で知られる燕三条地域でのオープンファクトリーは毎年活況を呈し、現在では地元奈良のリブランディングにも力を入れている。言わば「離」のプロセスである。

創業300年を超えていながら、「アンチ・エイジング」を実践する企業。その「若返り」の原動力は「守破離《しゅはり》」にある。まさに日本流経営を地でいく企業ともいえよう。

同社は2015年に、ハーバード・ビジネス・スクールのマイケル・ポーター教授の名を冠する「ポーター賞」を受賞。筆者はその前年より、ポーター教授が提唱するCSV（共通価値の創造）を日本流に進化させるべく「CSVフォーラム」を主宰しており、同社をJ‐CSV発（日本流CSV）の先進企業の一つとして取り上げている。中川氏には、筆者が監修する「日本発の経営戦略『J‐CSV』の可能性」というタイトルのインタビュー（※39）にも登場いただいた。その後も、毎年開催されるポータークラブなどで、たびたびお話しする機会があった。

本章では、これらのインタビューも踏まえながら、中川流の「伝統から革新を生み出す術」に迫ってみたい。

マーケットインからマーケットアウトへ

同社は長らく卸業を主体としていた。店舗から求められる品を提供する「マーケットイン」型の業態である。

中川氏は、京都大学を卒業後、富士通でシステムエンジニアの道を歩んでいた。父親が経営する同社に転職してきたのが２００２年。当初の様子を、中川氏は次のように語る。

「わたしが当社に入った当時はまだ卸事業が主体でしたが、実は布製品ブランド『遊 中川』のお店を奈良に2店舗、東京に1店舗出していました。といっても、直営店ではなくショールームのような位置づけに過ぎず、このままだといつまで経ってもお客さまにはブランドとして認知されないだろうなと感じていました。ではどうすればいいのかと考えた末、直営店を持つことで、自分たちで直接お客さまとコミュニケーションをとる状態を作っていこうと決めました」

こうして、同社は顧客に直接販売するSPAに進出していく。当時、第12代当主だった父親は当初反対したが、中川氏の決意は固かった。それは、ものづくりを通じた市場創造への強い思いに裏打ちされたものだった。

そのようなアプローチを、中川氏は「ブランディング」と呼ぶ。マーケットインに対して、「マーケットアウト」と呼んでもいいだろう。ただし、それはゼロベースで自由奔放に発想することではない。中川氏は、「温故知新」こそがカギだと言う。

「当社のものづくりの基本的な考え方は『温故知新』です。ものが生まれた背景や歴史をきちんと理解した上で、今の生活に合うように多少の修正を加えることが、ものづくりのやり方だと考えています」

「温故知新」は孔子の教えだが、むしろ「温故創新《おんこそうしん》」と読み換えてもいいかもしれない。単に知るだけではなく、工芸、すなわちつくることこそ、同社、そして日本流の真骨頂だからだ。

中川氏は「伝統工芸」という言葉を嫌う。その理由を次のように語る。

「伝統工芸と聞いて消費者がまず思い浮かべるのは、例えば着物なんですよね。でも当社で扱っている布製品はハンカチやふきんなどですから、消費者の認識とは大きなズレがあります。それを解消するために『伝統』を外したというのが1つめの理由。

それから、『伝統』という表現はある意味産業に対する侮蔑だとわたしは思っているので。自動車産業は100年以上続いていますけど、だれも『伝統自動車産業』とは呼ばないじゃないですか。『伝統』が付く産業というのは、もう進化が止まって廃れていくと見なされたものではないかと思うんです。工芸に『伝統』が付いているうちはイカン、というのが2つめの理由です。

あとは、工芸の新しい定義をわたしなりに持っていて、『伝統』を外したほうがしっくり来ると感じたからです」

では、中川流の工芸の定義は何か。一言で言えば、「手で作られた生活の道具」のことだという。

「そもそも工芸というのは、生活の中で使う道具を自分たちで、それも手で作っていたことが起源だと思うんです。例えば石器時代に人間が作っていた道具だって、工芸品と言えるはず。ところが高度経済成長期やバブル景気の時に、高値な物でも売れるからという理由で加飾が過剰になってしまって、日常生活から離れた美術工芸がメインになってしまった。でも今は、そういうものはもう売れない時代です」

過剰を嫌い、生活に寄り添う。そこには、前述した茶道や華道にも通じる日本流の本質的な価値観（「本《もと》」）が脈々と流れている。そしてそれは「伝統」であり、かつ「革新」の礎でもあるのだ。

日本の工芸を元気にする！

2007年、中川氏は同社のビジョン（筆者のいう「パーパス」）を設定した。約300年にわたる同社の歴史の中で初めてのことである。

日本の工芸品出荷量は過去40年間で、5分の1にまで落ち込んでいる。このままでは日本の伝統的な素材や技術がどんどんなくなり、自社も商品をつくれなくなってしまうという危機感があった。

その一方で「ブランディング」を基軸とする自社の経営手法が、他の工芸メーカーでも通じるとも考えたという。そのような思いが重なって、2007年に「日本の工芸を元気にする!」というビジョンに結実したのである。

中川氏は、「元気」な状態を「工芸メーカーが経済的に自立し、かつ、ものづくりの誇りを取り戻すこと」と定義した。そしてそのために自社がやれることは何か、と考えた。その結果、工芸メーカーの再生コンサルティングや教育を手掛けることにしたという。

その際に採用したアプローチが、「産地の一番星をつくる」というものだ。産地の中の1社を徹底的に磨いて、それが圧倒的な成功事例になれば、2番手や3番手は追随してくるはずと考えたからだ。

その狙いは見事にあたり、いくつもの再生事例が生まれていった。第一号案件は、長崎県の波佐見焼。もともと波佐見は佐賀県の有田焼の下請け産地だったが、波佐見ブランドとしての知名度はなかった。そこで有限会社マルヒロを一番星として支援。新ブランド「HASAMI」を中川政七商店主催のイベントに展示したところ、一気にブレーク。その後、マルヒロが同地区の他のメーカーを手伝ったため、波佐見焼は有田焼と肩を並べるほど、世の中に認知されるようになった。

その後、中川政七商店は工芸の再評価と産地への集客を狙った工芸の祭典「大日本市博覧会」を手掛けるようになる。来場者にその土地の魅力を再発見してもらうことを目的に、地元の工芸品を売り出したり、各界・各地で活躍するゲストのトークイベントやワークショップを行うというもの。

マルヒロの本拠地でも、2016年に長崎博覧会が開催された。マルヒロはこの機会をうまく活用して、波佐見町だけでなく有田町や武雄市、嬉野市という近隣の焼き物の産地を周遊バスでつなぐ「ぐるぐるひぜん」というイベントに拡大させた。まさに一番星が起点となって積極的に動いて、産地全体によい影響を及ぼしている。

伝統を再編集する「日本市」

これに先立って2013年から、全国の観光地で地域の小規模工芸メーカーと、お土産もの屋さんを結ぶ「日本市プロジェクト」を始めた。中川政七商店と一緒に地元の土産ものづくりに取り組むパートナーショップを「仲間見世」と呼び、その土地ならではの土産用の工芸品の開発、展開を行っている（図5－1）。

たとえば、函館の魅力を発信する拠点として、函館空港の中にコンセプトショップ「函《はこ》と館《たて》」をオープン。そのネーミングにも、地元ならではのこだわりが盛り込まれている。そもそも函館という地名は、函館山のハコ（急な崖）とタテ（高い丘）という意味からついたという説がある。地名そのものが「対」を表現しているのだ。

幕末期、日本を代表する貿易港に位置付けられた函館には、1階が和風、2階が洋風という

図5-1

中川政七商店の「日本市プロジェクト」

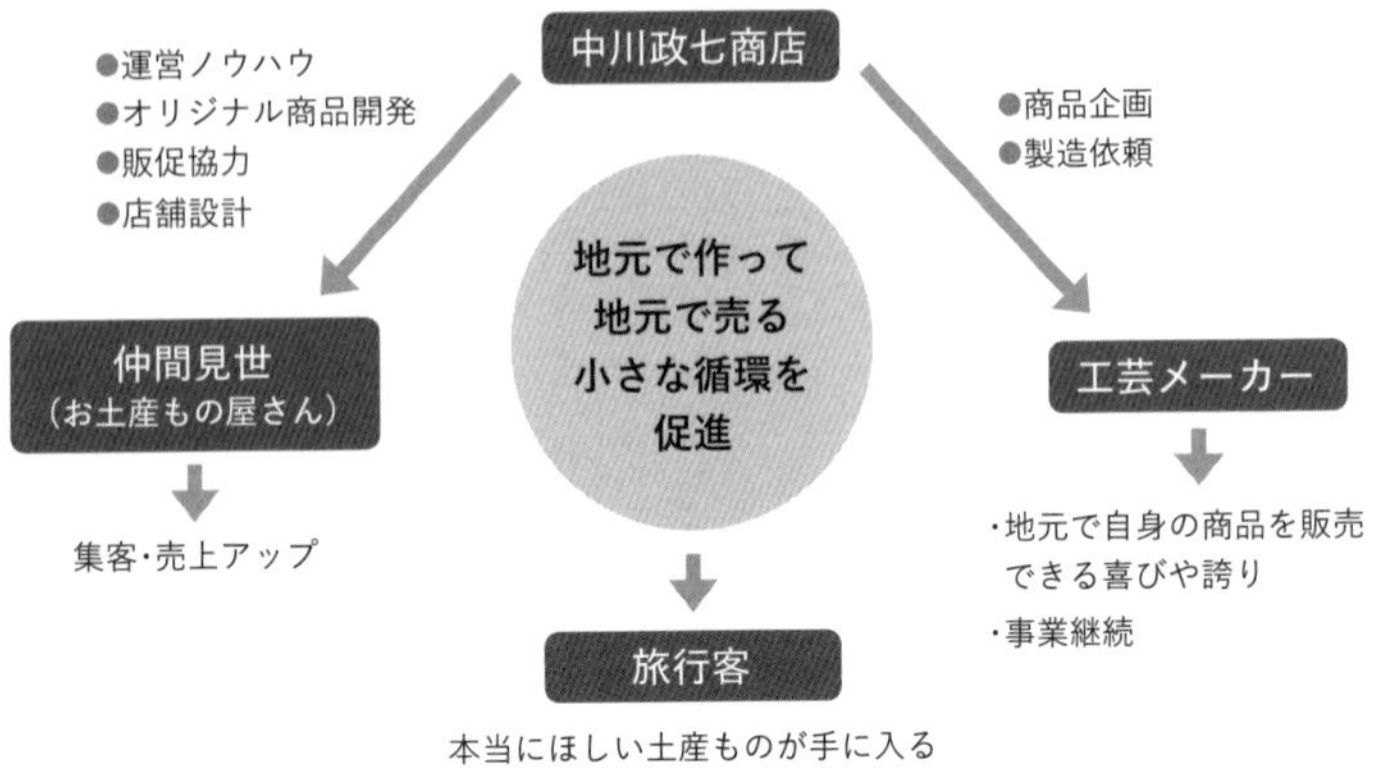

中川政七商店が小規模工芸メーカーと土産もの屋の間に入り、商品企画や販促を支援することで、土産ものとしての工芸品市場を活性化させる。

出所：中川政七商店

函館独特の和洋折衷住宅が数多い。また、函館の象徴ともいえる夜景と修道院にも、「対」のコンセプトが織り込まれている。夜景には「表夜景」と「裏夜景」があり、修道院には「トラピスト（男子修道院）」と「トラピスチヌ（女子修道院）」がある。そこから、函館の魅力を「対」で編集する発想が生まれたという。

店内では、地元メーカーとともに地域の文化や、物産を身近に感じられるように共同開発したオリジナルアイテムを販売。また、函館の観光名所や名産を「対」にして紹介する旅行本を通じて、町の魅力を多面的に伝える活動を支援。函館空港でしか購入することのできない特別なお土産に出会える場所として、人気ショップとなっている。

ほかにも、次のような仲間見世プロジェクト事例が光っている。

◉「えすこ」出雲大社前店：出雲型勾玉《まがたま》を伝承する株式会社めのやの新業態をサポート。スターバックスコーヒー出雲大社店と一体になった建物は、和風の外観が景観に溶け込んでいる。1階では、因幡《いなば》の白兎にちなんだ「縁結びうさぎ」や、お守りや勾玉を納める「お守り袋」など、出雲ならではの土産ものを販売している。2階では、さまざまな種類の天然石から好きなものを選んで、アクセサリーづくりが体験できる。まさに、島根の「えすこ（いい感じ）」なものとことを体感できる場となっている。

◉伊勢神宮「ゐびや」複合店：江戸時代、地元の旅先案内人が、伊勢神宮参拝客のために食事や宿を提供し、土産の準備までしたという。その時参拝客が持ち帰った宮笥《みやけ》が、土産の語源になったとも言われている。その伊勢神宮門前に明治時代に食堂として創業したゐびやが、「旅のおもてなし」をキーコンセプトに飲食エリアをリニューアルするとともに、三重県の食と工芸の魅力が詰まった土産ものが手に入る「ゐびや商店」を新設。地元食材から郷土料理、職人技の工芸品から土産ものまで、三重を丸ごと味わえる場となった。

◉太宰府天満宮案内所：太宰府天満宮の案内所の併設売店のリニューアルをサポート。太宰府天満宮にまつわるさまざまなモチーフを描いた「太宰府ふきん」や、神社の名物の梅を、その年の干支で表現する風呂敷や手提げ袋は、毎年の参拝客の定番土産となっている。このリニューアルの結果、観光案内所の来客数は約3倍に、売上は6倍ほどに増えた。

いずれの事例でも、古代の伝統を現代に再現するプロデューサー機能を、いかんなく発揮している。中川政七商店は、このようなさまざまな取り組みを通じて、地域経済圏における地産地消型から、集客型への「離」陸を演出しているのである。

地域開発プロジェクトとしての本店リニューアル

そのような実績を踏まえ、中川政七商店が満を持して手掛けた地域開発プロジェクトがある。奈良本店リニューアルだ。2021年4月に創業の地「ならまち」で、同社初の複合商業施設「鹿猿狐《しかさるきつね》ビルヂング」をオープンした。約126坪に広がる空間のコンセプトは「路地を巡り出会う、触れ、学び、味わう奈良」。奈良の住民や国内外からの訪問者に、奈良の魅力を体験してもらえる拠点づくりを目指したものである。

3階建ての建物には、旗艦店「中川政七商店 奈良本店」のほか、奈良県初出店となるスペシャルティコーヒー店「猿田彦珈琲」、東京のフレンチレストラン「ｓｉｏ」による初のすき焼き店「㐂《き》つね」が入居している。中川政七商店のトレードマークでもある鹿と、猿、狐が共演することから、「鹿猿狐」と名付けられた。

1985年に同社初の直営店としてオープンした「遊 中川 本店」（現在は「中川政七商店」に屋号を変更）も、奈良本店の一部として生まれ変わった。ここでは、日本の染織技術に支えられた服や服飾小物などが四季折々に並べられている。

さらに奥には、築約130年の町家の貯蔵庫を改装した2つの建物が併設されている。創業の商いである手績み手織り麻のものづくりに触れられる「布蔵」と、300余年の歴史をアーカイブ展示する「時蔵」だ。これらの施設を回遊すると、300余年にわたる中川政七商店の歴史をたどることができる。

敷地内で目を引くのが、「茶論《さろん》奈良町店」だ。日本流の原点の一つである茶道。茶論は「茶道文化の入口」をキーコンセプトとして、茶道文化に気軽に触れることができる時空感を演出している。

お茶は「飲む」という行為を超え、人を「もてなす」場である。茶論には季節の花が添えられ、季節のお菓子と心のこもったお茶と茶器を堪能しながら、その時かぎりの取り合わせに思いをめぐらせる。まさに千利休が大切にした「一期一会」を体験することができるのだ。定期的に茶道体験のワークショップも開催されている。

同施設の設計を託されたのは、日本を代表する建築家の一人、内藤廣氏（東京大学名誉教授、多摩美術大学学長）。開放的なガラス窓と周囲の街並みを活かした瓦屋根。建物の中央には、中庭とそこにつながる新たな路地がつくられた。建物のたたずまい全体が、古き良き伝統を誇る「ならまち」の風景に見事に溶け込んでいる。

伝統と革新が織りなす生活美。そこでは、中川政七商店の「守破離」、そして「本」を体感することができる。さらにそこは、シン日本流の一つの元型《げんけい》、アーキタイプが凝縮されている時空間でもある。

伝統・現代・未来をプロデュース

建築家・内藤氏は、ならまち本店のリニューアルに関して、次のように語っている（※40）。

「まず考えたのは、街並・伝統・現代・近未来を建築として表現する、ということです。屋根を瓦葺きにし、通りに面した軒庇を細かく分節化して、ファサードを街並みと違和感がないように作り込んでいます。建物は3階建てなので鉄骨造ですが、この架構には高度な現代技術を駆使しています。柱間の寸法を伝統的な建物で使われる3・6メートル（二間）にして柱を細くすることができたので、内部の空間も周りの木造の建物の空間に調子を合わせた雰囲気になるはずです。

街並みに合わせた瓦屋根と現代技術を駆使した繊細な鉄骨造、これがわたしたちが目指したこの建物の特徴です。でも街それ自体がそうであるように、建物はここでの飲食やお店などのさまざまな活動が営まれる背景でしかありません。歴史を紡いできたこの街の一角から、近未来を感じ取れるような『今』という背景を生み出すことができたら、と思っています」

たしかに、観光客で賑わう「ならまち」の雑踏から離れて、ここに足を踏み入れると、悠久の時間の流れに迎えられる。

前述したように「茶論」では、茶の湯の伝統・現代・未来を体感できる。そもそも奈良は、茶の湯の元祖・村田珠光《じゅこう》を生んだ土地である。また、中川政七商店の原点である「奈良晒」は、千利休が茶巾として用いたことでも知られている。

そして現在の茶論では、伝統が現代的な意匠で再現されている。たとえば真夏のかき氷。もともと奈良は、かき氷の聖地として知られる。近くの氷室《ひむろ》神社は、1200年の伝統を誇る「氷の殿堂」。そしていまや、県内50を超える専門店が、創意工夫を凝らしたかき氷を提供してにぎわっている。茶論も夏季限定でオリジナルの「白いかき氷」をふるまう。市内の製氷業者が独自開発したふわっと軽い口どけが特徴の大和氷室の氷の上に、素材へのこだわりで定評のある奈良の和菓子店・樫舎《かしや》製の練乳をあしらった逸品だ。筆者も含め、現代の「かき氷ファン」

を思わずとりこにしてしまう。

茶の湯の未来がどうなるかは、誰にも予想できない。しかし、茶論で開催される体験イベントを通じて、伝統の中から革新が紡ぎ出されていると実感させられることがある。たとえば、「燈火に親しむ 葉月（8月）の茶会」。

そもそも奈良は、「寝倒れ」で知られている。京都の着倒れ、大阪の食い倒れに対して、奈良は日暮れとともに街も人も早々に寝静まることを揶揄した言葉だ。もっとも、奈良・興福寺の住職によれば、本来の意味はまったく異なるという。江戸時代、自分の敷地や自宅前の道で死んだ鹿を発見したら、まだ寝ている他人の家の前に死骸を移動させるという習わしがあった。いつも朝寝坊する人は、死骸の処理費用が毎回かさむことから、「寝倒れ」という言葉が生まれたという。

ともあれ、いまでも奈良の夜は早い。そんな夜の静かな時間にこそ、闇夜に煌々《こうこう》と輝く蝋燭の灯りの中で、幽玄な時空を堪能する。現実の喧噪を離れることで、未来の「静謐《せいひつ》」のあり方に思いを馳せるひと時となる。

このように、伝統を大切にしつつ、時空間を自由に編集する中川政七商店の流儀こそ、シン日本流が目指すべき一つの「型」ではないだろうか。

ルーツをたどり「らしさ」を知る

中川政七商店は、創業300周年を迎える2016年に、編集工学研究所と共同で「工芸クロニクル」を編纂した。日本全国から20の工芸を選び出し、それらの商業的背景を文化的背景の中でとらえ直すことで、次の8つの時代に括り出した。

・みんなでつくる時代（紀元前1万年頃～600年頃）
・貴族と職人の時代（600年～1300年）
・天下人と茶人の時代（1300年～1600年）
・問屋と町人の時代（1600年～1850年）
・国家と列強の時代（1850年～1900年）
・百貨店と民藝の時代（1900年～2000年）
・地域とデザイナーの時代（2000年～現在）
・産業観光の時代（現在～）

こうして再編集された工芸の歴史を金屏風に表現し、未来に向けた工芸ワークショップを展

図5-2

編集工学研究所の「ルーツ・エディティング」

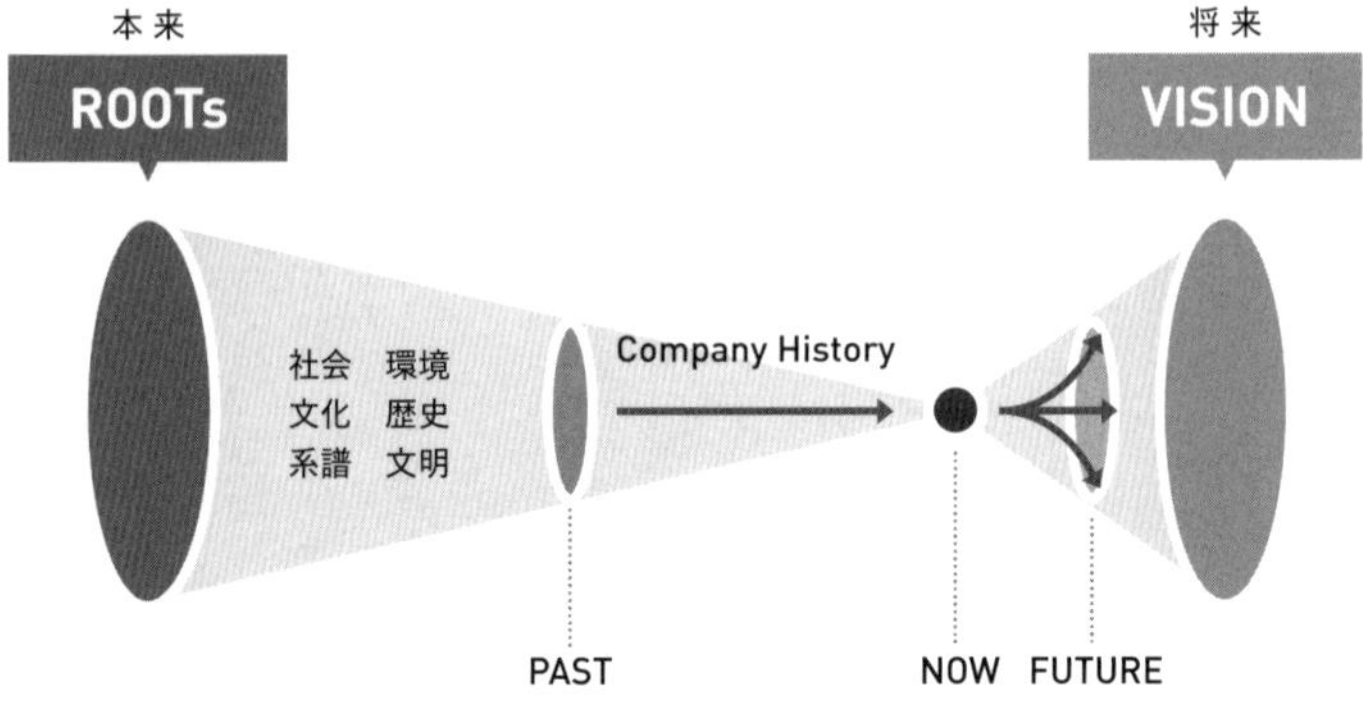

組織に潜在する独自の価値を、ルーツをたどりながら再発見し、未来に向けたビジョンを描き出す。

出所：編集工学研究所

開。工芸を触媒としたさまざまな文化活動が繰り広げられた。

この時に活用されたのが、編集工学研究所オリジナルの「ルーツ・エディティング」という編集手法だ。組織や地域に潜在する独自の価値を、「ルーツ」をたどりながら再発見し、未来に向けた新たな物語を紡ぎ出していくもので、組織の「らしさ」、DNAや文化・風土等の分析などに用いられる（図5－2）。

実はこの手法は、現会長の中川氏が自社の歴史をたどり、未来のあるべき姿に行きついたプロセスそのものでもある。

「中川政七商店にはずっと社是も

家訓も無かったので、父を継いで社長になる2008年までの数年間、会社のビジョンをどうするか悩み続けました」

「社長の代替わりの時に、珍しく父に誘われて一対一でご飯を食べに行ったのですが、その時に『とらわれるな』と言われたんです。『おまえは麻にとらわれている』と。『うちはたまたま300年、麻を扱い続けているけど、麻以外のものを扱った時代もあった。だから、麻にとらわれるな』と。そう聞いて、なるほどと思いました。明文化されていませんが、ある意味これが中川家の家訓なんだと。業態も、卸から始まって製造卸になり、最近は小売までやっている。どんどん変わり続けて、何事にもとらわれずにやってきたから300年続いてきたのだと思うんですよね。だから、父のその言葉は重く受け止めています」

この「とらわれない」という教えは、前述した松下幸之助翁の「素直な心」に通じるものである。同様に、「変わり続ける」は、「日に新た」という思いそのものといえる。中川氏はそれを父の言葉として噛みしめ、自社の歴史を読み解くことを通じて深く理解し、未来へと投影していった。

その結果、生まれたのが、前に紹介した「日本の工芸を元気にする！」という同社のビジョンである。そしてそれは、「守」（晒）に留まらず、「破」（SPA）を経て、「離」に向かうという宣言でもある。

中川氏が入社した2002年からの20年間で、同社の売上は17倍に成長した。しかし、工芸を元気にするという第三の創業においては、「まだ1合目」と、中川氏は語る。

創業300年を超えてなお、シン日本流によって若返り続ける中川政七商店。これからの10X（10倍）の進化が楽しみである。

第6章

ケース2 ダイキン工業（創業1924年）

2つ目の事例として、100年企業を取り上げたい。東京商工リサーチによると、2024年に100周年を迎えた企業は2519社を数えるという。たとえば、ダイキン工業やブルボン、タカラトミー、前川製作所などといった名前が挙がる。本書ではこの中で、日本を代表するグローバル企業に成長したダイキン工業（以下、ダイキン）に注目してみたい。

ダイキンは、言わずと知れた空調の世界トップ企業である。空調事業に加えて、フィルター事業で世界2位、フッ素事業ではデュポンからスピンアウトしたケマーズに次いで、こちらも世界2位であることは意外に知られていない。海外売上比率は84%。これも日本を代表するソニー（77%）や日立製作所（61%）を大きく凌駕していることは、あまり気づかれていないかもしれない。

100年前に、難波の小さな町工場としてスタート。そして100周年を迎えた2024年には「売上高4兆円の中小企業」(※41)に変貌を遂げている。その2つの時点のスナップショットを見比べると、見事な「変身」ぶりに舌を巻く。

しかし、100年間の歴史をひも解いてみると、変身ではなく「変態（メタモルフォーゼ）」であったことに気づく。あたかも、卵が蛹《さなぎ》となり、蝶となって華麗に飛び立っていくように。筆者が前著『超進化経営』（※10）の中で、「軸旋回（ピボット）」型と名付けた日本流進化の見本のような企業である。

そのプロセスは、創業期、成長期、飛躍期という3つのフェーズに分節することができる。本書の文脈で言えば、大きく「守」「破」「離」の3フェーズととらえることもできよう。それぞれ、創業者の山田晁《あきら》氏（社長在任1924〜1965年）、その長男で3代目社長の山田稔氏（同1972〜1994年）、4代目社長の井上礼之《のりゆき》氏（同1994〜2002年）が、同社の変態を牽引していった。

なかでも、井上氏が社長に就任して以降の同社の快進撃はよく知られている。1994年に3000億円台だった売上高を、30年後には12倍にまで引き上げた。まさに10X（桁違い）の成長ぶりである。井上氏が「ダイキン中興の祖」と呼ばれるゆえんもここにある。

その井上氏も2024年には89歳。同年6月、100周年の節目に取締役会長を退くことを表明した。2014年以来10年間、井上氏と二人三脚で同社をリードしてきた十河政則社長は会長に、新社長には竹中直文氏が就任することとなった。ここから、守破離《しゅはり》の新たなサイクルが始まろうとしている。

井上氏が率いてきたこれまでの30年間も、守破離のサイクルが回り続けていた。創業期、成長期の「伝統」を踏まえながら、それを脱構築し、次世代成長へと舵を切り続けていったからだ。本章では、足早に創業期、成長期を振り返ったうえで、井上流経営の真髄に迫ってみたい。

繰り返される守破離のリズム

1924年、「大阪金属工業所」が、大阪・難波で産声を上げた。社長は当時39歳の山田晁氏。大阪砲兵工廠、神戸製鋼所、東洋鑢《やすり》伸銅でものづくりの腕を磨いたうえでの独立、言わば「脱サラ社長」である。

創業当時は社長を含め、全社員15人という零細企業。最初の注文は、飛行機向けのラジエータチューブ（放熱管）。その後も、金属加工技術を武器に戦前・戦中の時代の要請を先取りし、軍需を中心に業容を広げ、10年後には従業員1000人を超える中堅工場に変貌していった。言わば「守」のフェーズである。

1933年には、新冷媒フロンの研究開発に乗り出す。この新たな技術をテコに冷凍機、さらには海軍の潜水艦向け空調設備の製造を手掛けるようになる。この新領域へのピボットが、やがて空調メーカーに進化する礎となったのである。

しかし、軍需とともに発展していった同社は、終戦とともにどん底に突き落とされた。工場閉鎖と人員整理を繰り返し、何度も倒産の危機に直面。そんな中で1950年に朝鮮戦争が勃発し、米軍は非常時に備えて日本での砲弾調達を計画。これを受けて同社は、米軍向けの迫撃砲弾を受注して何とか急場をしのいだ。

その間、いったん住友金属工業（現在の日本製鉄）の傘下に入り、信用力を強化。1963年には従業員数4800人の大企業となり、社名を現在のダイキン工業に変更している。それは、創業期から成長期への「脱」のプロセスの始まりでもあった。

1965年には、山田晁氏は会長に退き、住友金属工業から派遣されていた土屋義夫氏が社長を継ぐ。その7年後の1972年には、満を持して山田晁氏の長男・山田稔氏が3代目社長に就任。直後の第1次オイルショックの荒波にもまれるも、人員解雇回避を宣言。危機を無事に乗り切って、空調メーカーとしての成長の道を着実に歩み出した。

そして創業70周年を迎えた1994年、井上氏が4代目社長に就任。そこから、「世界のダイキン」に向けての飛躍期がスタートする。50社、総額1兆円に上るM&Aをテコに、空調世界トップの座に駆け上がっていった。2024年6月、井上氏が代表取締役会長を退くまでの30年間に、売上高を12倍、利益は300倍近くに増やした。

以上、ダイキンの100年を早回しで振り返ってみた。それは山田晁氏、山田稔氏、井上礼之氏という3代のトップの下での、「守破離」の歴史であったことが見て取れる。さらにつぶさに見ていくと、それぞれのフェーズにおいても、言わばミニ守破離のリズムが織り込まれている。

たとえば井上氏は、社長に就任するまでの20年間、人事部長として山田稔社長のかたわらで仕事をしてきた。そこで「縁あって同じ釜の飯を食う仲間」を大切にするという思いを稔社長時代から受け継ぎ、「守」り抜いてきた。そのうえで、M&Aを武器にグローバル企業に「脱」していく。すなわち遠心力を利かせていったフェーズである。さらにグローバルに広がった拠点を、独自のパーパスと人基軸の経営を通じてつないでいく。「異質のインクルージョン」に向けた「離」のフェーズといえよう。

ダイキン流経営の真骨頂は、この「パーパスの実践」と「人基軸の経営」にある。以下、それぞれをより掘り下げてみたい。

パーパスの実践に不可欠な2要件

ダイキンは、「空気で答えを出す会社」というパーパスを掲げる。筆者は常々、パーパス(志)には、「ワクワク」「ならでは」「できる」の3つが必要だと唱えている。ダイキンのパーパスは、この3つの必要条件を見事に満たしている。

通常、空気と言えばタダで手に入り、その価値に気づかない。しかし、きれいな空気が当たり前ではない国もあり、温暖化の進展とともに世界中で、快適な空気がますます手に入りにくくなっている。

ダイキンは生きるうえで不可欠な空気に光を当て、その価値を再発見し続けている。とても「ワクワク」する志であり、そのうえいかにもダイキン「ならでは」が感じられる。ここまで空気にこだわり続けている企業は、世界中探してもまずほかにない。だからこそ、社員も空気で新しい価値をつくり出すことに、全身全霊で取り組む。自分たちなら、空気で答えを出すことが「できる」と確信している。

前述した通りダイキンは空調事業以外にも、フィルター事業やフッ素事業を展開している。どちらも、本業の空調事業を徹底的に究め続けるプロセスの中から生まれてきた事業群である。空気にこだわり抜き、その結果、新たな価値を発見し、進化し続けているのだ。

筆者は、ダイキン100周年に向けたインタビュー（※42）で、次のようにコメントしている。

「多角化した企業は一歩一歩が中途半端になってしまいます。逃げ道があるから、事業に対して根性が備わっていないのです。専業の企業は進化していないと思っていたのですが、専業を深く掘ることによって、実はどんどんピボットしている。軸足があるからこそ、次の一歩を大きく踏み出せるのです。

ダイキンのような専業の会社ほど進歩の幅やスピードがある。進化がスケールしていくのです。空気で答えを出すにしてもエアコンもその1つでしょうけれど、ほかの出し方も考えられます。ダイキンが取り組んでいる『気分がよくなる』とか、いろいろな空気の出し方が

図6-1

「空気で出せる答え」は無限に広がる

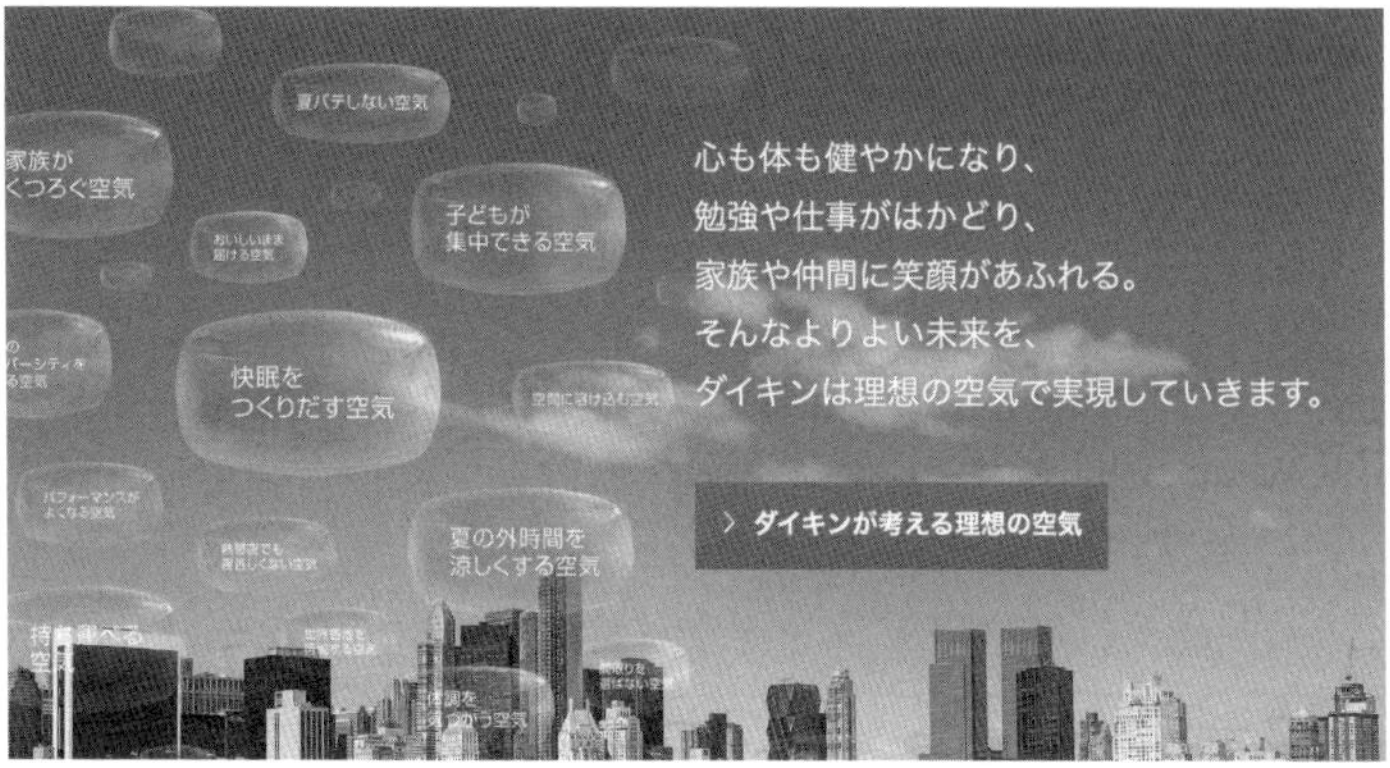

出所:ダイキン工業

あるかもしれません。たかがエアコンかもしれないが、実はすごい幅が出てくる。そこに空気にこだわる強みが出てくるのです」

ダイキンの社員が、空気が出せる答えは無限にあると信じていることは、同社のホームページなどからも十分にうかがえる（図6－1）。多くの企業は崇高な志をパーパスとして掲げるものの、それを組織に実装できていない。ダイキン「ならでは」のパーパスを、世界中の社員一人ひとりが「自分ごと」化し、実践していくところに、ダイキンのパーパス経営の真価がある。

ただ、志だけが空回りしても、答

えはなかなか出せない。パーパスを実装するためには、さらに2つの十分条件を満たさなければならない。

1つ目は「アルゴリズム＝仕組み」だ。筆者は同じインタビュー記事の中で、次のように解説している。

「どこに向かうかを示すパーパスが重要である一方で、企業にはアルゴリズム＝仕組みが必要だと考えています。現場で行われていることをきちんと因数分解し、自分たちの価値のつくり方を会社の中でしっかりと仕組み化して、進化させていくことが欠かせないのです。こうした現場のノウハウを『型化』していることが優良企業の強さであり、ダイキンが海外市場で業績を上げているのも、現場の力を型化できているからなのです」

そしてもう一つの十分条件が、「エンゲージメント＝一体感」だ。ダイキンの社員は、空気で答えを出すことに、狂信的なまでにこだわり続ける。まさに「空気教」の信者になりきっているのだから、半端ではない。

では、どうしてそのような本気度を醸成できるのか。その秘密が、もう一つのダイキン流経営の真髄である「人基軸」にある。

人基軸の経営

「人を基軸におく経営」は、創業以来、ダイキンの長年の企業活動の中で脈々と培われてきたDNAである。同社ホームページ（※43）では、次のように説明している。

「人の持つ無限の可能性」を信じ、「企業の競争力の源泉はそこで働く『人』の力である」、「従業員一人ひとりの成長の総和が企業の発展の基盤である」という信念のもと、働く人の意欲と納得性を引き出し、一人ひとりがみずからの個性を磨き高め、能力を最大限に発揮して、成長することによって、組織としての力を徹底して高めていこうとする考え方です。

日本でも政府や御用学者、そしてマスコミがこぞって、「人的資本」の重要性をにわかに喧伝し始めている。同じグループが、つい最近まで英米流の株主資本主義へのシフトを説いていたのだから、節操のない話だ。しかし、そのような表層的な風潮に踊らされない優良な日本企業は、とっくの昔から人を基軸とする経営を実践してきた。

そしてダイキンは、そのような日本流経営の代表企業である。先のホームページは、次のように強調している。

世の中に「人を大切にする」と言わない企業はありませんが、ダイキングループは、この点についてとことん本気になって取り組むことで「人を基軸におく経営」を、競争優位の源泉のひとつにしたいと考えています。

きれいごとではなく、この「とことん本気」で取り組むという愚直さこそが、ダイキンの真骨頂である。たとえば、「べたつき営業」。徹底的などぶ板営業で顧客に尽くす。先進国であろうが、新興国であろうが、この営業手法を現場に徹底的にすりこむ。これが先述したダイキン流営業の「型化」である。

しかし、単に型を実行するだけでは進化はない。そこで基本を習得したうえで、現場の実情や環境変化に応じて、臨機応変に新しいことに挑戦することを奨励する。そしてそのような現場から生まれてくる創意工夫の中で、スジがいいものだけを新しい「型」に落としていく。まさに現場レベルでの守破離を高速回転で回しているのである。

井上前会長は、そのような社員を「野人」と称する（※44）。

「野性味があふれていて一匹おおかみで、上司の言うことを聞かずにやりたいことをやっている社員です。ダイキンには性善説に基づいて『出る杭は認める』文化があります。褒めることはあっても罰は少ない。だから、好き勝手にやる社員は多いし、やってるやつが育つ。

ダイキンに入社したら、人は丸くはならないのです。

自主性を尊重し、社員にはどんどん修羅場を与えて挑戦させていきます。だから、みずから考える習慣もつく。入社間もない新人社員でも、あるテーマについて詳しいならその人が中心となって議論し、上司はアドバイザー役に回ります。そうしてみんなで議論をした上で最後に決めるべき人が決める。決まった以上は反対意見の人も賛同して実行する。我々はこれを『衆議独裁』と言っています。

激しい議論をしてぼろくそに言い合いながらも、やり取りにはどこかぬくもりがある。そういうのを大事にしている会社です」


ここにも、いくつかダイキン流経営のキーワードが出てきている。「性善説」「出る杭は認める」「修羅場」「衆議独裁」そして「ぬくもり」。このような人間臭さをプンプンさせたところこそ、ダイキン流「野人経営」なのである。

「戦略二流（であっても）、実行力一流の経営を目指す」と井上前会長は語る。そして「だからやっぱり、人は大事にせなあかん」（※45）とも。自著（※46）の中でも、そのような思いが縷々《るる》語られている。

ダイキンは「1・5流の人財を10倍に成長させる」ことができる企業だと、筆者は評している（※47）。1・5流というのは、はなはだ失礼な言い方かもしれない。しかし、普通の人の潜在力をとことん引き出すところにこそ、ダイキン流人基軸の経営の凄みがある。

PCMというプリンシプル

人基軸の経営を、英語で言うとどうなるか。ダイキンでは「PCM（People-Centered Management）」と呼ぶ。そして、このPCMの価値は、グローバルに共通する。前出のホームページは次のように語っている。

戦略の実行や、様々な改革、研究開発・生産・販売等、あらゆる企業活動の実行の担い手は、すべてそこで働く「人」です。実行する「人」がどのような能力・個性を持ち、どういう意識で取り組むかによって企業経営は左右されます。同時に、人は誰でも嬉しいときに喜び、悲しいときには泣き、人を信頼することもあれば、不信感を抱くこともある。成長したい、成功したいという意欲と向上心を持つとともに、失敗を恐れ、新しい領域に挑戦することに怯むこともある。こうした感情・喜怒哀楽は国籍・人種・性別に関わらず、また文化・習慣・歴史の違いを超越して、あらゆる「人」に共通したものです。

最近、日本ではいまさらのようにダイバーシティの重要性が説かれている。しかし、大半の日本企業の現場に行けば、ダイバーシティは現実そのものである。ダイキンの場合、日本人以外の社員の比率は80％を超えている。しかし、ダイバーシティだけでは一人ひとりの思いを束ねることはできない。

組織力を高めるためには、求心力の強化こそがカギとなる。いま風に言えば、ダイバーシティではなく、「インクルージョン（結束力）」が問われるのだ。ダイキンは、ＰＣＭをインクルージョンのためのグローバルＯＳ（Operational Standards）としているのである。

２０２４年5月、ダイキンは１００周年を契機として、グループ経営理念を刷新した。中身が大きく変わったわけではない。ただ「行動指針」が新たに明文化された。英語では「PCM Behaviors」と呼ぶ（図６－２）。

一つひとつは当たり前のように見えるかもしれない。しかし、これらの指針を日々の経営現場で実践することは、けっして容易なことではない。ダイキンでは世界中の社員一人ひとりが、これらの指針を基軸に「挑戦・成長し続け」「信頼関係・チームワークを築き」、そして「結果にこだわって」行動し続けている。ここでも、その取り組みの本気度こそが、ダイキン全体の躍進の原動力となっているのである。

パーパスは、未来の「ありたい姿」であり、現在とは一桁以上かけはなれたものだ。すぐに手が届くようなものであれば、そもそもパーパスとはなりえない。一方で、パーパスが崇高なものであるほど、厳しい現実の課題を解くうえでの役には立たない。

図6-2

ダイキン工業の行動指針

行動指針 PCM Behaviors

挑戦・成長し続ける Innovation & Growth

❶自分の可能性を信じ、勇気をもって修羅場に飛び込み、真正面からチャレンジする
❷自分の強み・専門性を誰にも負けない得意分野と言えるものにまで磨き高める
❸謙虚に学ぶ

真の信頼関係・チームワークを築く Trust & Teamwork

❹「フラット＆スピードの組織運営」で当事者意識をもって、侃侃諤諤の議論を尽くす
❺持ち場・立場で自分の役割・責任を全うし、一致団結して目標に向かってまい進する
❻一人ひとりを尊重し、個性を大いに発揮することで、切磋琢磨する

結果にこだわる Winning & Achievement

❼過去の成功体験にとらわれず、ありたい姿を描き、創造的な一手を打つ
❽ダイキンの強みをいかし、独自性・差別性を追求する
❾高い目標に向けて、情熱と執念をもって実行に次ぐ実行で成し遂げる

出所：ダイキン工業

だからこそ、パーパスを実践するためには、日々の現実の中で正しい行動をとり続ける必要がある。そしてその時に役に立つのはパーパスではなくプリンシプル、すなわち原理原則なのである。ダイキンはPCMという一見ベタに思える行動指針を、社員一人ひとりに実装することで、自律的な行動変容を促しているのである。

プリンシプルの愚直な実装。それこそが、パーパス実践の王道だといえよう。そしてダイキンが示すように、それがシン日本流経営の目指す姿である。

盆踊りと白兎で高めるエンゲージメント

ダイキンは、ＰＣＭという「アルゴリズム（仕組み）」を実装すると同時に、「エンゲージメント（一体感）」を高めるための活動を随所に盛り込んでいる。ここでは象徴的な２つの取り組みを紹介したい。

１つ目が「盆踊り大会」である。そう、あの昔懐かしい夏の夜の風物詩だ。発祥の地は、ダイキン淀川製作所。筆者も一度お邪魔したが、地元住民はもちろん、大阪近郊や府外からの訪問客で賑わい、独特の高揚感と一体感を共有するひと時となった。

盆踊りは、仏道や神道などの宗教行事に各地方の民間習俗が融合して、日本中に広がっていった。オリンピックや万博などが世界を一つに集める統制集結型の式典だとすれば、盆踊りは日本ならではの自律分散型の式典だといえよう。

その日本の伝統に根差したダイキン盆踊り大会は、いまでは日本各地の拠点はもちろん、アメリカや中国、ヨーロッパなど、世界中の拠点でも開催されている。日本的な伝統を大切にしながら、それぞれの土地柄に合わせた工夫が施されている。

たとえば中国では、２００６年、中国現地法人10周年を記念して、９月の中秋節の前日に「中秋フェスティバル」が開催された。日本流のやぐらに中国のちょうちんが飾られ、中国太鼓と和太鼓がそれぞれの持ち味を披露するなど、日中文化をうまく融合させたイベントとなった。まさに「守」から「破」への進化を感じさせる。

ほかの国でも、夏になると思い思いの光景が繰り広げられる。地元社員と一体となって日本流の「おもてなし」文化を発信し、地域社会との交流を深めることに役立っているという。たかが一夜限りの盆踊り。しかし、ダイキンはそこに日本と現地の伝統と創意工夫を集結させる。ダイキン流「人基軸」経営の見事な縮図だといえよう。

もう一つが、アレス青谷研修所。鳥取空港から鳥取砂丘を眺めながらドライブしていくと、日本海を見下ろす風光明媚なところにある。途中に通るのが「白兎海岸」。そう、古事記に出てくる「因幡《いなば》の白兎」の伝承の地だ。

ここが同社の人財育成の拠点である。新人教育から経営者育成まで、年中、さまざまな研修プログラムが実施されている。なかでも4月は大変な賑わいとなる。新入社員の研修が、ゴールデンウィークの前まで続くからだ。その間、井上前会長をはじめ経営幹部も詰めかけ、締めくくりのキャンプファイアーまで参加する。

ダイキンを選んでくれた新入社員への「プレゼント」だという井上前会長の言葉には、同社流の「もてなし」の気持ちがあふれている。冗談めかして、「いい子がおるか見てんねん」とも。新入社員にとっても、「人基軸」経営を実感する強烈な通過儀礼となるはずだ。ここでは研修だけでなく、グローバル会議も開かれる。人里離れた日本神話の聖地でグローバル幹部が集結する光景は、ダイキンならではである。

2024年5月、大阪市内で行われた創業100周年記念式典の後、国内外の幹部275人がここに集結した。4日間にわたる「グローバル・マネージャーズ・ミーティング（GMM）」に参加するためだ。テーマは、「次の100年」。12の分科会に分かれて議論を重ねた。100周年を祝った後は、次の100年を展望する。この切り替えの早さと視座の高さも、ダイキンならではといえよう。

先見力という動的DNA

100周年記念の席上でも、井上会長（当時）は、次のように檄を飛ばした（※48）。

「次の100年に向けて『何を生業《なりわい》にして稼いでいくのか』を決断し、実行する必要がある」

そして、翌日のGMMの冒頭では、「当社の競争優位がこの先も続く保証はない」と話し始めたという。

「事業モデルの『賞味期限』が短くなる中で、自社の事業モデルの賞味期限を虚心坦懐《きょしんたんかい》に見つめ直すことが大事だ」

この「先を見る姿勢」こそが、ダイキン流経営のもう一つの真髄である。本章の冒頭でも紹介した通り、ダイキンは「先を読む」ことで進化し続けてきた。

創業者・山田晁氏は、軍事・防衛の重要性を見据えて、戦中・戦後の混乱を切り抜けていった。2代目社長・土屋義夫氏からバトンを受けた3代目社長・山田稔氏は、空調の未来の可能性を見通して、「守」から「破」へと大きく舵を切った。

そして4代目の井上礼之氏が、地球温暖化の時代に先駆けて、ダイキンをグローバル企業へと「離」陸させていった。守破離はこのように、ダイキンならではの先見力によって牽引されていったのである。

ただし、先見力だけでは答えは導き出せない。シンクタンクやコンサルも同じような未来を語る。自社の伝統と未来を掛け合わせることによって、初めて自社らしい進化を遂げることができるのである。

十河前社長（現会長）は、次のように語っている（※48）。

「当社独自の強みを徹底的に磨き上げ、絶えず進化させながら成果に結び付けてきたのが、井上会長がけん引した直近の39年間だ」

100周年記念式典の祝辞で、三井住友フィナンシャルグループの國部《くにべ》毅《たけし》会長は、ダイキンの成長の源泉として「高い先見性、実行力、従業員の人間力の高さ」を挙げた。けだし、慧眼である。

人基軸と実行力は、言わばダイキンの静的DNAである。それらを基軸として「先見力」という動的DNAが起動した時に、ダイキンは未来へと大きくピボットしていく。これこそが、ダイキン流超進化のダイナミズムである。ここにシン日本流経営の元型《げんけい》を見ることができる。

第7章

ケース3　カネカ（創業1949年）

次に、2024年で創業75周年の企業を見てみよう。75という数字は、中途半端かもしれない。しかし、四半世紀という周期で言えば4分の3世紀にあたり、歴史の一里塚となる。帝国データバンクによれば、1949年生まれの企業は9450社に上る。アサヒグループホールディングス、デンソー、丸紅など、超大手企業もリストに名を連ねる。その中で本書では、カネカを取り上げてみたい。

理由は2つ。1つ目は、日本企業ならではの進化を遂げているからである。2つ目は、筆者自身が過去10年以上にわたって同社を側面支援しながら、進化のプロセスを付かず離れず目撃してきたからだ。

カネカは化学業界の一角に位置する。売上規模では8000億円弱で、日本企業の中では20位程度。しかし、カネカの真骨頂は規模ではなく、その製品群のユニークさと社会的な価値の高さにある。その中身については、本章でじっくり論じることにしたい。

同社は、1949年に鐘淵紡績から非繊維事業を分離し、「鐘淵化学工業株式会社」として発足。高分子と発酵技術をテコに、塩化ビニール樹脂をはじめ、発酵法ブタノール、モダクリル繊維、発泡樹脂、さらには、マーガリンやショートニングなどの食材を矢継ぎ早に事業化。その後も、超耐熱性ポリイミドフィルムやアモルファスシリコン太陽電池などで情報産業・環境分野へ、また医薬品中間品や医療機器などでライフサイエンス分野へと、多角化を進めていった。

1970年以降は、本格的に海外にも乗り出していった。ベルギーをはじめとして、アメリカ、シンガポールに相次いで現地法人を設立。1990年代後半には、マレーシアや中国にも進出して、アジアでの事業を拡大している。

このように創業以降のカネカは、事業軸と市場軸をそれぞれずらしながら、事業基盤を拡大していった。ただし、単に領域を広げただけではなく、それぞれの新領域において「守」と「破」を繰り返しながら進化していったのである。

2000年代に入ると、「第二の創業」期を迎える。2004年に社名を現在の「カネカ」に変更。そして2008年に第10代社長に就任した菅原公一氏（現会長）は、リーマンショックという危機に見舞われる中で、経営の大変革に乗り出した。2009年には長期ビジョン「KANEKA UNITED（カネカユナイテッド）宣言」を表明し、M&Aやオープンイノベーションへの取り組みを積極化。言わば、カネカ全体にとっての大きな「破」の時代の幕開けとなった。

そして、2017年には「変革と成長」を掲げて、組織構造をソリューション志向に変革。翌年には新たな行動規範「ESG憲章」を制定。CSV型企業を目指して、大きく舵を切っていったのである。カネカにとっての「第三の創業」期であり、いまなお続く「離」のフェーズといえよう。

菅原公一氏は2014年に会長職に就く。それ以降も、角倉護氏、田中稔氏、そして現在の藤井一彦氏という3代の社長を支えながら、15年以上にわたって、カネカの第二、第三の創業をリードし続けている。ダイキンにおける井上礼之氏同様、「中興の祖」と呼ばれるにふさわしい。

以上、カネカの75年の歴史を、早回しで概観してきた。事業の多角化や海外展開は、日本の素材メーカーの成長の定番メニューともいえる。しかしそのプロセスをつぶさに見てみると、守破離《しゅはり》という組織運動が成長の原動力となっていることが分かる。

本章では、カネカの進化の真髄と未来に迫ってみたい。そこにはシン日本流経営を目指すうえでの示唆が多く潜んでいるはずだ。

「夢学」の実践

カネカは、日本では「カガクでネガイをカナエル会社」として知られている。俳優の知花くららさんがコマーシャルを通じて、カネカが化学の力で我々の夢を現実にする姿を、分かりやすく伝えてくれる。

海外ではそれを、「ドリモロジー（Dreamology）」と呼ぶ。といっても、あまり聞き慣れない言葉かもしれない。それもそのはず、カネカの造語だからだ。dream（夢）とlogy（学）を合成したもので、日本語に直せば「夢学」とでも呼ぶべきか。

心理学や脳科学の分野では、「夢学（ユメオロジー）」と呼ばれる研究がある。ヒトが見る夢の解釈やコントロールを目的に、夢のメカニズムを探求するものだ。しかし、カネカのいう夢学は、未来の夢をいかに実現するかという、より壮大なダイナミズムを目指している。「夢実現学」と呼んだほうがいいかもしれない。

カネカは、自社が目指す企業像として、「ドリモロジー・カンパニー（Dreamology Company）」を掲げた。日本語に直すと「先見的価値共創グループ」だという。これもやや分かりづらい言葉かもしれない。

「先見的」は未来志向を意味する。そのためには未来への深い洞察力が求められる。ペイン（pain）、すなわち顕在的な課題を解決するだけでなく、ゲイン（gain）、すなわち「あったらいいな」という潜在的な価値を創造することを指す。

では「共創」とは何か。自社単独ではなく、顧客やパートナーとともに、新しい価値を創造することである。カネカはそれを「つなぐ」というキーワードで表現する。

研究開発型企業として「未来をつなぐ」、グローバル企業として「世界をつなぐ」、カネカグループとしての「価値をつなぐ」、絶えずチャレンジして「革新をつなぐ」、そして人の成長を大切にしてイノベーションを実現するために「人をつなぐ」。この5つの「つなぐ」力が共創の源泉となる。

そのためには、組織として3つの力が求められる。

1つ目が、多様性に富んだ個の力だ。カネカは生命科学を追究する企業として、「DNAのダイバーシティ」「変化を起こす多様なDNA人材が集まる会社だけが生き残る」という信念を掲げる。現場での異質な気づき、すなわち「ゆらぎ」が、変化の起点となることを熟知しているからだ。社員一人ひとりのDNAを活性化させる目的で、早い時期から1オン1（ワン・オン・ワン）も実施し、進化させてきた。

そして、現場での創意工夫に基づく挑戦を重視する。大量に試して、よいものだけを残すことで、社会の課題を一日でも早く解決することを目指す。カネカはそのような姿勢を「実験カンパニー」と呼ぶ。

2つ目が、異質な個を「つなぐ」力だ。シュンペーターによれば、イノベーションは異質な知の掛け算、すなわち「新結合」によって生み出される。筆者は異質性を強調するために、それを「異結合（クロスカップリング）」と呼んでいる。

カネカは創業以来、「仲間を信じ違いを尊重する（Trust People & Mutual Respect）」を大切にしてきた。２００９年には「カネカユナイテッド宣言」の中で、真のワンチームとして未来に向かうことの必要性を改めて強調している。さらに内側だけでなく、外の異質と新結合するM&Aやオープンイノベーションを加速させている。

この2つの力は、遠心力と求心力と呼ぶことができる。最近の流行語で言えば、ダイバーシティ&インクルージョンだ。しかし、それだけでは真のイノベーションは生まれない。そこには3つ目の力が必須となる。

それは大きく「ずらす」力だ。イノベーションを生み出すためには、ゼロから1を生み出すだけでなく、1から10、10から１００へとスケールさせていかなければならない。そのためには需要と供給、すなわち市場創造とサプライチェーンの構築が必須となる。カネカは、そのような市場創造と事業創造のための投資も果敢に実践してきた。

複雑系科学によれば、「ゆらぎ・つなぎ・ずらし」は、生物が進化するための基本的なダイナミズムである。バイオに精通しているカネカは、この生物の基本法則を取り込むことにより、「夢」を実装することを心掛けているのである。

アフリカ女性を美しく！

カネカ発のイノベーションは、枚挙にいとまがない。なかでも、社会的なインパクトの大きいケースを2つご紹介したい。1つ目は、「カネカロン」という素材を使ったつけ毛（ヘアエクステンション）によって、アフリカ女性の夢を実現したストーリーである。

それは、1983年のニューヨークの街角のワンシーンから始まる。たまたまニューヨークに出張していたカネカの営業担当者が、セネガルから来た黒人女性がカネカロンのつけ毛を大量に買い込んでいるのを目撃。すぐその足でアフリカに飛んでみて、そこに大きな未来の市場が広がっていることを直感する。

それ以降、代々の営業部隊が、みずからの足でアフリカでの販路を拡大していった。まず市場の現実を直視する。そして、商社を通さない独自のサプライチェーンを構築していく。それがカネカ流の市場イノベーションの真髄である。

多くのアフリカ女性たちにとって、いまやつけ毛は生活に欠かせないアイテムになっている。カネカのホームページは、次のような「証言」を掲載している（※49）。

「彼女たちの髪はそのままでも自然で美しいのですが、カールの強い髪は、櫛でとかすのが大変など、不便な面もあります。そこで、生活が豊かになるにつれて、より手軽にヘアスタイルが楽しめるアイテムとして『つけ毛』、すなわちウイッグやエクステンションが普及しました。ヘアスタイルのバラエティが豊かなうえ、忙しい生活の中でも短時間で身だしなみを整えることができ、アクティブに活動する助けになるんですよ」

語り手は、カネカロン事業部商品開発グループの織田雪世氏（2014年当時）。彼女は学生時代を含めてガーナに8年住み、ガーナ人美容師の研究や現地での国際協力業務に携わった後に、2012年から、カネカロン事業部のメンバーとなった。

「ガーナの美容室でカネカロンのロゴをよく目にしたので、ずっと気になっていました。だからカネカで働けることになった時は、すごくうれしかったですね」

織田氏は、顧客であるアフリカ女性を理解する、心強い「現場通」である。

「女性たちは、自分が素敵であるというただそれだけのことで、自信や前向きに生きる勇気をもち、言わば10歩でも100歩でも遠くに歩いて行ける。私たち日本人が考える以上に、彼女たちにとって、つけ毛は大事なものなのです」

織田氏は、市場調査で出会った一コマが忘れられないという。まだ年端もいかない少女に、初めてウイッグをつけてあげた時のことである。

「鏡を見た途端にパッと表情が明るくなって『これが私なの？　信じられない』という顔に

なった。人の顔が一瞬でこんなに輝くのを見たのは、初めての経験でした」

つけ毛は単なるファッションではなく、アフリカ女性の自立と社会進出を象徴するアイテムである。しかも、いったん身につけると、「第二、第三の自分」を発見して、手放せなくなる。カネカロンの事業機会は、市場創造とともに広がっていく。まさにCSV（共通価値の創造）の理想的なケースである。

2015年、カネカロンは、卓越した事業戦略に対して贈られるポーター賞を受賞。同賞の審査員の一人である筆者は、「CSV特別賞」として表彰してはどうかと提案した。賞の趣旨から外れるため実現しなかったが、ポーター教授自身、表彰式では、CSVの優れたケースだと高く評価していた。

ウミガメを救え！

2つ目に、より最近のケースを紹介しよう。「グリーンプラネット（GP）」と呼ばれる生分解性バイオポリマーだ。

簡単に言うと、植物油などを原料に、微生物によって生産された高分子化合物である。自然界に存在する多くの微生物により生分解され、最終的には二酸化炭素と水になる。土中だけでなく、これまで難しかった海水中での生分解を実現したところが光っている。
ウミガメをフィーチャーしたカネカの広告を覚えている方も多いのではないだろうか。

カネカは、考える。プラゴミが海を汚すなら　海中で生分解できないか

こう問いかけた広告は、ウミガメの鼻にプラスチックストローが突き刺さった写真が世界を震撼させた後だけに、大きな反響を呼んだ。2023年に日経広告賞のパーパス・ESG部門「最優秀賞」を受賞している。

カネカがGP開発に乗り出したのは、1990年代前半。当時、海洋マイクロプラスチック問題は、まだ世界的には認識されていなかった。石油資源に依存せず、環境にやさしいソリューションを提供したいという思いが出発点となった。

カネカの研究者は、ポリマーをつくり出す微生物を見つけ出すために各地で調査を開始した。すると、なんと自社の高砂工業所の土の中で、生分解性バイオポリマーをつくり出す微生物を発見したのだ。ただし、発見された微生物で生産できる量はわずか。同社が長年にわたり培ってきた独自の高分子技術とバイオ技術を結集・融合しながら試行錯誤を繰り返すことで、世界で初めて工業化に成功したのである。

100%植物由来という時代の要請に即した特徴に、環境問題に感度の高い世界企業や公共

図7-1

カネカの循環型バイオものづくりへの挑戦

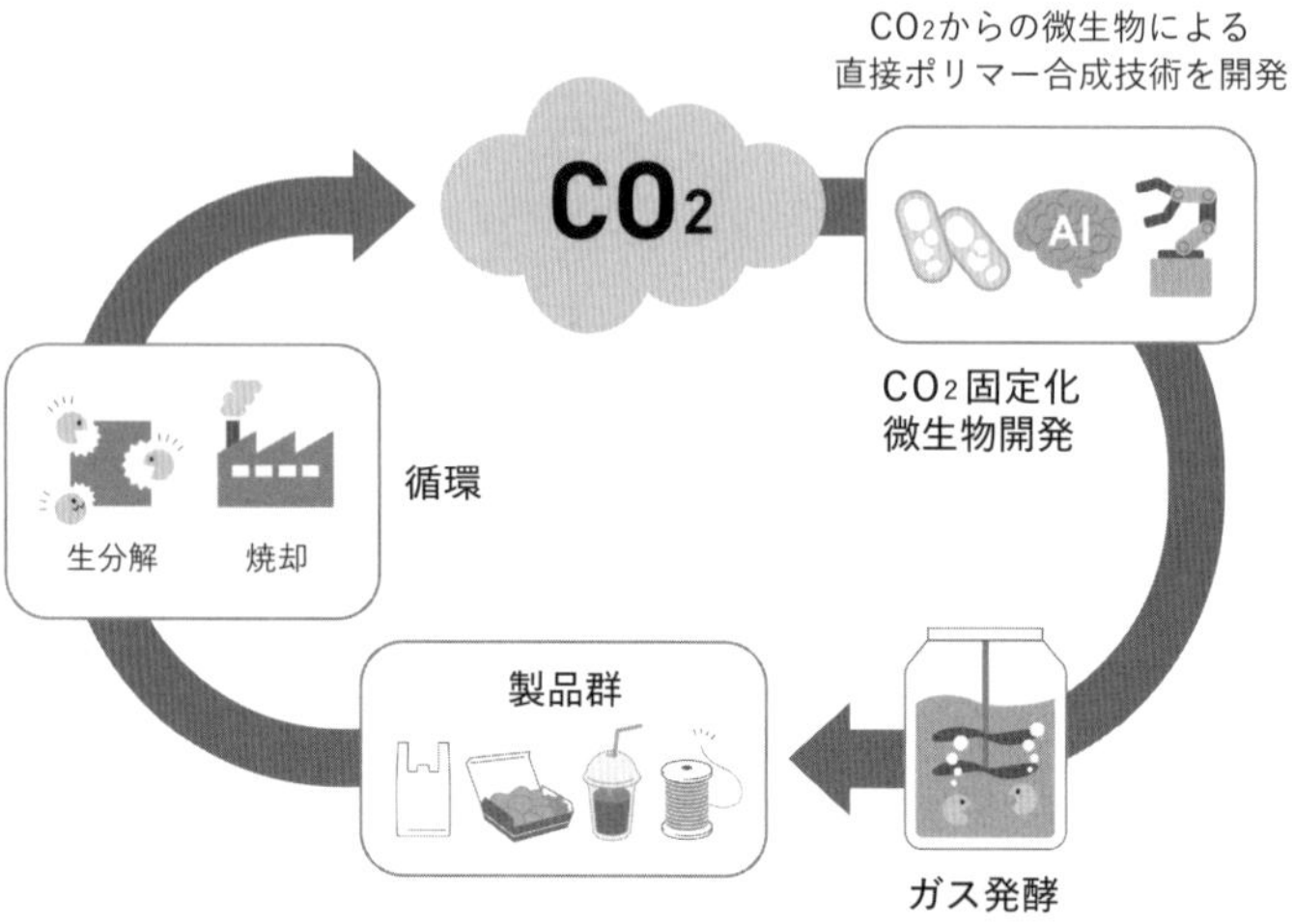

出所:カネカ

機関が、次々に飛びついた。日本では、スターバックスのテイクアウト用のフォークやナイフ、スプーンなどに使用されているのをはじめ、セブン-イレブンのセブンカフェのストロー、日本航空グループの商社JALUXの空港店舗のショッピングバッグなどに採用されている。

また、京都府亀岡市との間で「かめおか未来づくり環境パートナーシップ協定」を締結し、GPを活用した持続可能な街づくりを進めている。環境問題へのソリューションとしての期待は、世界的に広がる一方だ。カネカでは、さらなる量産体制とサプライチェーンの確立に取り組んでいる。

進化はそこで止まらない。微生物によって、二酸化炭素から直接ＧＰを生成する次世代技術開発に、早くも着手しているのだ。

カネカが幹事となって、日揮（ＪＧＣ）と島津製作所に、神戸大学発バイオベンチャーのバッカスを加えた４社コンソーシアムを組成。２０２３年には、ＮＥＤＯ（国立研究開発法人新エネルギー・産業技術総合開発機構）の「グリーンイノベーション基金事業」に採択された。成功すれば、二酸化炭素フリーの「循環型バイオものづくり」という夢が実現する（図７－１）。

「カガクでネガイをカナエル会社」は、「夢学（ドリモロジー）」を高く掲げて、次の四半世紀、さらにその先の１００年に向けて進化し続けていくことだろう。

ハイブリッド経営への道

カネカは２０１７年に、大きく経営モデルを刷新した。従来のプロダクトアウト（製品開発）からマーケットアウト（市場創造）へと、組織全体を進化させることを目指したものだ。

具体的には、事業部門の組織構造を「ソリューションユニット（ＳＵ）」に大きく括り直した。「マテリアル（Material）」「クオリティ・オブ・ライフ（Quality of Life）」「ヘルスケア（Health Care）」「ニュートリション（Nutrition）」の４つのＳＵに編成されている。

祖業の「マテリアル」が基盤となり、あとの３つのＳＵが、それぞれ「環境」「健康」「食糧」

図7-2

カネカの「R2B」戦略

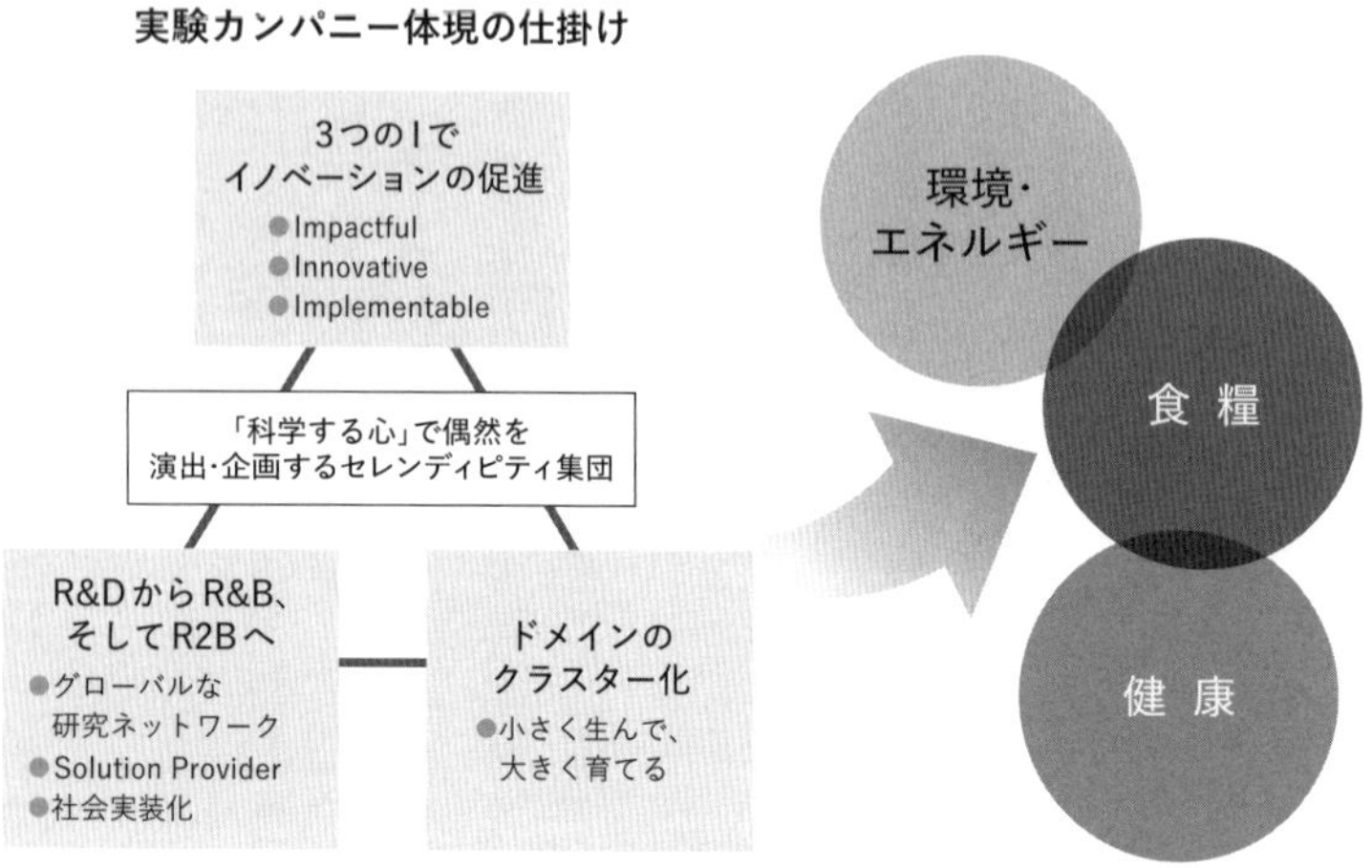

出所:カネカ

という、地球規模の危機へのソリューション提供を図る。各SUの下には、さらに細分化されたトータル10の事業群が「ソリューションビークル（SV）」として配置されている。

これらの多層的な活動は、いずれもライフサイエンス（カネカは「いのちの化学」と呼ぶ）を基軸に社会課題の解決を目指している。その共通の志を、「カネカは世界を健康にする。」という企業パーパスに凝縮している。一見すると、ばらばらに見えるSUやSVが、パーパスを共有することで、「カネカユナイテッド」としての一体感を醸成しているのである。

そして、カネカならではのイノベ

ーションの源泉となるのが、「カガクの力」だ。カネカでは技術開発部門の名称を、従来のR&Dから「R2B」に進化させた。リサーチ・トゥ・ビジネスを意味する。技術開発だけでなく、事業化にまで目途をつけることを役割として強調するためである。これも「プロダクトアウト」から「マーケットアウト」への転換の一環といえる（図7－2）。

その際のカギは3つだ。

1つ目は、3つの「I」でテーマを絞り込むこと。「インパクトフル（Impactful）」、すなわち経営に大きなインパクトを持ち、「イノベーティブ（Innovative）」、すなわち革新性が高く、「インプルメンタブル（Implementable）」、すなわち実現可能であること。これらは、筆者が常々、イノベーションの3要件と呼んでいるものである。さらにはパーパスの3要件である、「ワクワク」「ならでは」「できる」とも、まさしく符合する。

2つ目は、異質なもの同士を、異質な事業領域で、新しく組み合わせること。まず、カネカが持つ多様な資産同士を組み合わせ、さらにはそれらを外部資産と「つなぐ」。これをカネカでは「ハイブリッド経営」と呼び、筆者は「異結合（クロスカップリング）」と呼ぶ。まさに、イノベーションを生み出す運動の本質である。

3つ目は、小さく生んで大きく育てるというリズム。まず、小さく生み、失敗から学んでいく。そこではセレンディピティ、すなわち予期していなかった発見を大切にする。これこそ、前述した「実験カンパニー」としての規律（ディシプリン）である。そのうえで、社会実装に向けて果敢に投資していく。まさに「ゆらぎ・つなぎ・ずらし」の実践そのものだ。

これがカネカ流の価値創造のアルゴリズムである。そこには、シン日本流経営にとっての多くの示唆が織り込まれているのではないだろうか。

カネカ流「Xモデル」経営

カネカは2017年以降、事業構造の革新に加えて、経営の仕組みそのものも大きく進化させ、それをカネカタワーという3層モデルで表現している(図7-3)。

まず上層は「経営革新力」。それを駆動するのが崇高なパーパスだ。カネカでは「リミットレス(青天井)」という言葉で、超進化を仕掛け続けていく。

中間層は成長エンジンにあたる。これは、「事業構想力」と「市場開発力」を掛け合わせたものだ。前者を「内なる力」、後者を「外なるパワー」とも呼ぶ。この2つがイノベーションの両輪となる。

そして下層に位置するのが現場力だ。価値の源泉は現場にあり、それを「つなぐ」ことで新たな価値創造を実現していく。この現場力を「たくみ」から「しくみ」へと編集することができれば、カネカならではの成長エンジン、すなわち現場に根差した事業構想力や市場開発力に進化するはずだ。

図7-3

カネカにおける「Xモデル」

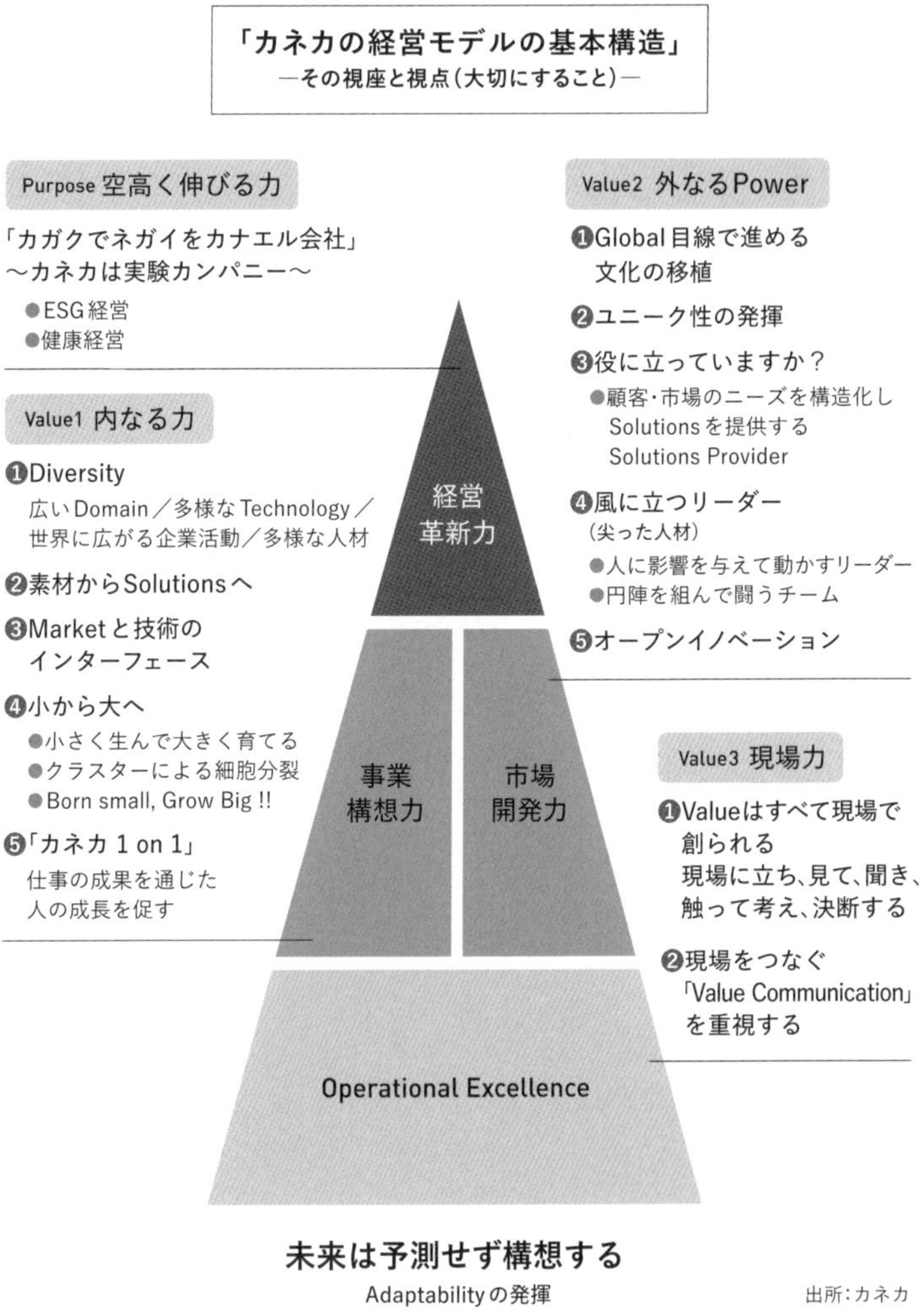
「カネカの経営モデルの基本構造」
―その視座と視点（大切にすること）―
Purpose 空高く伸びる力
「カガクでネガイをカナエル会社」
〜カネカは実験カンパニー〜
●ESG経営
●健康経営
Value1 内なる力
❶Diversity
広いDomain／多様なTechnology／
世界に広がる企業活動／多様な人材
❷素材からSolutionsへ
❸Marketと技術の
インターフェース
❹小から大へ
●小さく生んで大きく育てる
●クラスターによる細胞分裂
●Born small, Grow Big !!
❺「カネカ 1 on 1」
仕事の成果を通じた
人の成長を促す
Value2 外なるPower
❶Global目線で進める
文化の移植
❷ユニーク性の発揮
❸役に立っていますか？
●顧客・市場のニーズを構造化し
Solutionsを提供する
Solutions Provider
❹風に立つリーダー
（尖った人材）
●人に影響を与えて動かすリーダー
●円陣を組んで闘うチーム
❺オープンイノベーション
経営
革新力
事業
構想力
市場
開発力
Value3 現場力
❶Valueはすべて現場で
創られる
現場に立ち、見て、聞き、
触って考え、決断する
❷現場をつなぐ
「Value Communication」
を重視する
Operational Excellence
未来は予測せず構想する
Adaptabilityの発揮

出所：カネカ

さらに経営全体の運動論として、「適応力（Adaptability）」を掲げる。「未来は予測せず構想する」ことにこだわり抜く。新しい課題に挑戦し、そこからの学びを糧に進化し続けるという運動論である。

このような経営モデルを、筆者は「Xモデル」と呼んでいる。経営と現場を変革、すなわちX（トランス）フォーメーションしつつ、真ん中に2つの成長エンジンを埋め込んで、それらをX（クロス）カップリングする。そして、これらを学習経験、すなわちX（エクス）ペリエンスの蓄積を通じて進化させていく。

カネカは、このXモデルを経営に埋め込み、着実に実践している。ここにも、シン日本流経営の元型《げんけい》、アーキタイプが見て取れるのではないだろうか。

人財進化のためのソフトウェア

これらの構造と仕組みは、カネカの組織進化のハードウェアと呼べよう。それに加えて、人財進化のためのソフトウェアも必要となる。

前述した1オン1は、そのような仕掛けの一つである。ダイバーシティ、すなわち「個」の力を磨きつつ、インクルージョン、すなわち「つなぐ」ことで10X（桁違い）のパワーを発揮させる仕掛けは、組織進化にも人財進化にも有効だ。

カネカではさらに、次世代経営人財の育成に、独自の手法で早くから取り組んできた。大きく2つのプログラムで構成されている。

一つは、日本人を対象とした「一粒の種モミ塾」。吉田松陰の遺書「留魂録《りゅうこんろく》」の中の「どうか一粒の籾《たねもみ》として、次の春の種となれますよう」という一文にちなんだ名前だ。次世代人財が種籾となって組織全体に広がり、大きく結実していくことを期待して名付けられた。

もう一つは、海外人財を対象とした「カネカ・クリエイティブ・コーナー（ＫＣＣ）」。こちらは、本社で決められたことを実行するだけでなく、自発的に創造力を発揮する人財を育成する場（コーナー）という思いを込めて名付けられた。いずれも菅原会長肝入りの命名である。

名付けの親というだけではない。会長みずから塾長となり、ほとんどすべての回に出席し、社長・副社長も、特別な予定がない限り原則参加。筆者は両方のプログラムでメインの講師役を務めているが、経営トップのコミットメントの高さには舌を巻く。

「一粒の種モミ塾」は２０１５年にスタートし、２０２４年現在、10期目を迎えている。毎期12名が参加するので、すでに１００名以上の卒業生を輩出している。しかも、そのほぼ全員が執行役員や主力部長の重任についている。

ＫＣＣには、欧・米・アジアの次世代人財を中心に、現地に駐在する日本人幹部も参加する。ヒューストン、アントワープ、東京という、カネカの主要三極で開催され、グローバルでのワンチーム「カネカユナイテッド」を実体験する。コロナ禍の間は中止していたが、２０２５年には再開される予定だ。

いずれのプログラムでも、問題解決、イノベーション、企業変革などの経営モデルを学ぶ。そしてそれらを活用して、自社の次世代に向けた変革を構想し、8カ月間かけてそれを何度もブラッシュアップしていく。

この10年間、プログラムの中身も毎回進化してきた。CSV戦略、Xモデル、パーパス経営、エシックス経営などの最新理論も次々に導入される。そしてそれらは、単に研修の教材に留まらず、自社流にアレンジされたうえで経営そのものに取り込まれていく。その結果、カネカの経営モデルはこれまで紹介した通り、極めて磨きがかかったものに進化している。

このプログラムにおけるユニークな取り組みの一つが、禅寺での座禅体験である。講師には藤田一照禅師をお迎えする。実は筆者自身、10年前にこのプログラムを通じて藤田和尚に出会い、スピリチュアルシンキング（霊感思考）の世界に魅せられていった。

「役得」は、禅だけではない。筆者が構想する次世代経営モデルを、カネカがみずからの経営に実装してくれることで、ずっしりとした手ごたえを感じることができる。まさに「実験カンパニー」による経営モデル実験に、筆者自身も参加しているような思いだ。

もっとも、経営トップと次世代人財が次々に経営モデルを進化させていくと、ほかの役員陣が取り残されかねない。そこで全役員向けに、数回にわたって経営研修とワークショップを行っている。その結果、新たな経営モデルが「共通言語」化し、組織全体が次世代の経営に向けて大きく踏み出（ピボット）し始めている。

カネカは、「人間賛歌の経営」を標榜している。2023年5月31日に開催された経営方針説明会の資料は、次のように謳っている（※50）。

全体は部分であり部分は全体である
細部に神様は住んでいる。現場で起きていることの一つひとつが、現場の社員の一人ひとりの変化が、経営の全体をハーモナイズさせるキーファクター
経営はまさに全体を語ること、ディテールに光をあてて「人間賛歌の経営」を志して取り組んでいきます

そこには、一部の御用学者やマスコミが、とってつけたように喧伝している人的資本経営論に見られる薄っぺらさは、微塵も感じられない。前章でご紹介したダイキンの人基軸の経営にも通底するこの骨太の信念こそ、シン日本流経営の真髄といえよう。

第8章

ケース4 キーエンス（創業1974年）

4社目のケースとして、創業50年目の企業に目を転じてみよう。2024年から51年前の1973年には、日本電産（現ニデック）やセブン-イレブン・ジャパンなどが誕生している。しかし同年の10月に第1次オイルショックが勃発。翌1974年に創業した企業で、超大手に進化した企業は、（少なくともいまのところ）キーエンスくらいだろう。そこで本書では、キーエンスを取り上げることにしたい。

キーエンスは、1974年に滝崎武光氏が兵庫県尼崎市に設立。自動車や精密機器、半導体などの工場において、生産工程を自動化するファクトリーオートメーション（FA）にかかわるセンサー類を開発・製造するメーカーだ。

当初の社名は「リード電機」。1986年に現在の「キーエンス」に変更した。「キー・オブ・サイエンス」、徹底して科学的な経営を目指すことを標榜した社名である。

キーエンスは、時価総額ランキングで、トヨタ自動車、三菱UFJ、ソニー、リクルート、日立製作所、ファーストリテイリングに次いで、国内第7位につける（2024年12月末現在）。

PBR（株価純資産倍率）は5倍を超える超優良企業だ。

しかし、創業者の滝崎氏は、株価より利益率にこだわる。資本市場の思惑に左右されることなく、企業の実力が「科学」的に示されるからだ。そして同社の粗利率は80％を、営業利益率は50％を超える（いずれも2023年3月期）。日本企業としても、世界の設備産業を見渡しても、まさに「規格外」である。

キーエンス流経営については、世の中にいくつもの「解説書」が出回っている。たとえば、『キーエンス 高付加価値経営の論理』（※51）や『キーエンス解剖』（※52）など。いずれもキーエンスの流儀を知るうえで大変有益だ。筆者自身も、『失われた20年の勝ち組企業 100社の成功法則「X」経営の時代』（※53）で取り上げて以来、機会があるごとに、前章で述べたXモデルの代表例として紹介している。

キーエンスの経営手法は、超合理主義を貫いているため、欧米的であるかのように思われている。それは一面において正しい。しかし同時に、現場主義と人基軸を徹底している点においては、極めて日本的な側面も兼ね備えている。いや、むしろキーエンス流の真髄は後者にある。キーエンス研究の多くが表面的な手法に焦点を当てがちだが、この本質を見誤ってはならない。そのためには、次の3つのキー・クエスチョンへの答えを考えてみる必要がある。

①なぜキーエンスは、高利益率を目指し続けるのか（パーパス）。

②そのために、どのような原理原則（プリンシプル）を組織に実装しているのか。
③それをいかに、日々の活動に実装（プラクティス）しているのか。

この3つの「P」に、キーエンスの強さの秘密が隠されている。同時にそこには、シン日本流経営のヒントも潜んでいそうだ。

持続的な付加価値創造

キーエンスの経営理念は、「持続的な付加価値創造」である。キーワードは「持続」「付加価値」「創造」の3つだ。

そもそも持続しなければ、企業としての存在意義がない。滝崎氏は高校卒業後、2回、起業したもののいずれも倒産。29歳で3度目に立ち上げたキーエンス（当時「リード電機」）は、絶対に持続させると心に誓ったという。持続するためには、常に進化し続けなければならない。そのために2つの変数に注目する。顧客と社員だ。前者が「付加価値」であり、後者が「創造」である。

付加価値とは、顧客にとっての価値を指す。キーエンスでは、それが商品価値（すなわち価格）の80％以上でなければならないと決められている。逆に言えば、原価は20％以下。そうでなければ、そもそもその商品や商談は却下。キーエンスが粗利8割を維持し続けているのは、結果的にそうであるというより、初めからそうなるように仕組まれているのである。

その付加価値を持続的に「創造」するためには、明確なアルゴリズムが必要となる。とは言っても、複雑なものではない。〈P（価格）×V（数量）－C（コスト）〉の面積を最大化するための規律が、組織内に埋め込まれているのだ（図8－1）。

まず、価格をとるためには、顧客すら気づいていない潜在課題を掘り起こし、それを解決することにより、どれだけの経済効果があるかを定量的に示すこと。ボリュームを増やすためには、個別最適解ではなく、初めから他社にも適用可能な「マスカスタマイズ」商品を開発すること。そして、コストを徹底的に削減すること。そのため固定費を抑えるべく、生産は外注し、非生産的な業務を最小化すること。とるべきアクションは、いずれも極めて明確だ。

この付加価値創造プロセスの担い手は、大きく2つの集団に分かれる。

一つは、顧客フロントを受け持つ直販グループ。キーエンスが誇る精鋭のコンサル営業集団である。顧客の本質的な課題をえぐり出し、月に2枚の「ニーズカード」を作成する。ニーズカードには、多くの顧客への展開可能性が示されていなければならない。そのために1日5社以上の顧客を訪問し、仮説検証を繰り返す。

もう一つが、商品開発グループ。ニーズカードを受け取って、必要な要素技術を内外から集め、素早くモックアップ商品を開発、自社の子会社のキーエンスエンジニアリング（旧クレポ）

図8-1

キーエンスの付加価値最大化の方程式

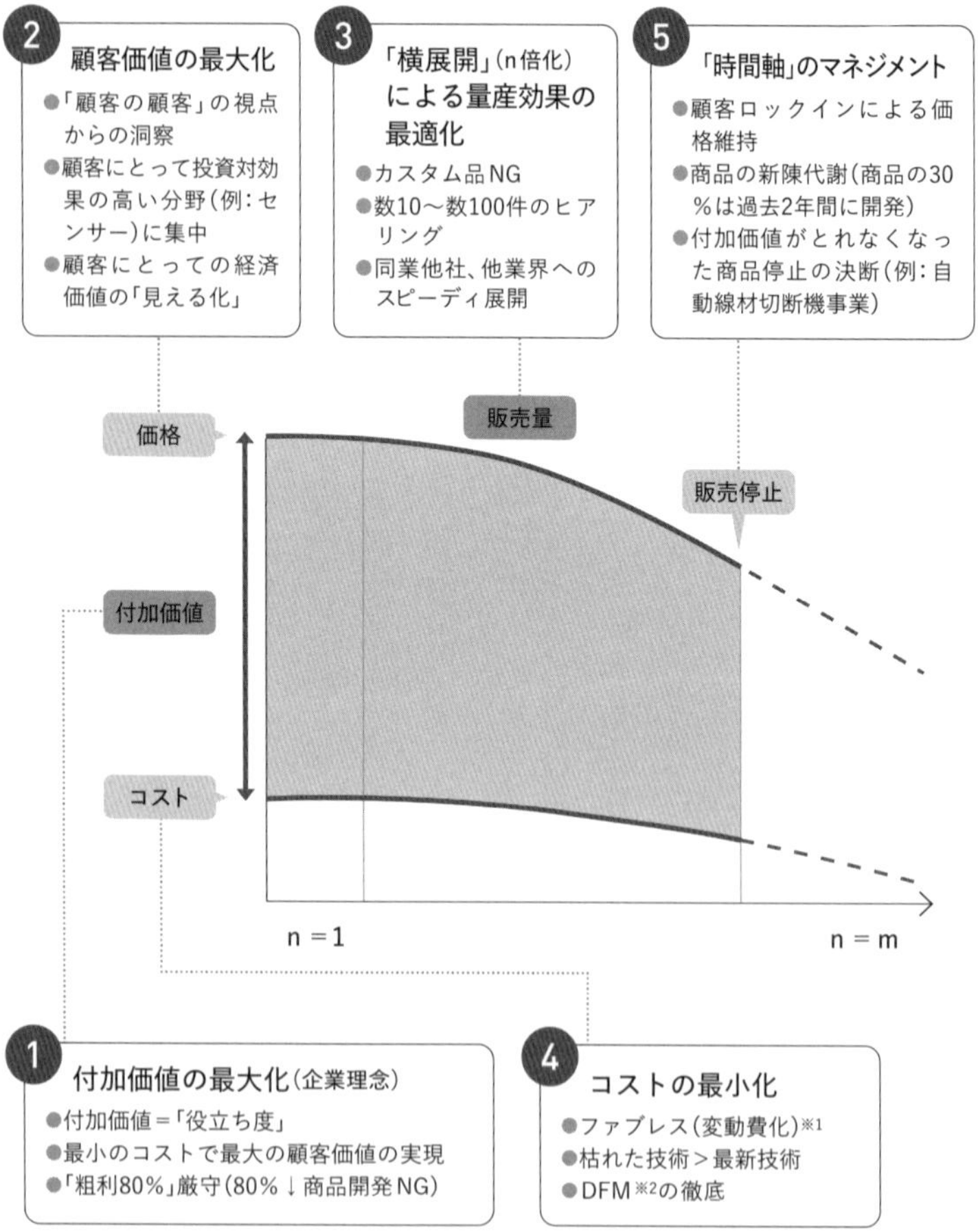
2
顧客価値の最大化
●「顧客の顧客」の視点からの洞察
●顧客にとって投資対効果の高い分野（例：センサー）に集中
●顧客にとっての経済価値の「見える化」
3
「横展開」（n倍化）による量産効果の最適化
●カスタム品NG
●数10〜数100件のヒアリング
●同業他社、他業界へのスピーディ展開
5
「時間軸」のマネジメント
●顧客ロックインによる価格維持
●商品の新陳代謝（商品の30％は過去2年間に開発）
●付加価値がとれなくなった商品停止の決断（例：自動線材切断機事業）
価格
販売量
販売停止
付加価値
コスト
n＝1
n＝m
1
付加価値の最大化（企業理念）
●付加価値＝「役立ち度」
●最小のコストで最大の顧客価値の実現
●「粗利80％」厳守（80％↓商品開発NG）
4
コストの最小化
●ファブレス（変動費化）※1
●枯れた技術＞最新技術
●DFM※2の徹底

※1 ただし100％子会社キーエンステクノロジーで全体の生産の10％を請け負うことにより生産ノウハウを蓄積
※2 Design for Manufacturing

出所：名和高司（2013）を一部修正

に試作させて直販部隊に球出しする。その結果、顧客の先端的な課題を解決する業界初、オンリーワン商品を生み出していく。

このフロントとバックが直結しており、一連のサイクルをわずか数日間というスピードでこなす。フロントが「市場開発力」を、そしてバックが「事業構想力」を担う。先述したXモデルの理想的な姿である。簡単に言ってしまえば、これが「キーエンスマジック」のからくりだ（図8－2）。

この一連のキーエンスモデルそのものは、秘密でもなんでもない。現に、図で説明したからくりは、筆者も『「X」経営の時代』で10年以上前に示している。そして、これが成功の方程式だとすれば、他社も導入すればいいはず。しかし実際には、いくら手法としては理解したとしても簡単には実践できない。なぜか。それは先に示した3つのキー・クエスチョンに立ち返らず、手法だけを真似ようとするからだ。

桁違いのお役立ち度

まず、最初のクエスチョンであるパーパス。先述したように、キーエンスは顧客にとっての「付加価値」に焦点を当てる。そして付加価値とは、顧客が商品に支払う対価と、商品のコストとの差と定義する。それはキーエンスにとっての「利益」と同義である。言い換えるならば、

図8-2

キーエンスの市場開発力×事業構想力

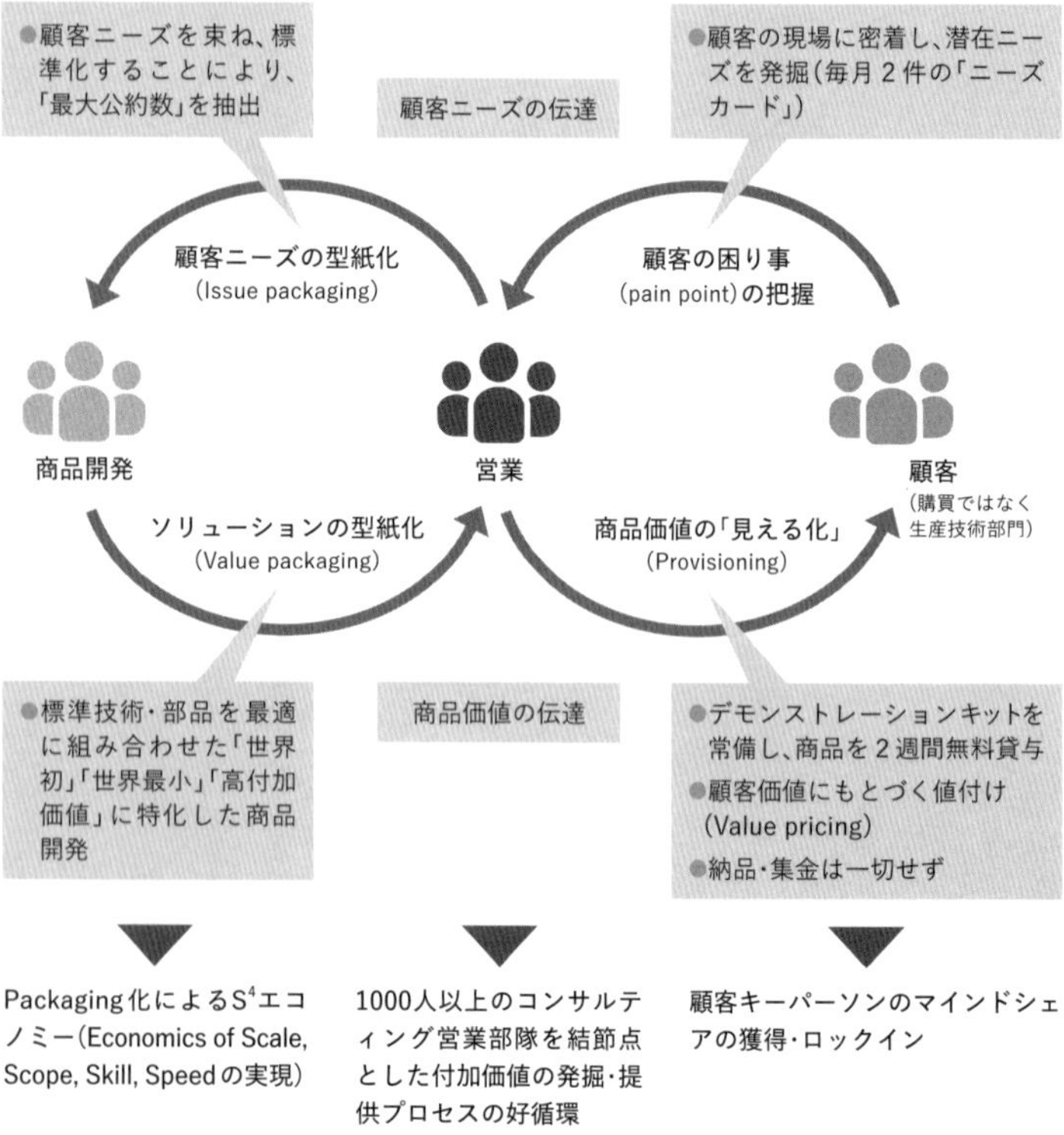
●顧客ニーズを束ね、標準化することにより、「最大公約数」を抽出
顧客ニーズの伝達
●顧客の現場に密着し、潜在ニーズを発掘(毎月2件の「ニーズカード」)
顧客ニーズの型紙化
(Issue packaging)
顧客の困り事
(pain point)の把握
商品開発
営業
顧客
(購買ではなく生産技術部門)
ソリューションの型紙化
(Value packaging)
商品価値の「見える化」
(Provisioning)
●標準技術・部品を最適に組み合わせた「世界初」「世界最小」「高付加価値」に特化した商品開発
商品価値の伝達
●デモンストレーションキットを常備し、商品を2週間無料貸与
●顧客価値にもとづく値付け(Value pricing)
●納品・集金は一切せず
Packaging化によるS^4エコノミー(Economics of Scale, Scope, Skill, Speedの実現)
1000人以上のコンサルティング営業部隊を結節点とした付加価値の発掘・提供プロセスの好循環
顧客キーパーソンのマインドシェアの獲得・ロックイン

出所:名和高司(2013)を一部修正

パーパスを高いレベルで実現することで、自動的に利益が高まることになる。すなわち、キーエンスにとって、「パーパス＝プロフィット」なのだ。それはあまりにも利益至上主義ではないか、と思われるかもしれない。

キーエンスでは、創業以来、付加価値を「お役立ち度」とも表現する。顧客は飛びつきたくなるような価値の高い提案には、コストとは無関係に対価を払う。マーケティングではそれをWTP（Willingness to Pay）と呼ぶ。これを「お役立ち」という大和言葉で表現するところが、いかにも日本流である。

利益は正当な付加価値の対価である。利益率が低いビジネスは、顧客が付加価値を評価していない証左である。キーエンスの「お役立ち度」＝付加価値は半端ではない。粗利率80％、利益率50％を超えるレベルを持続することは至難の業だ。

しかし、キーエンスにとってそれは結果ではなく、それ自体が目的なのである。高収益こそが、付加価値創造企業としての存在理由と直結するからだ。そして、あらゆる仕組みが高収益を持続できるように設計されている。

キーエンス流の手法をうわべだけ真似ても、高収益は生み出せない。そのような結果を生み続けるという「志（パーパス）」と、それを実践する「覚悟（コミットメント）」と「信念（ビリーフ）」が求められるのである。

CSV経営を高いレベルで実践できている日本企業は、実はほんの一握りにすぎない。たとえばファーストリテイリング、ニデック、リクルートなど。先に取り上げたダイキンもその好例である。

多くの日本企業はパーパスとして崇高な社会価値を掲げているものの、そのほとんどは低収益に留まっている。ROE（自己資本利益率）8%などという、政府や御用学者が提示するレベルでは、話にならない。世界の代表的なCSV企業の一つであるデンマークのノボ ノルディスクのROEは80%に近い。まさに桁違いだ。

これは極めて残念な結果である。高い社会価値を創出していれば、当然、高い付加価値を創造しているはず。利益率が低いままであれば、顧客への「お役立ち度」は低いと言わざるをえない。それでは、とてもCSV経営とは呼べない。

逆に言えば、日本企業にとって、この点こそが大いに「伸びしろ」が期待できるところだ。シン日本流を標榜するうえで、キーエンスの経営モデルから学べるところは少なくない。この点は、第Ⅲ部で改めて振り返ってみたい。

原理原則の徹底

次に2つ目のキー・クエスチョンを考えてみたい。キーエンスは、どのような原理原則（プリンシプル）を組織に実装しているのか。

同社のホームページには、未来の社員に向けたメッセージとして、フィロソフィー（哲学）が紹介されている（※54）。そこでは、社員一人ひとりが「夢中」になるための3つの原理原則が示されている。

第一に、「最小の資本と人で最大の付加価値を上げる」。これは、同社の経営の原点でもある。付加価値にこだわり続ける理由を、分かりやすく説いている。この原理原則が宗教のように徹底しているところに、同社の特異性がある。キーエンスにおける「本《もと》」といえよう。

第二に、「本質的に考えて、判断する」。これが、同社の原理原則の中でもキモの部分である。それは、さらに3つの原理原則によって構成される。

まず「市場原理・経済原則で考える」。同社は合理性に徹底的にこだわる。「当たり前のことを当たり前に実践する」ことを旨とする。これは松下幸之助の「素直な心」や、イトーヨーカ堂の創業者である伊藤雅俊の「ひらがなで考える」に通じる、日本的経営の基本技でもある。キーエンスにとっての「守」だ。

次に「目的・問題意識を持って主体的に行動する」。ホームページはこのように説明する。

この目的意識が、「目的に照らしてこのやり方が本当に適切か」という問題意識につながり、既存のやり方や常識にとらわれない新たなブレークスルーを生み出す原動力になっています。

伝統にとらわれず、革新を生み出す。まさに、キーエンスにおける「破」のすすめである。

最後が「キーセンス」。キーエンスにセンスを掛け合わせた造語だ。「キーエンスというチーム全体で考えた時に、最もよい判断とは何か？」という、全体最適の視点で判断を促す考え方を指す。これによって、新しい手法を組織全体に広げていく。キーエンスにおける「離」の技である。

第三に、「任せることで、人は育つ」。キーエンスの新入社員は、半年経つと実戦の場に立ち、修羅場体験を通じて成長していく。それを周囲の先輩社員が、ＯＪＴで付かず離れずサポートする。この「自律 × 規律」が、社員一人ひとりが守破離《しゅはり》を実践していくうえでの、キーエンスならではの仕組みである。そこでは結果より、プロセスが最重視される。きちんとプロセスを踏めば結果はおのずと生み出せるという信念が、組織全体に貫かれているからである。

事業モデルではなく、これらの原理原則に貫かれた組織モデルこそが、キーエンスの進化の原動力となっているのである。

圧倒的な実践力

では、３つ目のキー・クエスチョンを考えてみたい。キーエンスでは、これらの原理原則をいかに日々の活動に実装（プラクティス）しているのだろうか。

キーエンスの社員構成を見ると、6、7割が営業人財。開発人財は2割程度で、そのうち7割は営業出身。つまり、キーエンスの真価は、その圧倒的なソリューション営業力にある。

キーエンスには、フツーの社員の営業力を組織的にパワーアップさせるための仕組みが幾重にも織り込まれている。その中でも主なものは、次の3つだ。

1つ目は「ロールプレイング」。社内では「ロープレ」と呼ぶ。先輩社員が顧客の役割を演じて後輩社員に提案させ、プレゼンスキルを鍛える。

2つ目が「外出・出張報告」。社内では「ガイホー」と呼ぶ。顧客への訪問前に、先輩社員と「事前シミュレーション」を実施。訪問後の結果報告で課題を明確にして、次のアクションを準備する。

そして3つ目が「営業同行」。まずは先輩社員の営業に同行して学ぶとともに、みずからが営業する際に先輩社員に同行してもらってアドバイスを受ける。

一つずつは、特に目新しいものではない。しかし、どこも手を抜かず、徹底的に実践することで、社員の成長を促していく。この愚直なまでの現場主義こそが、キーエンスの営業力の源泉なのである。その結果、全員が平均的に高いソリューション営業力を発揮する組織をつくり上げているのだ。

それを、キーエンスOBの天野眞也氏は、「ライオンキング型」と表現する(※55)。劇団四季のミュージカル『ライオンキング』は何回観ても感動する。しかし、主人公シンバ役の俳優の名前まで覚えている人は珍しい。むしろ、それぞれの俳優のレベルの高さこそが感動を生み出すのだという。

「営業の皆さんの中には、『営業はアドリブで毎回いろいろな話を臨機応変にするものなんだ』と思っている方がいらっしゃるかもしれませんが、それは大間違いです。もちろん、それができたら素晴らしいですが、そんな営業担当者は見たことがありません。それに、属人的な営業だけでは、会社の成功や成長は長続きしないのです。

それよりも、練り上げられたシナリオを基にしっかりと練習して、『ライオンキング』のように1万回以上も上演されるような営業を目指した方が確実です。同時に、経験豊富な先輩社員が、若手や部下に優れたノウハウやシナリオ、営業スキルを伝授していくことで、永久不滅に強い営業組織をつくることができるのです」

キーエンスでは営業活動に関して、さらに多くの行動指針や指標が厳格に定められている。

・定量行動管理（コール数・コール時間・訪問数・有効商談数などのプロセスKPI管理）
・商談ごとの準備フォーマット（利用用途・購入理由・購入時期・購入余地・キーパーソンなどの確認）

・ガイホーの準備（前日までに1分単位で記載）
・商談の話の進め方の型化（60分の商談時の会話内容の指導）
・上司による確認電話（上司が営業担当の代わりに確認の電話をする）
・不要な行動の徹底排除（ネットサーフィン等の禁止）

このような徹底したガイドラインの下で、各人が創意工夫を凝らして商談を進めていく。プロスポーツチーム並みの規律があるからこそ、各メンバーのパフォーマンスが上がるのだ。この規律と自律のバランスは、かつての松下幸之助率いるパナソニックや、伊藤雅俊率いるイトーヨーカ堂には備わっていたはずだ。いまなお超進化を続けている日本企業、たとえばファーストリテイリング、ニデック、リクルートなども、この点はゆるぎない。

しかし、平成に入って日本企業の多くは、規律から自律へと組織のタガをゆるめた。そして結果、現場力が衰退していった。この点は第Ⅱ部の最後に、改めて振り返りたい。

現場発イノベーション

ここまで規律でしばられると創意工夫など起こりえないのではないか、と思いたくなるかもしれない。たしかに、現場は寸暇を惜しむ緊張感が張り詰めている。自由闊達な雰囲気は微塵も感じられない。

しかし、だからといって決められたことをこなすだけでは、まだ半人前。現実の商談という修羅場の中で、必死になって知恵を絞る。そこから限界突破の道を拓くことができて、初めて一人前のキーエンスパーソンに育つ。「守」から「破」に転じることで、イノベーションの芽が生み出されるのである。

ただし、それだけではまだ〈n＝1〉にすぎない。キーエンス流のイノベーション@スケール（スケールにつながるイノベーション）を目指すには、現場で生まれた新たな知恵を、新たなルーティン（型）として組織の中に伝播する必要がある。そこでカギを握るのが、営業の前線のクリエイティブな発想をしっかりルーティンに落とし込む組織運動である。

筆者の師匠である野中郁次郎教授は、そのような運動を「クリエイティブ・ルーティン」と呼ぶ。この、言わば「ひきこみ」運動によって、現場の「たくみ」が、組織全体の「しくみ」へと実装されていく。この現場発の知恵をスケールさせていくことが、キーエンス流のイノベーションの極意である。そして、これこそが組織全体に「離」をもたらし、キーエンスを進化させていく（図8－3）。

イノベーションは、自由闊達という名の「ゆるい」組織からは、けっして生まれない。規律（守）の中からこそ、枠を飛び出す型破りな発想（破）が生まれる。そしてそれをしっかり「型」に落とし込む規律が起動して、初めてイノベーション@スケール（離）につながっていくので

図8-3

「ひきこみ」運動による「たくみ」の「しくみ」化

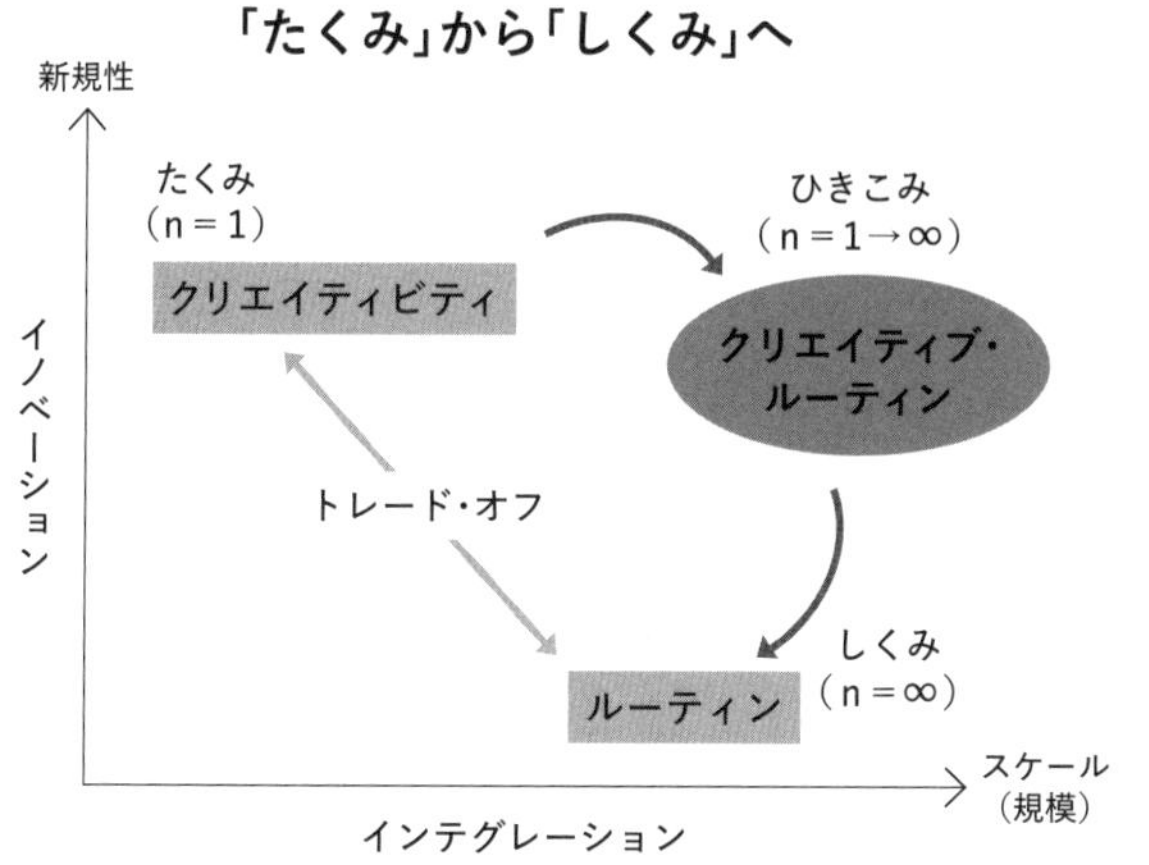

キーエンスの強さの源泉は、現場発のイノベーションをルーティン（型）に落とし込む組織運動にある。

出所：名和高司（2018）を一部修正

ある。

キーエンス流の守破離の運動論こそ、シン日本流イノベーションの元《げん》型《けい》、アーキタイプの一つといえよう。この点も第Ⅲ部で、改めて論じることとしたい。

経営管理者不要論

さて、現場がこれだけ規律と自律を発揮する組織において、経営者はどのような役割を担うべきか。

「経営者の役割は現場をエンパワーすることにある」というのが、キーエンスにおける不文律である。創業者の滝崎氏自身、「権限を現場に委譲して考え方を伝え、現場と一緒に考えないとよいアイデアは生まれない」と常々語り、次のようにも述べていた（※56）。

「創業当時から自分がいなくても会社が回るようにずっと考えてきました。管理職にも『自分がいなくても組織が回るように』と常に話しています」

「私も含めて古い人が新しい人の仕事の邪魔をしていないか、と気になるのです」とも述べていたという。そして、本社のあちこちに化石のオブジェを置き、過去への執着を断ち切る必要性を組織全体に知らしめていた。

したがって、キーエンスには「経営管理者」という役割は存在しない。滝崎氏の後を継ぎ、2000年から10年間、2代目社長を務めた佐々木道夫氏に、「だとすると、MBAなどという肩書は有害無益ですね」と尋ねてみたところ、にっこりうなずかれた。しかし、経営者の役割は3つあるという。

第一に、キーエンス流の原理原則や組織運動が現場に実装されているかどうか、常に気を配ること。そしてどこかに問題があれば、現場と一緒になってそれを解決すること。

第二に、顧客や自社を取り巻く経営環境が激変する中で、常に先回りして新しい取り組みを現場に促すこと。特に海外では、日本流の「型」をそのまま持ち込んでも機能しないことが多い。運用を柔軟にするだけでなく、逆に現地の知恵から新しい型を全社に伝播するように働きかけること。

そして第三に、「集中と分散」のバランスについて、全社レベルで常に目配りすること。一般には、「集中と選択」が経営の定石とされるが、先が読めない時代には通用しない。「勝ちどころ」に集中する一方で、流れが急変しても対応できるように、別のオプションへの手立てを怠らないようにする。

最近の例で言えば、中国市場やEV（電気自動車）に集中しすぎた結果、そこに急ブレーキがかかったことで収益悪化に陥った設備メーカーが少なくない。これに対してキーエンスは、事業ポートフォリオを分散してきた結果、その波を軽々と乗り越えている。

常に現場に軸足を置いて「守」と「破」のリズムを大切にしつつ、必要に応じて大きくピボット（「離」）していく。これが、キーエンス流の経営の極意である。そして、ここにもシン日本流経営の元型、アーキタイプが潜んでいることに気づかされる。

第9章

ケース5 オイシックス・ラ・大地(創業2000年)

ケースの最後に、創業25年を迎える企業を取り上げよう。

1999年から2000年にかけては、起業が相次いだ。なかでもネットバブルに乗って、多くのドットコム企業が出現。そして、その多くが2001年のバブル崩壊とともにフェードアウトしていった。

しかし、その焦土の中から大きく成長していった企業群が一握り存在する。たとえば、ディー・エヌ・エー(1999年創業)、エムスリー(2000年創業)、オイシックス(現オイシックス・ラ・大地、2000年創業)。実はこの3社には共通点がある。いずれもマッキンゼー出身者(南場智子氏、谷村格氏、髙島宏平氏)が創業したという点だ。さらに言えば3氏とも、当時マッキンゼーがITベンチャー支援を目的に立ち上げていたアクセラレーター@マッキンゼーの主力メンバーでもあった。

筆者はアクセラレーターの東京代表を兼任したものの、スケールしそうな日本発ベンチャーは見当たらず、1年半で店じまい。しかし、そこのコンサルタントたちが自身で起業して成功するという結果につながった。その成功のカギは、スタートアップではなく、スケールアップにある。この点は、第Ⅳ部でしっかり論じることとしよう。

そのような数少ない成功事例の中から、本章ではオイシックス・ラ・大地に焦点を当てる。同社は、一言で言うと、安心安全な農産品や加工食品、ミールキットなどを宅配する会社である。最近では高級スーパーマーケットと提携して、店舗販売も展開している。

あえて同社を選んだ理由は3つ。

第一に、日本発の社会イノベーションのモデルケースとなりうること。第二に、「守破離《しゅはり》」のリズムで進化し続けており、シン日本流経営への示唆に富んでいること。そして第三に、筆者自身が、創業者の髙島宏平氏を学生時代から四半世紀にわたり、付かず離れず見守ってきたこと。

最初の2点はこの後じっくりと論じるとして、まずは3つ目の点について簡単に触れておくことにしよう。

髙島氏との出会いは、1997年に遡る。東京大学で情報工学を専攻し、学生ベンチャーも立ち上げていた髙島氏は、本格起業の前に外資系コンサルで腕を磨いておきたいという思いでマッキンゼーに応募。その時ちょうど、同社で学卒採用責任者になった筆者は、従来のように地頭がよいだけではなく、規格外のスケール感のある人財を採ることに方針転換したばかりだったので、インタビューで即決。新しい枠組みでの採用第1号となった。実は、髙島氏の父親がNTTグループの経営幹部で、以前の筆者のクライアントだったことを後から知る。

翌年、マッキンゼーに入社すると、ちょうど立ち上げたばかりのアクセラレーターグループのEコマース分野で、みずからの起業経験も踏まえて大活躍。そして2年後の2000年にはマッキンゼーを退社し、満を持してオイシックスを創業する。

2017年に「大地を守る会」と経営統合。翌年には「らでぃっしゅぼーや」をグループ化し、現在のオイシックス・ラ・大地に社名変更。2024年にはシダックスを買収して、企業グループとして一層のスケール化を図っている。

その間、筆者が審査員を務める3つの賞で、同社は三冠王に輝いている。2008年には、ポーター賞。創業8年目での受賞は最速記録だ。2020年には、若手社員が成長する企業に贈られるキャリアセレクタビリティ（CareerSelectAbility）賞と、消費者志向経営優良事例として消費者庁長官表彰を相次いで受賞。この3つの賞を総なめにした企業は、いまのところ同社とユニ・チャームの2社しかない。

本章では、企業進化という視点から、同社の過去・現在・未来を展望してみよう。

進化するパーパス

まず、同社の経営理念に注目したい。同社は、「これからの食卓、これからの畑」というフイロソフィーをホームページに掲げる。そしてそこに込めた思いを、次のように語る（※57）。

より多くの人が、よい食生活を楽しめるサービスを提供します
よい食を作る人が、報われ、誇りを持てる仕組みを構築します
食べる人と作る人とを繋ぐ方法をつねに進化させ、持続可能な社会を実現します
食に関する社会課題を、ビジネスの手法で解決します

私たちは、食のこれからをつくり、ひろげていきます

これがいまの同社のパーパス（志）である。筆者がパーパスの3要件と説いている「ワクワク」「ならでは」「できる」が、見事に織り込まれている。

同社では、このパーパスを、6つの「約束」に因数分解している。「Delicious（おいしさ）」「Enjoyable（楽しさ）」「Healthy（健康）」「Easy（簡単）」「Credible（信頼）」「Social（社会との関わり）」の6つだ。同社ではこれらを略して、「DEHECS（デヘックス）」と呼ぶ（図9－1）。

実は、ここに至るまでには変遷がある。創業時、最も大切にしたのが「安心」だった。髙島氏は、2014年、筆者が10年以上主催しているCSVフォーラムの初年度に登壇、創業の思

図9-1

オイシックス・ラ・大地のフィロソフィー

DEHECS

Delicious	おいしさ
Enjoyable	楽しさ
Healthy	健康
Easy	簡単
Credible	信頼
Social	社会との関わり

出所:オイシックス・ラ・大地

いを次のように語っていた。

「衣食住は生活の原点です。安心できない服や安心できない住まいなど、売り物にならないはず。それなのに、食については、つい『本当に安心か』が気になってしまう。それはとても不幸なことです。私たちは、自分の子どもに食べさせることができる食材の安定供給を、何よりも大切にしています」

6つの約束で言えば、5つ目の「信頼(Credible)」にあたる。これこそが同社の創業の精神であり、いまなお同社が最も大切にしている約束だ。

次に、顧客の困りごととして同社が注目したのが、買い物、さらには料理の手間である。忙しい毎日の中、「ひと手間」をかけるだけでおいしい食事を家庭で楽しむことができれば、という顧客の願いに寄り添いたい。そのためには、ストレスを感じない、気が利いた商品・サービスを提供する必要がある。これが「簡単（Easy）」に込められた思いだ。特にコロナ禍で「おうち時間」が増えると、3食の準備は大変。そんな中で、同社のミールキット「Kit Oisix」は大人気となった。

そして、同社がいま最も注力しているのが、社会課題の解決だ。これまでも安心で便利な食生活の提供を通じて、食への不安の解消、女性の社会進出の支援など、社会課題を解決してきた。最近では「Upcycle by Oisix」を通じた食品ロスの逓減、サステナブル容器の使用、プラントベースミート（植物由来の食肉）の提供にも、より積極的に取り組んでいる。

さらに、2016年には、社会事業の一環として、買い物難民を救済することを目的とした移動スーパー「とくし丸」を、グループ傘下に収めている。これらは、6番目の「社会との関わり（Social）」という約束にあたる。

6つの約束のうち最初の3つは、食品会社であればどこでも必ず目指すものだ。「おいしさ」「楽しさ」「健康」は、筆者が「規定演技」と呼ぶ必須領域である。一方、「簡単」「信頼」「社会との関わり」の3つは、筆者が「自由演技」と呼ぶ独自領域である。規定演技を高いレベルでこなしたうえで、自由演技にもこだわり続ける。これこそ、オイシックス・ラ・大地の卓越したところである。

しかも、それを一朝一夕で実現してきたわけではない点に、注目したい。最初は「信頼」、次に「簡単」、そして社会課題解決。それは、「守破離」の3つのステップととらえることができる。オイシックス・ラ・大地は、四半世紀という時間の中で、進化のプロセスを着実に歩んできている。ここに、シン日本流を志向するうえでの重要なヒントが潜んでいるといえよう。

未来の夢と現実をつなぐプリンシプル

パーパスそれ自体は、未来の夢にすぎない。現実を未来に近づけるためには、日々の実践が求められる。そこでは理想（パーパス）ではなく、より現実に即した原理原則（プリンシプル）の実践がカギを握る。

同社では、自社独自のプリンシプルを、社員一人ひとりが大切にしている。「ORDism（オーディズム）」と呼ばれる行動規範だ。ORDは、言うまでもなくオイシックス・ラ・大地の略称である。そのイズム（哲学）は次の7つに集約される（※58）。

①ベストを尽くすな、Missionを成し遂げろ
②早いもの勝ち、速いもの価値
③お客さまを裏切れ
④サッカーチームのように

⑤当事者意識、当事者行動
⑥強さの源泉は成長力
⑦前例はない。だからやる

常識を超えた、オイシックス・ラ・大地らしさ満載である。どれもあえて解説は不要かもしれない。ただ表面的にとらえるのではなく、深層の含蓄を噛みしめなければならない。たとえば最初の項目は、次のように理解されなければならない。

◉ベストを尽くすな、Missionを成し遂げろ（Mission is Possible）

ベストを尽くしても、ミッションを成し遂げることができないとプロフェッショナルとはいえない。メンバーは、プロフェッショナルとして、それぞれのミッションを成し遂げるよう活動する。

もちろんベストを尽くす努力はとても大事であるが、努力の積み重ねの先にミッションの達成を常に見据え、ゴールから逆算した計画に基づいて活動する必要がある。

一人ひとりのメンバーのミッションはチームのミッションの分解である。そのため誰か一人のメンバーがミッションを果たすことができなければ、チームの勝利はおぼつかない。

同時に、どのように動けばミッションを成し遂げるための活動を効率よく実行することができるか考え、常に生産性を向上させるチャレンジをすることも必要である。生産性が低ければベストを尽くしてもミッションを成し遂げることはできない。各メンバーが責任感と自主性を持って活動し、ミッションを成し遂げるのが、ORD流である。

さらに3番目の項目も、一見すると「?・?・?」となってしまいがちだ。誤解を避けるために、あえて紹介しておこう。

◉お客さまを裏切れ（Can't take my eyes off of customers）

徹底的にお客さまの声を聞き、お客さまの顕在的・潜在的なご要望を客観的に知り、どういう方法でお客さまのご要望をかなえるか、どうやって半歩先のサービスを提供するか、全身全霊で考える。記念日に家族や恋人に贈るプレゼントに仕掛けるサプライズのように、お客さまのご期待を超えるサービスを提供する。期待どおりのサービスでは満足はしてもらえても感動は生まれない。期待を超え、いい意味でお客さまを裏切ったサービスからのみ、感動が生まれる。

ここでいう「お客さま」は、基本的には当社の商品をご購入頂く消費者の方がメインであるが、時にはお取引さまや自社の仲間たちにあてはめることもできる。お客さまも変化し続ける。昔の成功体験を捨て、常にお客さまの意識の近くにいられるよう、お客さまの声を聞き続ける。お客さまに常に「嬉しい驚き」を提供するのがＯＲＤ流であり、お客さま一人ひとりの「嬉しい驚き」の積み重ねが、当社の価値であり喜びである。

社員は「ORDism」を書き込んだカードを常に身につけて、日々の実践に励んでいる。ORDismの5番目にも謳われている通り、「意識」するだけでなく、「行動」に移すことが求められているのである。

ORDismの浸透に向けて、部門横断の「ORDism エバンジェリスト」というチームが発足。10人ほどのメンバーで構成され、ORDismを体現している社内の活動を表彰する、イントラネットにORDismを具体的に理解するためのコンテンツを掲載する、ワークショップを企画する、といった活動を展開している。

たとえばワークショップでは、特定の項目を「強化ORDism」として取り上げ、参加者間の意見交換を通じて、実践の難しさを理解しあい、考え方や行動のヒントなどを共有している。その手応えはどうかという問いに、エバンジェリストの一人である柴本沙恵氏は次のように答えている(※58)。

「手応えを感じることもありますが、それ以上に難しさを感じることのほうが、正直多いです。全社で約７００名の社員がいるので、その人数に対してコミュニケーションをとっていくのは相当にハードルが高い。当然ながら温度差もあるわけで、通常業務が忙しくてワークショップに参加できない人もいます。その中でどう温度を高めていくかが、これからの課題です。

ただ、人の行動の意識を変えるのは時間がかかることですし、難しいことだとはわかっていました。なので、エバンジェリストチームのみんなと腰を据えて取り組んでいきたいと思っています」

パーパス経営を目指す企業の多くは、パーパスが現場になかなか浸透しないという壁にぶつかっている。パーパスが謳う「きれいごと」だけでは、現場が直面する現実の課題解決には役立たない。それよりも、プリンシプル（原理原則）を現場としっかり共有することで、日本企業ならではの現場のパワーを解き放つことができるはずだ。

ここでも、オイシックス・ラ・大地の取り組みから、シン日本流経営にとっての多くの示唆を得ることができる。

「異結合」による価値創造

オイシックス・ラ・大地は、日本におけるCSV経営の先進企業である。CSVは、前述した通り、社会価値と経済価値の両立を指す。より平易に言えば、社会課題を解決することで収益を上げることを目指すものである。

ただし、これは簡単な話ではない。そもそも社会課題は、需要としては顕在化していても儲からないから供給が現れず、社会課題として放置されているのである。たとえば、SDGsが掲げる17の社会課題リストは、通常の事業としては「儲からない」リストにほかならない。

したがって、社会課題に取り組むには、異次元の創意工夫と覚悟が求められる。髙島氏は、筆者との対談の中で、「経営理念（パーパス）は、モチベーションの源泉を言語化したものでなければならないと語る。そして「自分たちは、何のためだったら頑張り続けることができるだろう？」と考えて「食の課題」に取り組むことに決めたという（※59）。

オイシックス・ラ・大地は、「食に関する社会課題をビジネスの手法で解決」することを、企業理念に掲げている。ここでカギとなるのが、「ビジネスの手法」である。同社の場合、大きく2つある。イノベーションとM&Aだ。

まずはイノベーション。とは言っても、技術革新ではない。産業構造の革新を通じて、新たな市場を生み出すことである。前述したXモデルで言えば、前者が「事業構想力」、後者が「市場開発力」にあたる。

オイシックス・ラ・大地は、「農と食のイノベーション」に取り組んでいる。農業と食品加工、さらに小売りまでを、「異結合（クロスカップリング）」させる。最近では、消費者から生産者へとつなぎ直す「アップサイクル」モデルにも取り組んでいる。

そして、顧客の「声にならない声」を聴く。髙島氏自身、既顧客より「未（潜在）」顧客を家庭訪問して、ディープ・インタビューをすることを大切にしているという。顧客が潜在的に抱えている課題や、「こんなことがあったらいい」という未実現の夢を見つけることができれば、新たな市場創造の切り口が得られるからだ。

「1時間お話しして成果があがらなくて、帰りがけにポロッと口にしてくれた思い付きが、とても大事なヒントになることがあるんです」と、嬉しそうに語ってくれた。

オイシックス・ラ・大地は、ほかの21世紀企業同様に、デジタル時代の申し子である。Eコマースを主戦場とし、デジタル技術を駆使して、需要と供給を無駄なくつなぐ。データアナリティクスやAIもフルに使いこなしている。

しかし、デジタル技術はあくまで手段の一つでしかない。自社の未実現のパーパスにこだわり、未顧客の声に耳を傾け、新しい産業構造を構想し、それを着実に実践していくことこそが、イノベーションの源泉となる。DXのD（デジタル技術）に踊らされるのではなく、X（変革）を目指してDを使いこなす姿勢は、シン日本流経営にとって多くの学びがある。

オイシックス・ラ・大地の進化を支える2つ目の経営手法が、M&Aである。前述した通り、多層的なM&Aによってスケールアップを続けてきた。

2024年に入っても前述したシダックスに続き、キッチンレス社員食堂事業（セントラルキッチンでつくった料理を、キッチン設備のないオフィスへ運んで、現地で温めて提供する社食事業）を展開するノンピ、旬八青果店を起点としたＳＰＦ事業（仕入・物流・製造・販売事業）、ＨＲ（ヒューマンリソース）事業、ＰＲ地域活性事業を展開するアグリゲートを次々と買収。

海外では、子会社フューチャーフードファンド（Future Food Fund）が運営するコーポレートベンチャーキャピタルを通じて、フードテック領域に投資を広げている。たとえば、２０２２年にはAKORN Technology, Inc.（アメリカ・カリフォルニア州）に投資。同社は、アップサイクルされた非遺伝子組換のとうもろこしなど、植物由来の原材料を用いたコーティング技術を開発・提供するスタートアップ企業だ。

なぜＭ＆Ａをしてまで成長したいのかと、先の対談の中で尋ねたところ、髙島氏は次のように語った。

「私たちにとって、事業規模は『食の社会課題の解決がこれだけ進んだ』と示す尺度にほかなりません。いまの事業規模は１０００億円を少し超えた程度ですから、その分だけ進んだわけですが、それでも解決できない食の社会課題はまだ世界に山ほどありますから。

むしろ、『もっと速く成長できないものか？』と、オイシックスの成長の遅さに、私は創業以来イライラし続けています」

大きな社会課題の解決が目的、M&Aはその手段にすぎない。この飽くなきスケール化のドライブは、従来の日本流経営に決定的に欠けていたものである。イノベーションを成長エンジンとし、M&Aによって非連続なスケールアップを実現していく。ここにも、シン日本流経営を構想するうえで、重要なヒントが潜んでいる。

超進化型リーダー

企業が非連続な進化を遂げていく中で、リーダーはどうあるべきか。それが、先述の対談で筆者が掘り下げたかった最大のテーマだった。その答えが、対談のタイトル「本気で会社を変えたければ、まず社長が自らを改革せよ」に凝縮されている。少し長くなるが、この問いにかかわる対談の後半部分を掲載しよう。

名和　わずか十数人で創業された御社が、いまは1900人以上の社員を抱える上場企業になったわけですが、高島さんのリーダーとしてのありようは変わってきましたか。

高島　そうですね。最初は野球チームのキャプテンみたいだった立場が、やがて監督みたいになって、次にGM（ゼネラルマネージャー）みたいになって、いまは監督たちを頑張らせるコミッショナー（野球界の最高責任者）みたいになった感じです（笑）。

名和　「リーダーを育てるリーダー」ということですね。先日、テレビの『ガイアの夜明け』（テレビ東京系）で御社が主役になった回（2023年4月28日放映の「オイシックスが挑む 新・食卓革命！」）を見ました。番組の主役は髙島さんというより、むしろチームリーダーの女性たちでした。次代のリーダー育成がうまくいっているのだなと、感心しましたよ。

髙島　ありがとうございます。それは一つには、20年以上社長をやってきたことで、自分の得手不得手がよくわかってきたからだと思います。「ここは私が出しゃばらず、彼女らに任せたほうがいいな」ということが見えてきたのです。

名和　なるほど。ただ、先ほどの野球のたとえでいうと、髙島さんはいまもプレイングマネジャー（選手兼監督）で、みずから戦いの矢面に立つことも多いと思うのですが……。

髙島　そうですね。〝代打の切り札は自分だ〟的な感覚はかなりあります（笑）。会社が勝つことが何より大事ですから、自分が出ることで勝率が高まるなら、迷わず前に出ます。たとえば、私は泥仕合みたいなこじれた交渉事をまとめるのが得意です。なので、そういう時には人任せにせずに自分がやりますね。

名和　髙島さんは経済同友会の副代表幹事になられたし、日本車いすラグビー連盟理事長などの公的な活動もなさっていますね。そちらにも時間をかなり費やしていると思いますが、それができるのは、任せるべき部分は社員さんに任せているという自信があるからですか。

髙島　というより、自分のプライベート・タイムを削っています。会社のために使っている時間、私が会社にいる時間は、あまり減っていないと思います。私は、経営に時間を費やすために、趣味もあえて作らないようにしていますから。

名和　「人が育つ企業」を顕彰する賞があります。「キャリアセレクタビリティ賞」という、社会性・収益性を兼ね備えた企業の第一回受賞企業に御社を選ばせていただきました。私もその審査員の一人になっていて、2020（令和2）年の審査の過程で心を打たれたのは、社員の皆さんがすごく楽しそうに仕事をしていて、「やらされ感」が皆無であることです。そういう人材を育てる秘訣は何ですか。

髙島　「体感主義」を大事にしていることだと思います。社員が（農産物の）生産者と一緒に畑を耕したり、会社にお客様を呼んでパネルディスカッションをやったりして、社員が生産者やお客様と直に接していろんなことを体感する機会を、意識的に増やしています。一律に上から教育するというより、一人ひとりが体感によってみずから学んでいくのです。

そういうやり方だと、モチベーションのありようはバラつきますが、〝モチベーションの矢印の長さ〟がそれぞれ伸びるというか、本気の「やりたい気持ち」が各自に湧いてくるんです。統一感はなくてデコボコしているんですが、会社全体のやる気エネルギーの総和が大きい。

名和 ただ、体感によってやる気に火がつく人ばかりではないと思います。火がつかない人にはどう対処するんですか。

髙島 そもそも、オイシックスは採用に際して「セルフモチベーション（自分でモチベーションを上げる）ができる人」を選ぶようにしています。それは重要な採用基準なので、体感してやる気に火がつかないような社員はほとんどいないはずです。

そういう社員がいたとしても、基本的には何もしません。というのも、オイシックスのマネジメントの基本方針は「動機づけできない社員に時間とエネルギーを費やすより、エースを超エースにすることに費やせ」だからです。そのほうが組織の勝率は上がるので……。

名和 「2：6：2の法則」というものがありますね。あらゆる組織で、上位2割が成績優秀者、6割は平凡、残り2割が成績不振者に分かれるというものです。普通のマネジメントは、「上の2割は自走できるから放っておこう。自走できない下の2割を伸ばそう」としがちです。でも、御社は逆なんですね。

髙島 はい。下の2割を底上げしても、組織全体としてはあまりハッピーにならないですから。それより、上位2割がさらに頑張って道を切り拓いてくれたほうが、結果的に下の2割が活躍する場も増えます。

名和　いまの世の中のゆるい風潮からすると異色の組織論ですが、髙島さんらしい。下の2割を冷たく切り捨てるわけではなく、「会社全体が勝つことこそ全社員の幸せにつながる」という信念に基づいているわけですね。

いかがだろうか。このようなリーダーシップは、チームとしてのパフォーマンス向上に長けた日本人経営者であれば、身につけやすいのではないだろうか。

ただ、そのためには「勝つ」ことへの執念が、異常なほど強くなければならない。そしてそれは独り勝ちではなく、組織全体、さらには周りを巻き込み、みんなで勝利して成長していくことが目指されなければならない。

髙島氏は、同社のホームページで「おおきなかぶ」の話を紹介している(※60)。

童話「おおきなかぶ」は、みんなが力を出し合って抜くことに成功しました。

「大きな社会課題」の解決も、誰か一人が辛い思いをし、歯を食いしばって頑張るだけではサステナブルな活動になりません。そうならないような仕組みづくりを支援することで、地域社会への貢献もしていきます。

私たちにとって、事業や会社が成長することは、社会がより良くなることを意味していま す。そのため、もし世界から解くべき食の社会課題が無くなると、私たちの存在価値は無くなるかもしれません。しかし、食の課題は無限にあり、ますます多様化しています。

私たちは、食の社会課題を解くことへの責任感と、自分たちだったら課題を解けるかもしれないという可能性を同時に感じています。事業をさらに広げることを通じて、より良い社会、持続可能な社会をつくり、食のこれからをつくり、ひろげていきます。


大きく育ったかぶを、おじいさん、おばあさん、孫、犬からねずみまで、みんなで力を合わせてようやっと抜く「おおきなかぶ」の話は、絵本や小学1年生の教科書でよく知られている。「かぶ」を題材としているところが、いかにもオイシックス・ラ・大地らしい。

しかもこの話の由来は、実はロシア民話だという。ロシア発の民話が、オイシックス・ラ・大地の手で持続可能な未来をつくるストーリーに編集されて発信されていくことで、分断を超えたインクルーシブな価値観が世界に広がっていくことが期待できるのではないだろうか。

そこに、日本発CSVの可能性が感じられる。この点も、第Ⅲ部でさらに検討を深めていきたい。

第10章

本《もと》——学習優位の経営

ここまで5社を例にとって、「日本流経営」の元型《げんけい》を概観してきた。江戸時代から続く企業から、平成生まれの企業まで、時間軸は大きく違う。しかし、いずれにも共通する流れがあることに気づく。

それは、一言で言えば、第4章で論じた「守破離《しゅはり》」というリズムである。一般化するのは飛躍があるが、日本の良質な企業は、総じて守破離を通じて進化してきているのではないだろうか。もっとも、これは日本企業に限った話ではない。アメリカに目を向ければ、たとえばアップルやセールスフォースのようなデジタル時代の申し子たちも、守破離を繰り返して超進化を続けている。

なぜなら、これは学習の基本的な作法だからだ。学習は、「学習（Learning）」だけで終わらない。禅問答のようだが、それまで学んだことをいったん忘れて、新たな学びに取り組む必要がある。これを脱学習（Unlearning）と呼ぶ。学習と脱学習の反復が、進化の基本リズムとなるのだ。前者が「守」、後者が「破」に相当する。

では「離」は何か。学習の場を大きくずらすことである。ＡＩはいまや深層学習（Deep Learning）を超えて、転移学習（Transfer Learning）と呼ばれる技を身につけ始めており、それは「ずらし」の一つの技法である。ただ、それだけではある場での学習を、別の場に「応用」するレベルに留まる。

「離」はそのような小賢しい技法のレベルの話ではない。仏教で言えば「悟り」や「解脱」に近い。あえて英語に直すと、enlightenment（啓発）、awakening（目覚め）、liberation（解放）といった言葉になるだろうか。これらも手あかがついた英語なので、真意が伝わりにくい。筆者は、とりあえず「Ｘラーニング（X-Learning）」と訳すことにしている。ＸはＤＸやＳＸと同じく「トランス（Transformation）」と読む。日本語で言えば「超学習」だ。

あえて英語にしようとするのは、日本だけの特殊なモデルではなく、世界に通用するものであることを発信したいためである。そしてそのような経営モデルを、筆者は20年来、「学習優位の経営（Familiarity Advantage）」と呼んでいる。詳細は、同名の拙著（※61）をご参照いただきたい。

学習優位の経営を一言で言えば、守破離、すなわち「学習することを学ぶこと（守）で、学習そのもののプロセスを脱し（破）、未来を拓く（離）こと」である。これも禅問答に聞こえるだろうか。しかし、異次元のイノベーションを起こすためには、競争優位ではなく、この学習優位を身につける必要がある。そしてそれは、イノベーションの歴史をひも解くと、洋の東西を問わない共通の奥義である。

だとすると、逆に何が「日本流」なのかが問われるだろう。まず、ここまで説明してきたように、学習と脱学習というデジタル思考ではなく、異次元の超学習、Xラーニングを目指していることである。アップルやセールスフォースの創業者（それぞれスティーブ・ジョブズとマーク・ベニオフ）が、いずれも日本の文化や価値観への造詣を深めていったことは、けっして偶然ではないはずだ。

より本質的な問いは、守破離を超えた「本《もと》」は何か、である。それを過不足なく特定することは至難の業だ。しかし、前章までに例示した5社を改めて見つめ直すと、次の3つの共通項が浮かび上がってくる。

利他心（Altruism）
人基軸（People-Centric）
編集力（Editing Power）

併せてAPE、すなわち「類人猿」という意味になる。類人猿は、人類の元型（アーキタイプ）、すなわち「本」である。ゴリラ研究の第一人者である山極壽一・京都大学名誉教授に次回お目にかかったら、類人猿にもこの3つの共通点が当てはまるか、ぜひうかがってみたいものだ。ゴリラはともかくニホンザルには同様の習性がある、などという話にでもなれば、ますます興味深いところだ。いずれにせよこの3点は、類人猿はともかく、良質な日本企業に共通して見られる特質ではないだろうか。

ちょっと先を急ぎすぎたかもしれない。本章では、この日本流の奥底を流れる3つの「本」についてじっくり考えてみたい。

日本流CSVの可能性

「利他の精神」は、長らく日本の商人道の基軸とされ続けてきた。江戸時代から伝わる近江商人の「三方よし」や、住友グループの「自利利他」の精神はよく知られている。そもそもこの「自利利他」は、大乗仏教の教えだ。「自己の修行を通じて得られた功徳を、自己の利益のためでなく、ほかの人々の救済のために活用する」ことを意味する。

明治維新で西洋的資本主義の波に飲み込まれそうになる中で、渋沢栄一翁は「論語と算盤」を説いた。昭和に入っても、「経営の神様」と呼ばれた松下幸之助翁と稲盛和夫翁は、いずれも「利他の心」の重要性を説いた。

本書で取り上げた5社も、その志（パーパス）の中軸に、利他を掲げている。しかも、「地球や社会にやさしく」や「ひとびとを幸せに」などという、どこにでもあるような美辞麗句ではない。またＳＤＧｓの17のゴールのような「規定演技」でもない。筆者がパーパスの３要件と提唱している「ワクワク」「ならでは」「できる」を、それぞれの企業らしく個性豊かに織り込んでいる。まさに「自由演技」だ。

中川政七商店の「日本の工芸を元気にする！」。ダイキンの「空気で答えを出す」。カネカの「カガクでネガイをカナエル」。オイシックス・ラ・大地の「これからの食卓、これからの畑」。いずれにも、３つの要件、なかんずく、最も難しい「ならでは」が脈動していることに気づかされる。

なぜか。それは、自分たちがとことんこだわることに基軸を置いているからだ。前述した髙島氏の自問自答、「自分たちは、何のためだったら頑張り続けることができるだろう？」が、それを端的に物語っている。この「何のためか」こそが、利他の精神の本質的な問いかけとなる。少なくとも、自利、すなわち自分が儲かるため、自分が勝ち残るためが目的であってはならない。

一方で、ＳＤＧｓのような当たり前の「ありたい姿」でもない。それは皆が目指すものの、なかなか実現できない未来である。いかにも一神教的で教条主義的、さらに言えば全体主義的な危険すら禁じえない。それに比べて、日本の良質な企業群は、思い思いの未来を目指している。ＳＤＧｓ的な「やらされ感」は、微塵も感じられない。いかにも多神教の日本「ならでは」である。

ただし、それが「思い」だけに留まってしまっては意味がない。「パーパス・ウォッシング（やったふり）」と揶揄される光景である。一方、本気で取り組もうとすると、思い切りコストや投資が必要となる。社会価値を優先すれば、経済価値が犠牲になりがちだ。それでは、CSVはきれいごとに終わってしまう。

CSVを実現するためには、イノベーションが不可欠となる。そしてイノベーションは2つの要件によって成立する。市場開発と事業構想である。そう、カネカやキーエンスの例で語ったXモデルにおける「ツイン・エンジン」だ。この2つのエンジンを組織に搭載することによって、初めてイノベーションが生まれ、二律背反になりがちな社会価値と経済価値を両立することができるようになる。

キーエンスの例に立ち返ってみよう。そもそも同社のパーパスは、「持続的な付加価値創造」である。そして「付加価値」とは「お役立ち」を意味する。すなわち、同社においては「パーパス＝プロフィット」という関係性が、見事に成立しているのである。そしてそのために、「たくみ」から「しくみ」へを起動し続ける「ひきこみ」運動を実践している。

これが日本型CSV実現のカギであり、さらにはシン日本流を構想するうえで、大きなヒントになるはずだ。なぜなら、いまの日本流は利他の精神に富んでいるものの、それを収益に還元する力が弱いからだ。この弱点を克服するためには、市場開発力と事業構想力の抜本的強化が必要となる。この点は、第Ⅲ部でさらに検討することとしたい。

人財という「未」財務資産

日本流経営の2つ目の共通点は、「人を基軸とする（People-centric）」精神を貫いていることだ。ダイキンは「人基軸」経営の代名詞のような企業である。キーエンスも、社員の力を桁違いに引き出すことによって、桁違いの収益力と成長力を持続させている。オイシックス・ラ・大地が、自社独自の哲学（イズム）を社員一人ひとりに実装するためにさまざまな工夫を凝らしていることも、詳述した通りである。

これらに限らない。良質な日本企業は、伝統的に社員を大切にすることで成長してきた。かつて伊丹敬之氏（現一橋大学名誉教授）が、『人本《じんぽん》主義企業』（※62）で喝破した通りである。残念ながら、日本企業の多くはその後、バブル崩壊とともに自信を喪失、アングロサクソン型の株主資本主義に走ってしまう。その顛末が「平成の失敗」の30年であったことは、後ほど改めて振り返ることとしたい。

令和に入り、ようやくその愚に気づいた政府や御用学者、そしてマスコミは、今度はこぞって「人的資本経営」なるものを掲げ始める。その無節操な変わり身の早さに目をつぶれば、人基軸に回帰した点は評価してもいいかもしれない。しかし残念ながら、以下の3点において、大きな落とし穴にはまっている。

まず人を「資本（capital）」、すなわち、利益の元手（resource）だと位置付けてしまっていること。これでは、従来型資本主義の延命策でしかない。言わば資本主義がコスプレした姿である。

人は「資産（asset）」であり、価値の源泉（source）である。単に言葉だけでなく、根底にある考え方そのものを、大きく転換する必要がある。先の5社に代表される日本の優良企業は、時代の風潮に惑わされることなく、本気で人基軸を実践してきた。彼らにとってみれば、いまさらながらの人的資本という発想そのものが、時代錯誤の産物でしかない。

第二に、「人材育成」を第一義に謳っていること。まず「人材」ではなく、「人財」である。人は材料などではなく、財産にほかならないからだ。さらに、「育成」という上から目線で外から何かを与えるのではなく、自発的「成長」を促す仕組みがカギを握る。

はきちがえの典型が、「スキル育成」や「リスキリング」にかまけていることである。もちろん、スキルを磨き、それを磨き直すことは、個人として成長するうえで必須である。筆者が学習優位と呼ぶモデルの個人版だ。しかし、それ自体は個人がみずからの努力で進めるべきことで、会社から与えられるものではない。会社側は、社員の意欲を掻き立て、個人では達成できない大きな志に向かって社員の力を束ねることにこそ、本気で取り組むべきである。

言い換えれば、学習優位の経営に求められるのは、人財育成ではなく、学習する人財が桁違いの成長を遂げていく組織開発である。前掲5社に代表される優良な日本企業は、スキリングやリスキリングのような安易なビジネススクールの物真似などには関心がない。それよりも、一人ひとりが次世代経営者として成長し、そのような人財が協力して大きな志の実現に向かっていく場や仕組みを提供している。この点も、シン日本流経営のテーマとして、第Ⅲ部で改めて取り上げたい。

第三に、人財を「非財務資本」と位置付けていること。財務と関係がないというのは、財務指標にこだわる旧世代の会計学者や、短期投資家の視野狭窄にすぎない。人財は、未来の収益を生み出す最大の資産である。財務指標といっても、貸借対照表（ＢＳ）は過去からの集積、損益計算書（ＰＬ）は現在の瞬間風速を示しているにすぎない。それではバックミラーや近距離の風景は見えても、未来を映し出すことができない。

未来の付加価値を生み出す源泉は、無形資産である。無形資産にはブランドや知財、そして何よりも人財が含まれる。だとすると、これら無形資産は「非」財務ではなく、「未」財務と呼ばなければならない。

もっとも、それを企業価値に反映させるためには、無形資産が将来、どのようなプロセスで財務価値を生み出すかを示す必要がある。先進的な日本企業は、無形資産を基軸とした価値創造プロセスの見える化に取り組んでいるが、多くの日本企業はこの点において欧米企業の後塵を拝している。

ここも、第Ⅲ部で論じるシン日本流経営における掘りどころの一つとなるはずだ。

カギを握る編集力

日本流経営の3つ目の共通点は、いずれも「編集力（Editing Power）」を成長の原動力としていることである。

編集とは、さまざまな事象を素材として取捨選択し、新しい価値をつくり上げるプロセスを指す。単なる「組み合わせ（コンビネーション）」や「掛け合わせ（ハイブリッド）」ではない。「新しい価値」を生み出すこと、すなわち、「守」でも「破」でもなく「混」でもない「離」の世界を、生み出すことである。言い換えれば、筆者が「異結合」と呼ぶ技である。そしてそれはシュンペーターが「新結合」と呼ぶイノベーションの手法を、日本流に「ずらし」たものともいえよう。

日本の歴史をひも解いてみると、古代は中国、近代はヨーロッパ、そして現代は主にアメリカの知識や文化を吸収し、それを日本流に仕立て直し、磨き上げることを得意としてきた。経営においても、韓国や中国からの渡来人や商人を通じて、早くから家内制手工業や貨幣経済を取り入れてきた。江戸時代に、倫理を基軸とした商人道を唱えた石田《いしだ》梅岩《ばいがん》の石門心学《せきもんしんがく》は、儒教、なかでも宋学の流れをくむ天命思想を基軸としたものである。

明治維新以降は、西欧化が一気に進み、石門心学は衰退していく。しかしその中で、日本を代表する経営者は、渋沢栄一の「論語と算盤」に代表されるように、東洋の思想と西洋の技法を取り込み、日本ならではの経営道を確立していった。

第二次世界大戦後は、アメリカ流経営手法が怒涛のように押し寄せてきたが、松下経営学や稲盛経営学は、いずれも日本ならではのこだわりと外来手法を、高いレベルで融合していった。前者であれば水道哲学と事業部制、後者であれば人基軸のフィロソフィーとアメーバと銘打った自律分散型の仕組みである。

まさに古くから唱えられてきた「和魂漢才」、あるいは「和魂洋才」を、経営に織り込んだものといえよう。そしてその流儀は、本書で取り上げた5社のいずれにも共通している。

中川政七商店は、ブランディングという手法で、工芸に込められた魂を現代に蘇らせている。ダイキンやオイシックス・ラ・大地は、M&Aによって異次元の成長を実現していった。その一方で、日本流の人基軸と現場主義を貫き通している。カネカも、欧米流のポートフォリオ経営手法を取り入れつつ、「人間賛歌の経営」をぶらさない。そして、キーエンス。ロジックと標準化を徹底するところは、いかにもバタくさい。しかし一方で、現場の創意工夫を大切にしている。

もちろん、これら5社に限らない。たとえば、武田薬品工業やロート製薬、日立製作所やソニー、ニデックやファーストリテイリングなどは、いずれも外来手法を独自の流儀に仕立て直すことで、超進化を遂げてきている。

英語には「リミックス（remix）」という言葉がある。過去の流行を現代の新しい感覚で再構築し、新しいものとして蘇らせることを意味する。本来は音楽用語だ。最近では「マッシュアップ（mashup）」とも言う。そしてそれはＩＴ用語にもなっている。ウェブ上に公開されている情報を加工、編集して、新たなサービスを生み出すことを指す。前者は時間軸、後者は空間軸の広がりを意識した言葉である。

ある意味で日本人、そして日本企業は、リミックスやマッシュアップに長けた種族だといえよう。もっと言えば、それを言わば「国技」として磨き上げ、世界の中でも独自の存在感を築き上げてきたのである。

国技であれば英語ではなく、日本語で表現したい。そこで「編集」という言葉が思い浮かぶ。編《あ》んで集めることにより、新たな意匠に仕立てていく。ここでカギを握るのが、縦糸、横糸となる時間軸と空間軸だ。ならば日本流とは、そのような編集の技と言い換えることもできる。この「編集力」をさらに守破離していくことで、シン日本流を生み出していけるはずだ。

日本という「方法」

日本的な編集の技法に光を当てたのが、２０２４年に亡くなった松岡正剛氏だ。同氏は「編集工学」という知の新たな地平を提唱したことで知られている。編集という日本ならではの暗黙知を、「工学」という一種のアルゴリズムとして読み解こうとする試みである。

松岡氏は、著書『日本という方法』（※63）の中で、日本は「主題の国」ではなく、「方法の国」だと論じた。あえて「主」を立てず、あらゆるものを受け入れる「方法」に長けていることを指している。多神かつ多仏、天皇と将軍、無常と伊達、仮名と漢字など、例は尽きない。外来文化を吸収し、みずからのものとする過程で、互いに矛盾するものを受け入れ、多様で多義的な社会・文化を築き上げてきた。

この国のよさは、「強さ」や「一貫性」ではなく「一途で多様」なことにあると松岡氏は説く。一途に求めるのは「おもかげ」であり、多様であるのは「うつろい」を受け入れようとするからとも言う。

一見、自己主張のない「弱さ」と映ってしまいがちだ。しかし、松岡氏は、「フラジャイル」すなわち弱いことは深さにつながると、同名の著書（※64）で述懐している。日本という方法は、「一途で多様」であることによって、この「弱さ」を深み、そして強みに変えてしまうのである。

「一途」を「本」、「多様」を「守破離」と読み替えれば、これまで論じてきた日本流の本質とも一致する。そしてそれこそが、日本的な編集力の妙味なのである。

では編集力とは何か。編集工学研究所の安藤昭子社長は、『才能をひらく編集工学』（※65）の中で、編集思考の10のメソッド（型）を紹介している。

①アテンションとフィルター
②連想ネットワーク
③情報の「地と図」
④アナロジカル・コミュニケーション
⑤軸の持ち込み
⑥三点思考の型
⑦アーキタイプ連想
⑧見立ての技法
⑨開け伏せ具合
⑩ヒーローズ・ジャーニー

たとえば、メソッド1の「アテンションとフィルター」。意識をある1点に集中することによって、本質が浮かび上がってくる。ダイキンは、空気という目に見えない大切なものに常に注意を注ぎ続ける。そこから「空気で答えを出す」というダイキンならではの発想が生まれてくる。

メソッド2の「連想ネットワーク」は、日本流イノベーションの基本技である。たとえばオイシックス・ラ・大地は、食から農へ、さらに健康、女性活躍、地方創生などへと関係性の輪を広げることによって、業態をダイナミックに進化させている。

あるいは、メソッド7の「アーキタイプ連想」。元型に立ち戻ることによって、そこから発想を豊かに膨らませていく手法だ。中川政七商店では、編集工学研究所と共同で「工芸クロニクル」を編み、工芸のルーツと変遷をたどっている。

では、メソッド8の「見立ての技法」はどうか。ロジックではなく、「アナロジック（類推）」を大切にする思考法である。カネカは「化学」を化ける力と読み替える。そしてそこには、さまざまな地球規模の課題を解決する無限の可能性が潜んでいると発想する。

キーエンスは、これら10のメソッドをフル活用していることが分かる。一つずつを説明することは紙幅の関係で控えるとして、たとえば、一番分かりにくいメソッド9の「開け伏せ具合」を取り上げてみよう。安藤氏はこれを、「伏せることで、想像力を触発し、好奇心を引き出す」技法と説明している。

「型」にはめること、無駄を徹底的に排除することが、キーエンスの流儀である。一見、すべてが筋書き通りに進み、そこに「余白」が入り込む隙間など、まったくないように思える。しかし、それだけでは「守」を再生産することはできても、「破」や「離」を生む余地がなくなってしまう。

キーエンスは、効率化の結果、生まれた余白を大切にする。現実の商談は、規定演技の通りに進むわけではない。そこでは真剣勝負の自由演技が求められる。型を体得すること（開ける）

で、型から自由になる（伏せる）。そこに新しい技が生まれ、それをまた型に加えることによって型が進化していく。これこそが、キーエンス流の真髄なのである。

このように、これらの編集思考を駆使することで、原点（おもかげ）にこだわりながら（一途）、そこに留まらず（うつろい）、無尽蔵な未来の可能性（多様）を拓くことが可能になる。編集力は、松岡正剛氏や安藤昭子氏が語るように、日本古来の思考法である。日本流の「本」ともいえよう。それを「守破離」していくことで、シン日本流へと進化させていくことができるのではないだろうか。

「擬態経営」からの脱却

ここまで見てきたように、日本流経営は優れた元型を持ち、利他心、人基軸、編集力という日本ならではの「本」を軸に守破離を繰り返し、世界において存在感を示してきた。では、なぜ多くの日本企業がそれを見失い、平成、令和という2つの時代を通じて競争力を低下させ続けることになったのか。第Ⅲ部でシン日本流を論じる前に、失敗の本質を理解しておく必要がある。

松岡正剛氏は、いまから四半世紀も前の著書『日本流 なぜカナリヤは歌を忘れたか』(※66)で、迷いの中にあって将来が見通せない日本を憂い、本来の姿を取り戻す可能性について論じた。「かなりや」は、ご存じ、西条八十の作詞で知られる大正時代の童謡だ。1番から3番までは、「棄てましょか」「埋めましょか」「ぶちましょか」という物騒な問いが続く。しかし4番では、次のような歌詞で締めくくる。

唄を忘れた　かなりやは
象牙の船に　銀の櫂《かい》
月夜の海に　浮かべれば
忘れた唄をおもいだす

＊『かなりや』作詞　西条八十／作曲　成田為三

日本は日本流という独自の歌を忘れてしまったと嘆く一方で、自分の居場所をしっかりと見つければ、「多様で一途」な精神を取り戻すのではないか。その松岡氏の主張は、刊行当時よりさらに重みを増している。

経営の現場でも、同じことが当てはまりそうだ。冒頭にも触れたように、「ジャパン・アズ・ナンバーワン」と持ち上げられたのもつかの間。バブル崩壊とともに、一気に自信喪失に陥り、先述した「人本主義」は、昭和の古い経営モデルとして封印されてしまう。そして、アメリカ流の株主至上主義に思い切り舵を切っていった。まさに、日本流の歌を忘れていったのである。それが「平成の失敗」の30年間と重なったことは、けっして偶然ではないはずだ。

現場力（オペレーション・エクセレンス）という伝統芸だけに頼っていたのでは、非連続な時代には通用しない。しかし、だからといって、アメリカ流の経営モデルを取り入れるだけでは、日本企業ならではの未来は拓けない。日本流が本来のパワーを発揮していれば、そのような失態には陥らなかったはずだ。日本流とアメリカ流を異結合させ、シン日本流の確立を目指すべきだった。

しかし、日本流を封印し、「世界標準」モデルを取り入れようとした結果、平成の失敗を招いてしまったのである。そもそも世界標準というものは、世の中に存在しない。拝米主義的な日本人が、アメリカ流をたまたまそのように呼んだだけだ。

しかも、そのアメリカですら、優良な企業の間では行き過ぎた「拝金」主義を猛省し、むしろ日本的な利他心や共生の思想を学ぼうとする機運が高まっている。その中で、言わば20世紀的なアメリカ流にすがろうとする卑屈な姿勢は、時代錯誤きわまりない。

それを「平成の失敗」として、すませているわけにはいかない。令和に入ってなお、この悪癖を繰り返しているからだ。取り返しがつかなくなる前に、我々は日本流の本質を取り戻し、それをシン日本流にアップデートさせる知恵を発揮しなければならない。

2022年から2023年にかけて、筆者は他の識者を交えた「平成日本企業の失敗、背景と教訓」という研究会に参画した。多様な見方が交錯したが、その主な論点が日本経済新聞の「経済教室」上に3回シリーズで掲載された。筆者は第2回を担当し、「『擬態経営』から脱却せよ」と題した提言（※67）を発表した。この短い論文を読み解きながら、「平成の失敗」の本質に迫ってみたい。

Xモデル再考

まず、「平成の失敗」の第一幕を、次のように総括した。

2012年、財務省の肝煎りで「競争力強化に関する研究会」が発足した。筆者も参画し、平成の成功企業の分析を踏まえた次世代経営モデル「Xモデル」を提示した。「現場力」、市場創造力と収益獲得力からなる「成長エンジン」、「経営変革力」の3層で構成されるモデルである（図10－1）。

周知の通り、日本企業の伝統的な強みは現場力にあった。右肩上がりの時代はそれでよかったが、先が不透明になった平成期には、それだけでは迷走してしまう。非連続な成長に向けて、新たな成長エンジンと経営変革力が必要となる。

これらの上部構造を構築できた一握りの企業は、平成期に急成長していった。キーエンス、

図10-1

次世代成長のための「Xモデル」

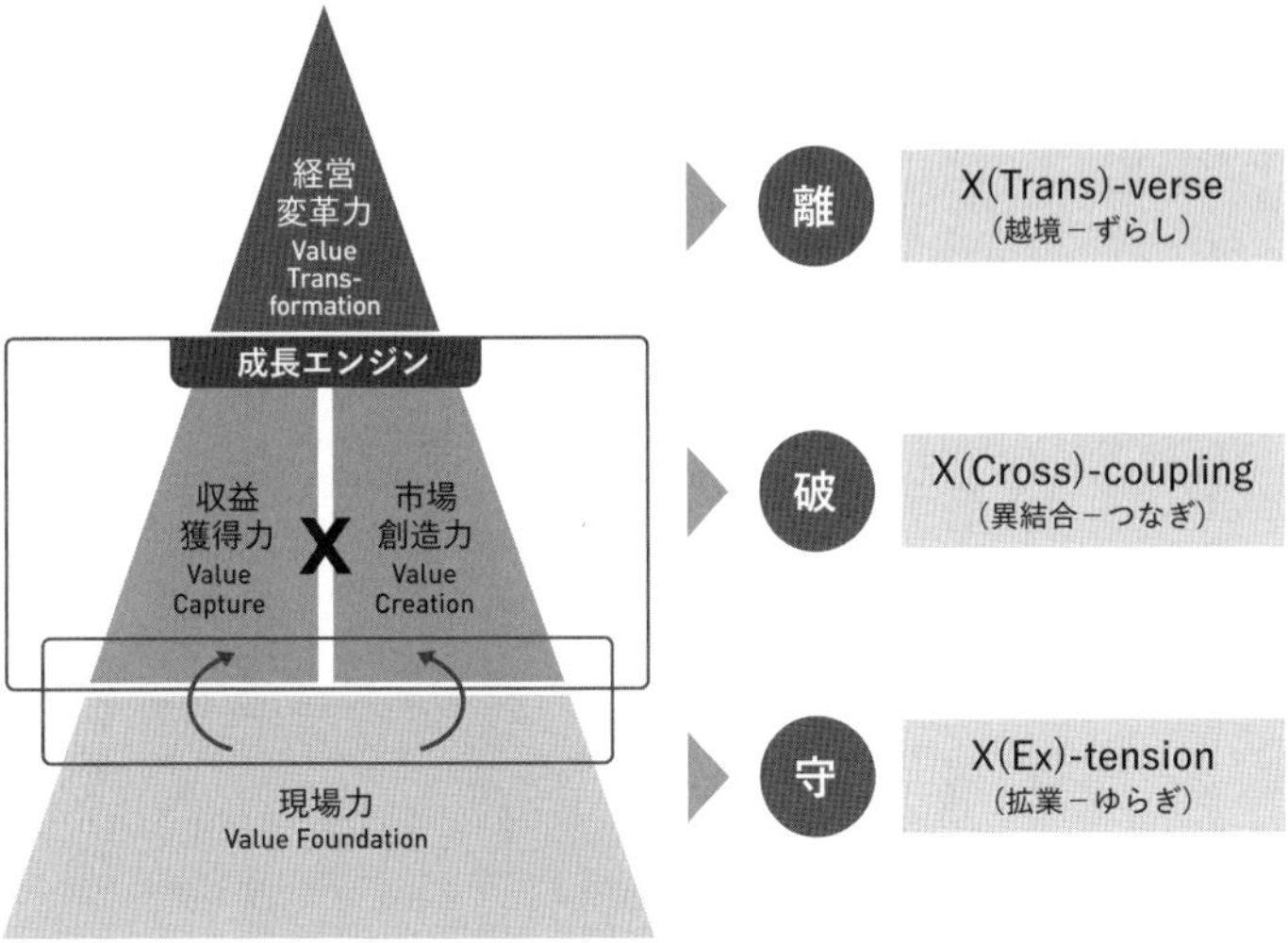

現場力を基盤に、収益獲得力と市場創造力を成長のエンジンとして、経営変革力によって大きくスケールまたはピボットさせる「Xモデル」。

出所：名和高司（2013）を一部修正

リクルート、ファーストリテイリング、ニデック（旧日本電産）、ユニ・チャームなどだ。いずれも現場力を自社特有の成長エンジンに型化し、不断の経営変革を実践していくことで、常に進化し続けている。ここが現場のカイゼンに明け暮れていた多くの企業との本質的な違いだ。

2つの上部構造のうち、成長エンジンの構築こそが経営変革にとっても中心課題だ。だが研究会では、それは各企業で取り組むべき課題とされ、政策としては経営変革力を外から後押しするガバナンス（統治）改革に論点が絞られた。それが後にアベノミクス「第3の矢」の一つとして結実した。

ここで論拠にしているのが、前述したXモデルである。拙著『失われた20年の勝ち組企業100社の成功法則「X」経営の時代』(※53)で提唱したものだ。経営を4つの構成要素からなる複雑系としてとらえている。

当時は「失われた20年」といわれていた。しかし、その失敗のパターンを分析しても、正しい答えは見えてこない。解剖学者・養老孟司氏が語るように、死体解剖からは動態としての生命を学ぶことはできないのだ。

そこで筆者は、その期間に超成長し続けている企業100社から共通項を括り出した。ただし、このモデルのキモは、それぞれがバラバラに存在するのではなく、タイトな関係性を保っている点である。「分ける」だけでなく「結ぶ」ことにこそ、動態としての生命の本質が潜んでいるからだ。

たとえば経営変革力は、現場から切り離してしまうと、外部構造としての形式的なガバナンス改革に終わってしまう。また、2つの成長エンジンは図に示したように、現場の知恵を型化することで生み出されるものである。

残念ながら、日本企業の多くは、ここをはき違えてしまった。その結果、より深刻な事態に陥っていく。

「平成の失敗」第二幕

こうして、平成の失敗は第二幕を迎える。そして、それは現在も続いている。「令和の失敗」の序幕である。前掲の拙論をさらに読み進めていこう。

それから10年、平成最後の5年から令和最初の5年にかけて成果はどうだったか。結論から言えば、ガバナンス改革は形だけにとどまり、経営変革力はもちろん、成長エンジンも実装されていない。肝心の現場力すら失速している。これでは平成の失敗を令和に持ち越すだけになってしまう。

どこで間違ったか。3層構造の中身を点検しよう。

まず経営変革力を後押しするはずだったガバナンス改革。独立社外取締役を増やし、報告書の中身や投資家との対話を充実させるなど、形のうえでは進展したかのように見える。しかし多くの企業では、抜本的な経営変革は機動していない。

そもそも「外付け」の変革では経営の中身は変わらない。執行サイドの自己変革を促せない限り、ガバナンスは形だけに終わる。「セルフガバナンス（自治）」こそが良質な経営が目指すべき姿だ。日本のガバナンス改革は典型的な「擬態（カモフラージュ）病」の症状を呈している。

次に成長エンジンはどうか。こちらは平成期にも日本の弱点と考えられ、外来モデルを次々と導入してきた。競争戦略、ブルーオーシャン（未開拓市場）、破壊的イノベーション（技術革新）など枚挙にいとまがない。いずれも熱心に移植しようとするものの、日本企業の強みに根差さない限り、現場には実装されない。

令和になってもなお、コーポレートベンチャー、両利きの経営、ジョブ型などの欧米モデルが、季節風のように吹き荒れている。しかし実態は極めて表層的な真似ごとにすぎない。重い「舶来病」に侵されている。

では、強みだったはずの現場力はどうか。こちらは現場の「たくみ」に依存し続ける結果、デジタル化が進まず、生産性が劣後し始めている。外来型のデジタルトランスフォーメーション（DX）を取り込もうとするが、今までの「しくみ」をデジタル（D）に置き換えようとするだけで、しくみそのものの変革（X）には踏み込めていない。

最近、人財の重要性が再認識され始めているが、それがたくみの技にとどまっている限り、デジタル時代の指数関数的な成長は期待しようがない。慣れ親しんだやり方にこだわる「風土病」だ。

賞味期限の切れたアメリカ流に、次々と飛びついてしまう舶来病。そして、実はこれまでの作法を捨てきれない風土病。その両方が複雑骨折を起こして、「擬態（カモフラージュ）病」となって表れてしまっている。それが「平成の失敗」第二幕の本質である。

「変身」は英語でディスガイズ（disguise）、「変装」ともいう。いま風に言えば、「コスプレ」である。被り物を変えるだけで、実は中身は元のままだ。もっとも、明治維新の頃、ちょんまげに背広姿だった日本人に比べれば、コスプレに長けた最近の日本人は、変身術が板についてきた感はあるが。ただ、よく見るとその滑稽さは変わっていない。

「変身」ではなく、「変態」を目指さなければならない。英語でメタモルフォーゼという。実体そのものが質的に変化していく様を指す。オタマジャクシがカエルになるプロセスだ。いや、幼虫がさなぎになり、そして蝶となって飛び立っていくと言ったほうが、美しいかもしれない。

いずれにせよ、被り物の「変身」ではなく、本質的な「変態」を目指す必要がある。それが「日本流」にこだわる（守＝風土病）だけでもなく、「アメリカ流」に飛びつく（破＝舶来病）だけでもなく、シン日本流へと超越していく（離＝変態）ための第三の道である。

「シン日本流」への道

では、どうすればシン日本流を切り拓いていくことができるのか。拙論は、ここでも日本流の守破離を進化のパワーとして駆動させることを提言している。

平成の失敗の繰り返しからいかに脱却するか。表層的な外部構造ではなく、経営者自身が現場を基点とした内部構造の変革に本気で取り組む必要がある。

まず現場のたくみの知恵を型化する。センサーを活用して「ライフログ」化し、人工知能（AI）で動きを解析することで早く習得できる。一方、現場の最前線では次のたくみを生み出し続けることで、進化のスピードアップが可能となる。

次に成長エンジンの構築と進化に取り組む。型化した現場のたくみを、市場創造と収益獲得のしくみに落とし込み共有することで、スケールアップが可能になる。各企業独自の成長エンジンは、現場のたくみのしくみ化から生み出される。

たとえばキーエンスでは、営業の現場のセールストークや問診表、投資対費用効果試算ツールまで、市場創造のしくみとして整備されている。またリクルートでは、新たな事業を0から1、1から10、10から100へとスケールアップさせる独自の収益獲得方程式がしくみ化されている。

これらの基盤が整ったうえで、経営変革力を実装していく。そのために取り組むことは2つある。

まず非連続な未来に向けて志（パーパス）を高く掲げることだ。そしてそれを行動原理（プリンシプル）に落とし、日々実践（プラクティス）していく。筆者はこれを「3Pモデル」と呼んでいる。ファーストリテイリングやユニ・チャームは、この3Pモデルを実装することで、非連続な成長を駆動し続けている。

2つ目は事業の新陳代謝を加速することだ。ニデックは国内外72社のM&A（合併・買収）を成功させ、指数関数的な成長を実現している。一方、2008年のリーマン・ショック時に危機に直面した日立製作所は、令和に入ってM&Aだけでなく企業売却を積極的に仕掛け、事業ポートフォリオを大胆に入れ替えている。

「失われた30年」という自虐的なムードに浸るのはそろそろ終わりにしたい。この期間に大きく次世代成長を実現している日本企業がいるのだから。成功企業からの学びは次の3点だ。

第1に日本企業の強みの源泉である現場のたくみの技を磨き抜くことだ。現場発の学習と脱学習のサイクルをこれまで以上に速く回し続けなければならない。

第2に現場の技をしくみに吸い上げることだ。そこに新しいたくみを組み込むことで「進化するしくみ」を実装していく。普通の企業がコンサルタントの理念的なモデルに頼りがちなのに対し、良質な日本企業は現場の知恵から独自の成長エンジンを創発している。

そして第3に経営が大きな志（パーパス）と強い覚悟を持って、内側からの企業変革を仕掛けていくことだ。変革に向けた現場のやる気を高めるのは、危機感ではなく「志命感」であることを忘れてはならない。

この3つの技は、実は日本の伝統芸である「守破離」に通じるものでもある。現場における型化は守、成長エンジンの進化は破、そして経営改革は離である。

では平成の失敗を繰り返さないための最大の心得は何か。守破離を唱えた茶道の達人・千利休は「守り尽くして破るとも離るるとても本を忘るな」と戒める。理念先行ではなく、常に現場に立ち返ること。それが令和時代のシン日本流経営の流儀となるはずだ。

以上、「平成日本企業の失敗 『擬態経営』から脱却せよ」と題した拙稿から引用した。

学習と脱学習のサイクルを加速させること。その言わば求心力（同質化）と遠心力（異質化）の運動論を通じて、新たな地平が広がっていく。

第Ⅲ部ではいよいよ、そのような異次元の学習優位論に踏み込んでいきたい。

「志本主義」の現在地

資本主義の限界が叫ばれている。環境破壊は目を覆うばかり。「富の偏在」は加速する一方だ。

2021年1月に開催された世界経済フォーラムの年次総会（通称「ダボス会議」）では、「マルチステークホルダー資本主義」が標榜された。行き過ぎた株主資本主義から脱却し、顧客、従業員、取引先、地域社会などへも配慮しようという呼びかけだ。日本でも同年、岸田内閣が「新しい資本主義実現本部」を発足。「成長と分配」の好循環を高らかに掲げた。

こうして資本主義陣営は、修正を通じて何とか資本主義の延命を図ろうとする。しかし、そもそも資本、すなわち「カネ」を中心（本《もと》）とするシステムそのものを見直す時期に来ているのではないだろうか。

日本の近代経済の父・渋沢栄一は、目指すべき姿を「合本主義《がっぽんしゅぎ》」と呼んだ。カネだけでなく、ヒトを集めて社会を繁栄させていくという理念だ。また、1980年代後半に伊丹敬之氏は、昭和時代の日本流の成功モデルを「人本主義《じんぽんしゅぎ》」と名付けた。ヒト（従業員）を基軸とする経営である。

ただし、ヒトの願望には二面性がある。欲望（Ambition）と希望（Aspiration）だ。『自由からの逃走』（1941年）で有名な社会心理学者エーリッヒ・フロムによれば、欲望は自分が持っていない何かをほしがることで、希望は「自分がどうありたいか」を求める思いを指す。

言い換えれば、欲望は外のものを求め、希望はみずからの内から発露する。欲望は成長の原動力になる一方で、限界を超えて（リミットレス）暴走しやすい。他方、希望は利己的な成長ではなく、よりよい社会や生活を目指そうとする。そのような希望を中心に据えた次世代成長モデルを、筆者は「志本主義」と呼ぶ。

希望をあえて「志」という言葉に言い換えているのには理由がある。「志」は「士」の心と書く。「士」は、武士や、いわゆる士業（弁護士や税理士などの専門家）だけでなく、「道を究める人」を指す。そして、日本人は古来、本業のみならず、武道や茶道などのたしなみの世界においても、「道」を歩いて匠《たくみ》を磨き続けることを重んじる。

シン日本流を構想するうえで、資本主義から志本主義への発想の転換がカギを握るのではないだろうか。「志」の力については、第Ⅳ部でも取り上げることとしたい。

エシックス経営のシン三位一体

2021年に筆者は『パーパス経営』(※68)を上梓した。その「はじめに」でも書いた通り、本来は「志」という日本語にこだわりたかった。しかし、日本から世界に発信するという意味で、あえて「パーパス」という英語を使うことにした。

そして「志本主義」の思想をグローバルに広げるうえで、「パーパシズム(Purposism)」という新語を提唱することにした。まだ英語の辞書などには掲載されていないが、徐々に使われ始めている。

「パーパス」を掲げることは、いまや世界的な潮流になっている。まさに「パーパス狂騒曲」とでも呼ぶべき盛況ぶりである。それ自体は、パーパスを仕掛けた一人として喜ぶべきことなのかもしれない。

しかし、実際には大変心配になってくる。立派なパーパスを謳いながら、それだけで終わっている企業が後を絶たないからだ。それでは、ひと頃のESGウォッシングやサステナビリティ・ウォッシング同様、形だけパーパスを掲げる見せかけのパーパス・ウォッシングに終わってしまう(ウォッシュには「メッキ」の意味がある)。

パーパスは未来の「ありたい姿」である。言わば「きれいごと」にすぎない。それを実践しようとすると、途端に現実の壁に直面する。そうでなければ、とっくに実現されているはずである。パーパスを実践に移そうとした瞬間に、「できない理由」が厳然と立ちはだかるのだ。

パーパスを実践（プラクティス）に移そうとする時、この理想と現実のギャップをいかに埋めるかが本質的な課題となる。現実の問題は、あちらを立てればこちらが立たず、という二律背反に陥りやすいからだ。

たとえば、CSVをパーパスで謳っていても、実際には社会に還元するのか、それとも自社の利益とするのか、判断を求められる局面がほとんどである。また、マルチステークホルダー主義をパーパスで掲げる企業であっても、実際には顧客と社員、あるいは株主の中で、誰の便益を最優先するのかという判断を迫られるケースが後を絶たない。

現実の世界でパーパスを実践（プラクティス）するためには、さまざまな場面において判断するための軸が必要となる。それを筆者は、「プリンシプル（原理原則）」と呼んでいる。パーパスという「きれいごと」をプラクティスするためには、プリンシプルが不可欠となる。

パーパス、プラクティス、プリンシプルの3つのPを、筆者はエシックス（倫理）経営の「シン三位一体」と名付けている（図10－2）。詳細は、『エシックス経営』（※69）をご参照いただきたい。

図10-2

エシックス経営のシン三位一体

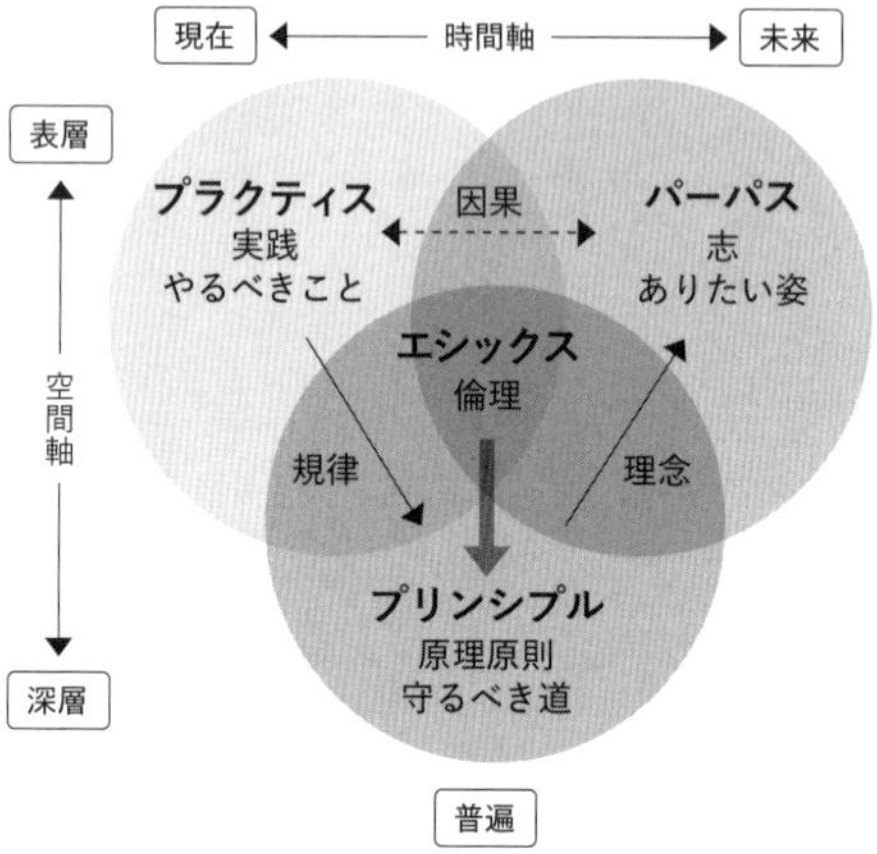

パーパスを実現するためには、エシックス(倫理)を日々のプリンシプル(原理原則)にまで落とし込み、プラクティス(実践)することが求められる。

出所:名和高司(2024)

身体知への落とし込み

プリンシプルを、バリューズ(価値観)やカルチャー(文化)と呼び換えてもいいだろう。ウェイ(道)と呼ぶところ(たとえば、トヨタやコマツ)もあれば、フィロソフィーと呼ぶところ(たとえば、京セラやJAL)もある。何と呼ぶかは好みであり、どうでもいい。重要なことは、経営者、そして社員の一人ひとりがそれを自分ごと化し、実践しているかどうかだ。そうなると、ほとんどの企業が途端に怪しくなる。

たとえば、「誠実」や「挑戦」などという精神を掲げている企業が多い。もちろん立派な掛け声だ。しかし、それは「ありたい姿」でしかなく、実際のビジネスの局面では実践できていないケースが少なくない。

同様に「誠実（インテグリティ）」というきれいごと。きちんと定義できているケースは稀である。まして現実において、誰にどのような行動をとることが誠実なのか、その場合にほかのステークホルダーに対してどう誠実でありうるのか。こうした判断において、正しい答えを出すことはけっして簡単ではない。

また、「挑戦（チャレンジ）」というきれいごとを掲げている企業ほど、実際には挑戦しきれていないというのが実態である。だからあえて、「挑戦」を焚きつけなければならないのだ。しかし、そのためにはどのようなリスクをどのようにとり、それが当初の目論見通りとならなかった場合に、どのように対処するか。この点が明らかでない限り、結局のところ挑戦には慎重であり続けるか、逆に無謀な挑戦に走ってしまうことになる。

プリンシプルがきれいごとや掛け声に終わってしまうようでは、プラクティスの役には立たない。どのような局面で、どのようにプリンシプルに基づいて判断して行動するかを、一人ひとりの身体にしっかり実装する必要がある。そのような身体知、実践知のレベルまで落とし込めて、初めてプリンシプルは生きた知恵となる。

禅においても、武士道においても、「身心一如《しんしんいちにょ》」が目指される。真の知識は実践の中から生まれ、身につく。日本が古来大切にしてきたこの流儀を、パーパス経営においても実装していく必要がある。

「額縁パーパス」を掲げるだけでは、日本流に言えばまさに「もったいない」。パーパスというありたい姿に向けて、日々変革を実践していくことで、次世代成長を実現できる。その際には、経営者も現場もプリンシプルを起点に判断し、行動するという癖を、心と身体にしっかり覚え込ませることがカギとなる。

筆者はこれまでに、１００社を超える企業のパーパス策定と浸透をお手伝いしている。「パーパスおじさん」を自称してきたが、最近は「プリンシプルおじさん」に鞍替えしている。パーパスは、実践（プラクティス）されてこそ価値がある。そしてそのためには、一人ひとりが改めて「プリンシプル」に立ち返らなければならないはずだ。

持続する志

「Practice makes perfect」という英語のことわざがある。「継続は力なり」と訳されることが多い。プリンシプルも、まさにプラクティスを繰り返すことで、身についていく。しかし、実は「パーフェクト」という最終の姿には、いつまでも到達することはない。日本流の武道や芸能にも「段級位」があるが、10段という最高位に上り詰めることはない。

道元禅師は主著『正法眼蔵《しょうぼうげんぞう》』の中で、「道無窮」を唱えた。「道は窮《きわまり》なし」と読む。道はどこまで行っても終わりはないという意味である。道元は「仏道」のことを語っているが、これは日本流の「○○道」にはすべからく当てはまる教えである。

「パーパス道」も同じだ。シリコンバレーでは、「MTP（Massive Transformative Purpose）」という言葉が好んで使われる。「巨大で革命的なパーパス」という意味だ。「北極星」とも呼ばれる。筆者は、これを「星座群（Constellations）」と読み替えている。

そもそも北極星は、北半球でしか見えない。しかも、「不動の一点」である。それだと、画一的で全体主義に堕してしまう。それより、好きな星座を思い思いに心に描き、そちらを目指していくほうが、ずっと多様性に満ちている。同じような方向であれば、少なくとも途中まではほかの「同志」たちと一緒に向かえばよい。

目的（パーパス）の星にたどり着いたとしても、そこではまた、行きたい星がはるか先に広がって見えるはずだ。いま掲げているパーパスは、けっして最終ゴールではない。一時の経過地にすぎず、その先へとつながっていく。

パーパスという言葉の語源をひも解くと、ラテン語の「pur（前に）」と「pose（置く）」という言葉が組み合わさったものだという。「物事を達成するために目の前に置く」ことから、「目的」を意味するようになったらしい。だとすれば、目の前に置くパーパスは、次なる高みへと進化し続けてもいいはずだ。

たとえば、パーパス経営の先進企業として有名な味の素。2018年には「食と健康の課題解決」をパーパスとして掲げ、その実践を通じて、企業価値を2年間で3倍以上に高めた。

そして2023年には、「アミノサイエンスで人・社会・地球のWell-beingに貢献する」という新たなパーパスを宣言。進化し続けている過程で、目指す姿が「食と健康」だけでは収まりきらなくなったからだ。2015年から8年間、同社の社外取締役として伴走してきた筆者にとっても、5年でパーパスを刷新する初めての経験となった。

それにしてもやはり、パーパスという横文字より、「志」という大和言葉のほうがしっくりくる。志、「士の心」には終わりはないからだ。

シン日本流を目指す旅路は、資本主義から志本主義への宗旨替えが求められる。その際にはぜひ、パーパスも志に鞍替えしたいものだ。日本企業の志は、まだ道半ばである。しかし、それが志の本質でもある。

筆者が敬愛するノーベル賞作家・大江健三郎は、30歳代に『持続する志』(※70)というエッセイ集を出している。当時は、ヒロシマや沖縄、核や憲法などがテーマだった。半世紀以上が過ぎたいま、社会課題はより複雑で、深刻化の一途をたどっている。志が達成される日は、永遠に来ないだろう。

しかし、だからといって志半ばであることを悲観して暴走（超成長路線）したり、逆に現状逃避（脱成長路線）に走る必要はない。「持続する志」を持ち続け、さらにそれをアップデートし続けること。それをシン日本流の流儀として定着させ、世界に広げていくことを、ぜひ心掛けたいものである。

第III部

シン日本流経営とは

「我々の力と云うのは、破壊する力ではありません。造り変える力なのです」

『神神の微笑』芥川龍之介

「シン〇〇」という言葉は、まさに「シン日本語」となっている。火付け役は、庵野秀明監督だ。まず『シン・ゴジラ』（2016年）が大ヒット。その後も『シン・エヴァンゲリオン』（2021年）、『シン・仮面ライダー』（2023年）と、「シン」シリーズを立て続けに打ち出している。

経営の世界で「シン」ブームを巻き起こしたのは、安宅和人氏の『シン・ニホン』(※71)だ。「AI×データ時代における日本の再生と人材育成」という副題のついた本書は、まさに「シン」という名にふさわしい名著である。

一方、ウリケ・シェーデ氏の『シン・日本の経営』(※72)が話題となったことも、記憶に新しい。もっとも、同書は日本のディープテック（社会課題の解決など、社会にインパクトを与える科学的発見や革新的な技術）に注目するだけで、日本をよく知る者にとって「シン」味はまったくない。

シェーデ氏の書籍に先立って、『シン・日本的経営』(※73)というムック本が出版された。作家、学者、経営者など、各界識者のインタビューのアンソロジーとなっている。こちらのほうは、本質に迫った問いかけが幾重にも織り込まれている。その中で筆者も、「企業は欧米流の経営手法とどう向き合うべきか」と銘打った章に登場している。ちなみに結論から言ってしまえば、欧米流を世界標準などという卑屈な呼び名で崇めてはならない、と論じている。

これらで使われている「シン」は、「新」を意味することは言うまでもない。「次世代」と言い換えることもできる。「異次元」とまで言うほどの革新性はない。これまでの伝統を受け継ぎつつ、バージョンアップを図るイメージだ。冒頭の芥川龍之介の言葉を借りれば、「破壊」ではなく「造り変える」ことを意味すると言ってもいいだろう。


そしてそれが、「日本流」という次の言葉につながる。日本的でも、日本式でもなく、「日本流」という表現にこだわりたい。なぜなら、これまで論じてきた日本特有の「流儀」を指すからだ。

オックスフォード言語学辞典によれば、流儀とは「技能・芸術など、その人・家・派などの独得のやり方・しきたり」を指す。英語では、スタイルやモードと訳されるようだが、それでは少々軽すぎる。むしろ、ウェイ（道）と読み替えたほうが、しっくりくるのではないか。

さらに言えば、DNAのように身体に深く刻み込まれたものでもある。したがって、被り物やコスプレのように簡単に取り替えられるものではない。新しくするためには、表面的な「変身」ではなく、「変態」が求められるのだ。

図III-1

「シンカ」のマンダラ

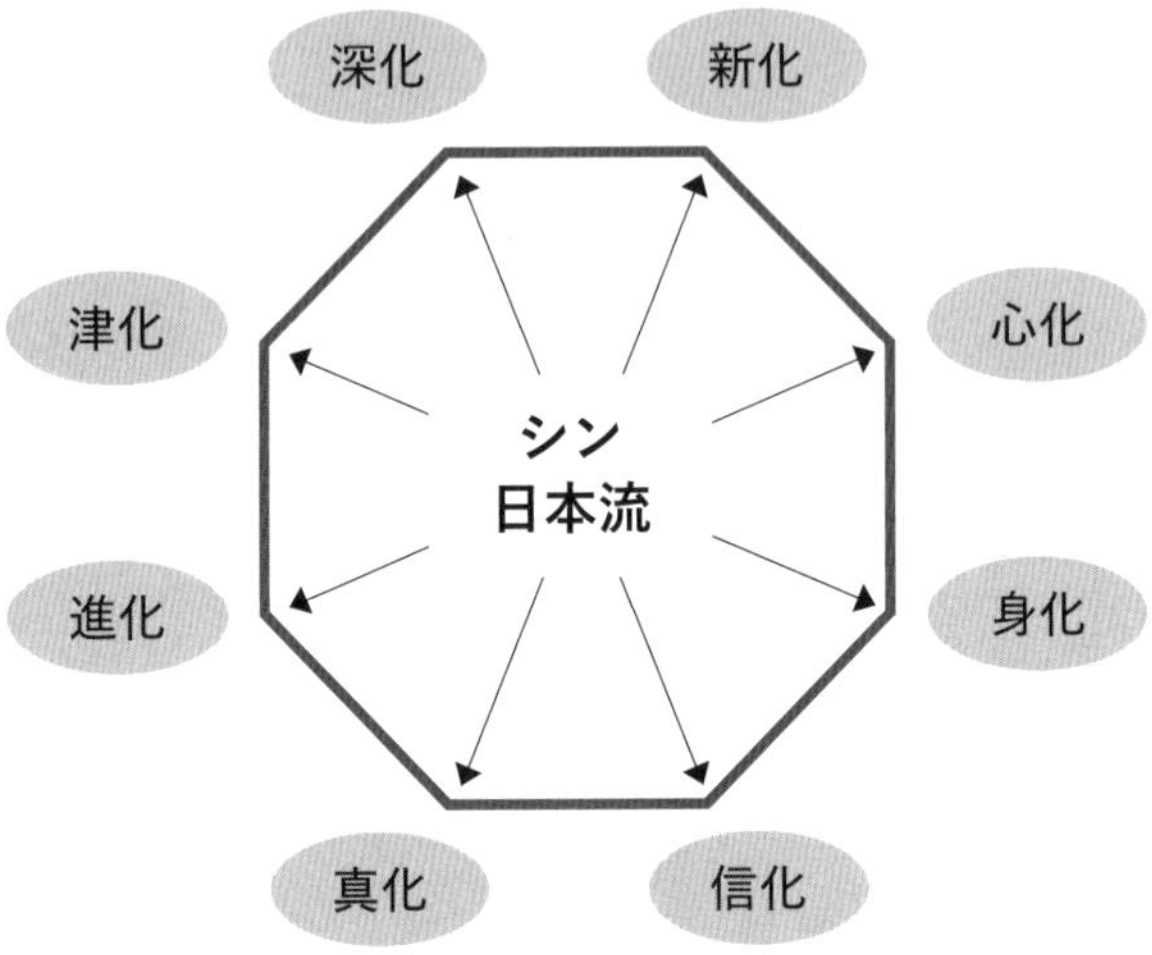

ここからは、私が考える「シンン」についての考察を深めていきたい。なぜなら「シン」は、「新」を意味するだけではないからだ。

実は「シン・ゴジラ」にも、「新」以外に、「震」「神」「真」という3つの意味が重ねられているという。放射能を帯びたゴジラの出現は、東日本大「震」災による核災害を彷彿とさせる。ゴジラが文明都市を破壊する姿は、驕った人間への「神」の怒りを暗示している。そしてそれを最新のCG技術を駆使することで、観客の「真」に迫ってくる。

『大漢和辞典』(大修館書店)によると、「シン」と読む漢字は1

27文字あるという。これで驚いてはいけない。「コウ」と読む漢字がなんと2647文字もある。とはいえ127文字でも、とても本書では解説しきれない。

本章では、「シンカ」の多段活用をご披露したい。

「深化」と「新化」、「心化」と「身化」、「信化」と「真化」、そして「進化」と「津化」だ。ほかにも、「伸化」「森化」「神化」などと続けていきたいところだが、紙幅の都合上、この8段活用にとどめておくこととしよう（図Ⅲ－1）。

第11章 掘り下げる力「深」化と「新」化

まず「深」化から始めたい。わき目もふらずに、一つのことをとことん深めていく。するとそこに、新たな世界が開けてくる。「深」化が「新」化につながるのだ。この一見、パラドキシカルな「壁抜け」こそが、持続的なイノベーションの妙味である。

このような形で進化し続けている企業群を、拙著『超進化経営』(※10)の中では「深耕(カルト)」型と呼ぶ。そして超進化を続けるトップ50社中の半分以上が、この型であることを論じている。

日本ではいまだに「両利きの経営」が、まことしやかに崇められている。既存の事業は深掘りし、一方で新しい事業を探索するという手法だ。しかし、それでは新規事業が大きくスケールするわけがなく、肝心の既存事業はますます先細っていく。本場のアメリカでは、いまでは見向きもされていない。そもそも投資家の目線にまったく合っていないからだ。

ウォーレン・バフェットに代表されるバリュー投資家(企業本来の価値に対して割安な対象を購入する投資家)は、既存の事業の強みを徹底的に究める企業にしか興味がない。既存企業の「探索」活動は、価値破壊（バリュー・ディストラクション）と見なされる。資産の無駄遣い以外の何物でもないからだ。

一方、ピーター・ティールに代表されるグロース投資家（企業の利益成長を重視する投資家）は、新規事業にしか興味がない。ただし、投資先は必死でスケールアップとスピードアップを図っているスタートアップに限る。既存事業にあぐらをかく大企業の「探索ごっこ」は、大化けする可能性が極めて低いからだ。

それにもかかわらず、なぜ日本ではいまだに新規事業探索病がはびこっているのか。資本市場がまだ十分に機能していないことも一因だろう。しかしそれ以上に、経営者にとってこれほど楽な話はないからだ。既存事業はただ深掘りを続け、それとは別に新規事業を片手間で探索する。一見、まったくリスクがなさそうに思える。経営は大きな決断を迫られずにすむ。

しかし、リスクのないところにはリターンはない。100年前にイノベーションを唱えたシュンペーターは、「創造的破壊」こそがカギだと看破した。既存のものを破壊し、そこから新しい価値を創造していくことによって、イノベーションがたゆみなく生み出されていくと唱えたのである。

ただし「破壊」は一見勇ましいが、リスクが高すぎる。芥川龍之介の言うように、「造り変える力」こそが日本流の真髄である。そしてそれが、深化を新化に反転させる力でもある。

「井戸掘り経営」の尽きない探究心

「造り変える力」の体現者が、ニデック（旧日本電産）を創業した永守重信氏だ。筆者が教鞭を執っている京都先端科学大学の創始者でもある。ニデックは2023年、創業50周年を迎えた。売上高は2兆円を突破。これまでに国内外合わせて70社以上を買収し、すべてを成功させるという神業的な実績を誇る。

事業領域は「モーター」に絞り込んでいる。その適応領域は、ハードディスクドライブ、スマートフォン、家電、産業機器、EVと多岐にわたる。まさにモーター一筋で世界トップの座をつかんだ。しかもモーターの市場は、医療機器、ロボット、空飛ぶ車など、今後とも指数関数的に広がっていく。2030年の売上高10兆円を目指して、進化し続けている。

一カ所をあきらめずに深掘りしていけば、いずれ新しい鉱脈や水脈にたどり着く。永守氏はそれを「井戸掘り経営」と呼び、永守三大経営手法の筆頭に掲げる。ちなみにほかの2つは、「家計簿経営」「千切り経営」だ。詳細は、拙著『稲盛と永守』(※74)をご参照いただきたい。

永守氏は幹部研修の際に、次のような話をする。

「子どものころ、母親は自分を背負って、毎朝、井戸に水汲みにいった。そんなに汲んだら水がなくなってしまわないのかと尋ねた私に、『水は貯めておくと古くなるだけや。汲めば汲むほど、新しい水が湧き出るんや』と母親は答えた。翌朝、井戸の中をのぞくと、確かに水はまた満タンになっていた――」

経営も同じだ。現状に満足せず、貪欲に新しいことに挑戦し続ければ、アイデアはまさに井戸水のように湧き出し続けるのである。逆に、次々に汲み上げない限り、新しい水は出てこない。常に汲み上げ続けるから、湧いてくる。これだけのアイデアを出したから、もう終わりということはない。汲み上げ続けるのが大事ということだ。まさに、ニーチェの箴言《しんげん》「汝の足下を掘れ、そこに泉湧く」（『悦ばしき知識』）を、経営の現場で愚直に実践しているのである。

両利きの経営が唱えるように、新規事業をあれこれと表面的に「探索」してみたところで、大きな鉱脈や水脈を掘り出すことは不可能だ。深化の先にこそ、大きな「新化」を拓くことができるのである。

「ずらし」のテクニック

ただし、ひたすら同じところを同じように掘っていても、「新化」にはたどり着かない。永守氏は「脱皮しない蛇は死ぬ」とも語る。これもニーチェの格言で、『曙光』の一節だ。ニーチェはさらに、「脱皮することを妨げられた精神も同じであって、変化することを妨げられた精神は滅ぶ」と言う。まさに、筆者のいう「変態（メタモルフォーゼ）」のすすめである。

ただし深化は、往々にすると袋小路に陥ってしまう。掘りどころと、掘り方を間違ってしまうためだ。たとえば「顧客第一主義」を唱える企業は既顧客を大切にし、その要望に何とか応えようとする。「マーケットイン」と呼ばれるアプローチである。しかし、それだけでは既顧客が進化しない限り、みずからも進化しない。顧客におもねっていても、イノベーションの本務であるはずの「市場創造」は実現しないのである。

深化から新化に壁抜けするためには、未来志向で顧客を定義し直す必要がある。既顧客ではなく「未顧客」、既体験ではなく「未体験」を深く掘り下げなければ、非連続な価値は創造できない。この市場の「ずらし」が、新化へとつながっていく。それを「マーケットアウト」と呼ぶ。発案者はミスミの創業者である田口弘氏。ミスミは、顧客の視点から商品を開発・調達する「購買代理店型商社」という新しい業態を確立した。

マーケットアウトとプロダクトアウトは紙一重である。自社の強みに徹底的にこだわるところは共通している。違いは、それが未来の市場づくりにつながるかどうかである。「マーケットアウト」は、シュンペーター、そしてピーター・ドラッカーが、イノベーションの定義としている「市場創造」そのものなのである。

自社の強みを深掘りする際にも、既存の事業や資産、スキルなどを前提に、それをどんどん奥深く掘り下げようとする。しかし、横に広くつながる鉱脈や水脈にぶち当たらない限り、非連続な「新化」は期待できない。

垂直思考（「両利きの経営」がいうところの「深化」）に陥ってしまえば、新しい未来は拓けない。かといって水平思考（「両利きの経営」がいうところの「探索」）のような深みのない表面的な活動を続けても、本質的かつ持続的な未来の鉱脈には到底たどり着かない。垂直でもなく水平でもなく、言わば「斜め」に掘り下げていく。この「ずらし」こそが、深化の先に新化を掘り当てる秘訣なのである。

そのためには、自社の強みそのものを「再編集」してみる必要がある。たとえばトヨタであれば、それは「ものづくり力」ではなく、「ものづくらせ力」である。TPS（トヨタ生産方式）に象徴される進化する仕組みや、トヨタ流のすり合わせ型ものづくりを実現するエコシステム構築力こそが、トヨタの強みの本質である。

そうだとすれば、トヨタはクルマづくりを超えて、移動システム、さらには社会システムや生活システムづくりに「新化」し続けることができるはずだ。

深耕型企業が遂げる非連続な新化

深化から新化を紡ぎ出す深耕型の旗手が、第8章で取り上げたキーエンスである。センサー領域を一意専心に深耕し続けて急成長してきた。キーエンスの成功の方程式は、極めてシンプルだ。

まず、顧客の困りごとを顧客に先回りして発見する。そのためには、トヨタなど進化し続けるごく一部の企業を除き、既顧客には目もくれない。仮説を先に立て、そのような課題を抱えている可能性のある未顧客を、片っ端から訪問しまくる。営業担当者1人につき1日最低5件、できるだけ10件を目指すというモーレツ（日本では死語になりつつある言葉）ぶりだ。

訪問の前には、上司が「ロープレ（ロールプレイングの略）」として、営業トークを徹底的に叩き込む。決め球は、そのセンサーを導入することで顧客にとってどれだけの経済価値が生まれるかを提示してしまうことだ。桁違いのＲＯＩ（投資利益率）が期待できる提案をして、即「特注」に持ち込む。まさに未顧客の未体験ゾーンを、徹底的に掘りまくるのである。

商品開発もキーエンスならではだ。世界中のセンサー技術の中から顧客のニーズに合った最適な技術を調達し、それを自社の試作ラインで製品に組み立てて顧客に即納する。量産段階では協力会社ネットワークを通じて、最も安いところに生産を委託する。自社独自の技術や生産には、まったくこだわらない。それが同社の強みではないからだ。

では、同社の強みは何か。顧客のニーズを先回りしてとらえ、その解決に最適な技術を外から調達し、即納する力である。これこそが、自前主義にこだわる伝統的なメーカーとの本質的な違いだ。

未来の顧客や未来の課題は無尽蔵にあり、未来の技術は世界中で開発競争が進められている。このように顧客と技術を未来に向けて「つなぐ」ことで、キーエンスはまったくぶれることなく、深化の先に新化の可能性を拓いていっているのだ。

キーエンスに限らず深耕型企業は、このように独自の成功方程式を、顧客の未実現価値と未来の可能性に深化させ続けることで、非連続な新化を実現している。そして、それこそが持続的にイノベーションを生み続ける基本技なのである。

「両利きの経営」などというお手軽な経営手法では、器用貧乏に陥るだけだ。深化から新化を生み出すことで、より確実で、かつ深みのある進化が可能になるのである。

そしてそれは、第4章で論じた「守破離《しゅはり》」という日本流の継承にほかならない。「守」によって深め、「破」によってずらし、「離」によって変態していく。この運動論こそ、シン日本流として日本企業が磨きをかけていくべき次世代モデルとなるはずだ。

アンゾフの成長マトリクスによる三シン活動

需要と供給の2軸を深めながら（深化）ずらすことによって、イノベーションを創発（新化）することができる。

ドラッカーはイノベーションの手がかりとなる7つの機会を示した。①予期せぬこと、②ギャップ、③ニーズ、④産業構造の変化、⑤人口構造の変化、⑥認識の変化、⑦新しい知識、である。このうち、③と④は、みずから変化を仕掛けるものである。ニーズ、すなわち市場（需要）軸、あるいはシーズ、すなわち商品（供給）軸を「ずらす」ことによって、イノベーションを生み出すことができる。

この2軸の「ずらし」は、持続的な成長戦略として古くから知られている。「戦略思考の父」と呼ばれるイゴール・アンゾフは、1957年に「多角化戦略論」をハーバード・ビジネス・レビューに発表（※75）。その中で、のちに「アンゾフの成長マトリクス」として有名になるフレームワークを提唱した。

既存商品を新市場に展開するか、既存市場に新商品を投入することでイノベーションを生み出すことができる。そのうえでさらにもう一方の軸をずらすと、多角化へと進むことができる。極めてシンプルな方法論ではあるが、それだけにパワフルだ。

これを取り入れている日本企業も多い。たとえば日東電工は、このアンゾフの成長マトリクスをベースに「三新活動（3つのずらし運動）」を展開して、進化し続けている。またニデックでは、イノベーションの基本運動を「スリー新」と呼ぶ。新市場、新製品、新顧客の3つを指す。需要（顧客）と供給（製品）をずらすことで、市場そのものをずらしていくという発想である。

この半世紀の間、欧米ではさまざまな戦略論が展開されてきた。マイケル・ポーターの競争

図11-1

「三シン活動」によるイノベーションの創出

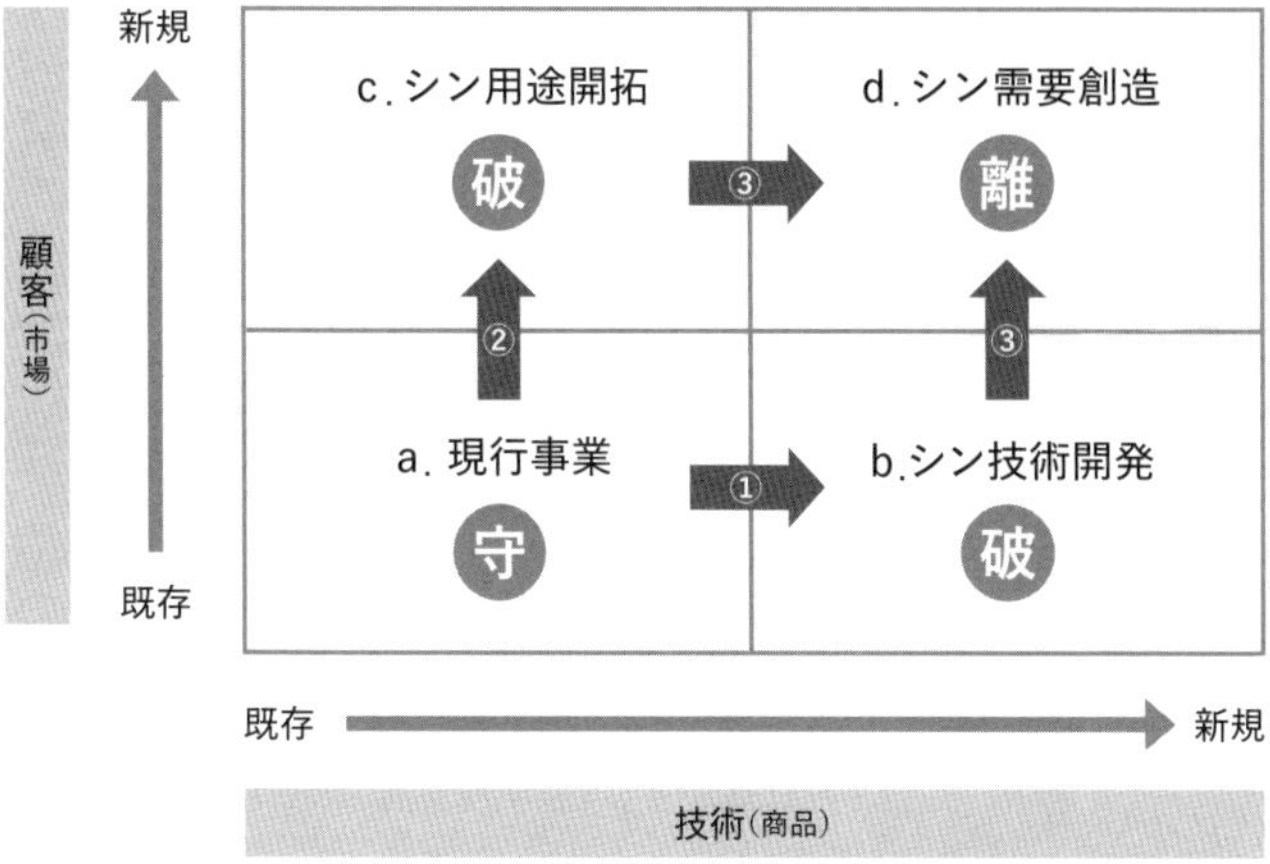

既存の事業をもとに、異なる用途と技術を生み出し、新たな需要を創造する「三シン活動」。

出所：名和高司（2020）を一部修正

戦略や、ブルーオーシャン戦略などは一世を風靡した。しかし、それらより四半世紀前に提唱された成長マトリクスこそ、最もシンプル、かつ本質をとらえたフレームワークといえる。

スリーエムやアップルなど、アメリカを代表する超進化企業は、経営論の流行に惑わされることなく、この基本運動を一意専心で深化させ、新化を生み出し続けている。

アップルの創業者スティーブ・ジョブズは、「箱から出ろ（Get Out of Box）」と唱え続けたことで知られている。そのためには、まず図11－1の左下のボックスをしっかり踏まえたうえで（深化）、「ずらし」の可能性を探らなければならない（新化）。そしてずらした先（右下と左上）のボックスを深めたうえで、さらに右上へとずらしていく。単に箱から出るだけではイノベーションを生み出せないことを、進化し続ける企業は熟知している。それは日東電工やニデックなど、日本の超進化企業にも共通している。

むしろ、この「ずらし」こそ、実は日本流の「守破離」にほかならないのである。図11－1の左下の活動が「守」、右や上にずらす活動が「破」、そしてさらに両軸ともずらす活動が「離」にあたる。言い換えれば、日本はアンゾフが提唱する数世紀以上前から、「深化」と「新化」の反復運動を通じて、イノベーションを生み出し続けていたのである。

持続的イノベーションのための進路どり

単発的にイノベーションを生み出すだけであれば、ブルーオーシャン戦略は機能するかもしれない。しかし、ブルーオーシャンが魅力的であればあるほど、早晩、競争が激化してレッドオーシャンになる。そこで深化できない限り、青い海を求めてさまよい続けなければならない。そうした浮草のような企業は、いずれ波にのまれて大海の藻屑となるのがオチだ。

ブルーオーシャン戦略や両利きの経営などが唱える新規事業の成功確率は、限りなくゼロに近い。「飛び地」ではなく、自社の本質的な強みを活かせる「隣地」へと本業そのものの土俵を「ずらす」こと。そのような市場機会を、筆者は「パープルオーシャン（レッドとブルーの混合領域）」と呼ぶ。

レッドオーシャンに安住することなく、かといってブルーオーシャンにも飛び込まない。言わば深化領域の周辺に漕ぎ出していくことによって、「新化」の成功確率を高めることができるのである。

この成功の法則によって見事な復活劇を果たしたのが、アメリカのスリーエムである。同社はイノベーションの代名詞のような企業だったが、２０００年代に入って成長が鈍化。自社の強みがまったく生きない飛び地を探索する一方、本業のほうは同じ領域での深化に終始。まさに、両利きの経営の典型的な失敗の構図に陥っていたのである。

２００５年にＣＥＯに就任したジョージ・バックリーは、間違った深化と安易な探索の両方に終止符を打った。まずは自社の本質的な強みを再定義したうえで、それが本質的に生きる「隣接市場（Truly Adjacent Markets）」に照準を定め、そこをシステマティックに広げていくという経営手法へ転換。その結果、スリーエムは次世代成長へと進化することができたのである（図11－2）。

では、隣接市場とはどこか。ここでもアンゾフの成長マトリクスがヒントになる。縦軸と横軸を、それぞれさらにずらしていくのである。フレームワークの最大の弊害は、そのフレームの中で世界をとらえようとすることにある。それではジョブズから、ボックス思考だと揶揄さ

図11-2
スリーエムの持続的進化モデル

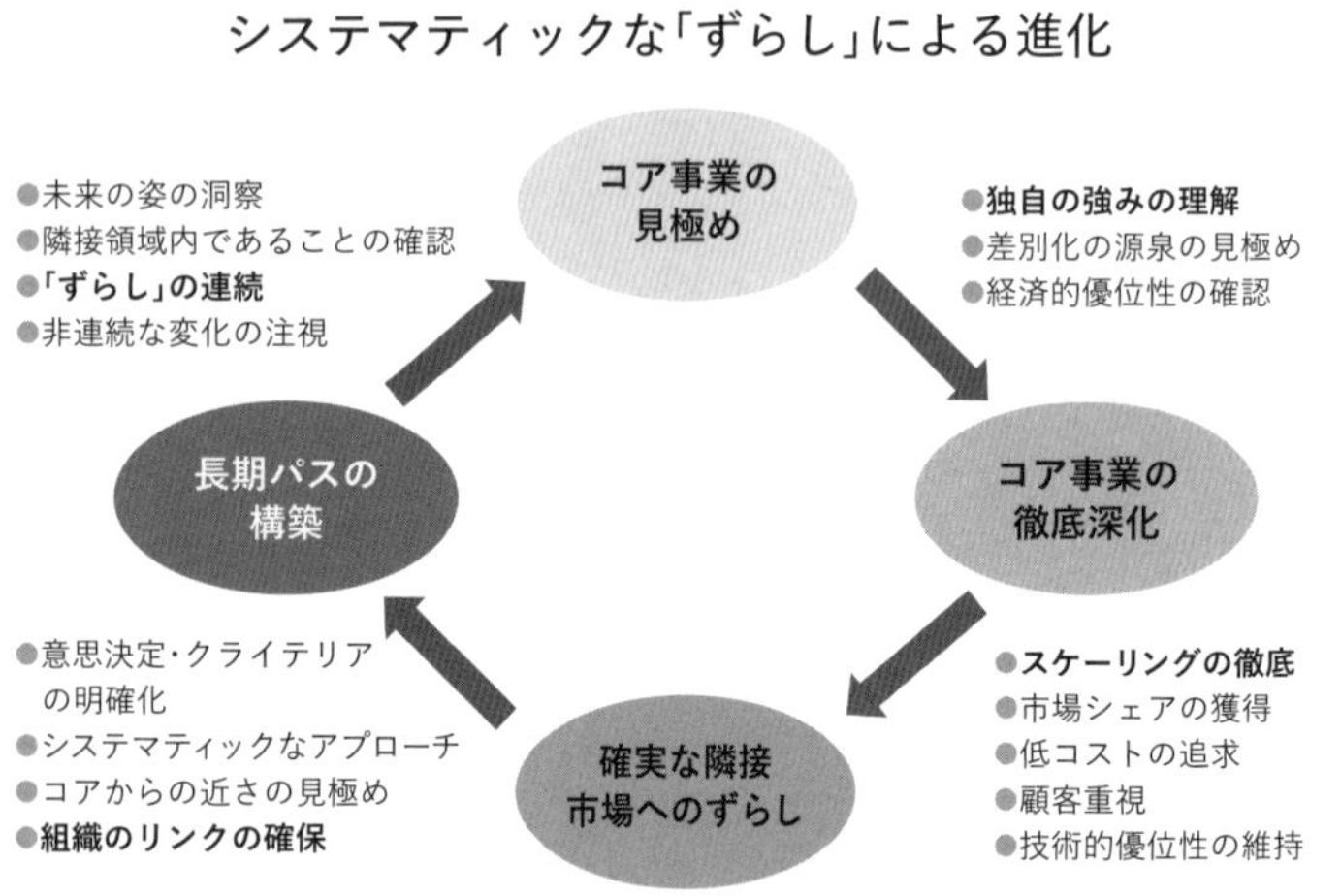
システマティックな「ずらし」による進化
コア事業の見極め
●独自の強みの理解
●差別化の源泉の見極め
●経済的優位性の確認
コア事業の徹底深化
●スケーリングの徹底
●市場シェアの獲得
●低コストの追求
●顧客重視
●技術的優位性の維持
確実な隣接市場へのずらし
●意思決定・クライテリアの明確化
●システマティックなアプローチ
●コアからの近さの見極め
●組織のリンクの確保
長期パスの構築
●未来の姿の洞察
●隣接領域内であることの確認
●「ずらし」の連続
●非連続な変化の注視

出所:スリーエム

れてしまう。ならば、どうやって箱から出るのか。

いくつかの可能性が考えられる。たとえば時間軸をずらしてみる。つまり現在から未来へと帰納法的に発想するのではなく、未来を先に描き、そこから現在に戻ることで、未来への新たな道筋を発見する。

あるいは、新しい軸(3軸目)を入れてみる。第Ⅱ部のコラム「『志本主義』の現在地」で紹介した「シン三位一体」思考が、これに相当する。このように時間軸をずらしたり、新たな軸を加えたりすることによって、異次元の「ずらし(離)」にたどり着きやすくなる。

しかし、最も分かりやすいのは、空

図11-3

「三シン活動」のn倍化

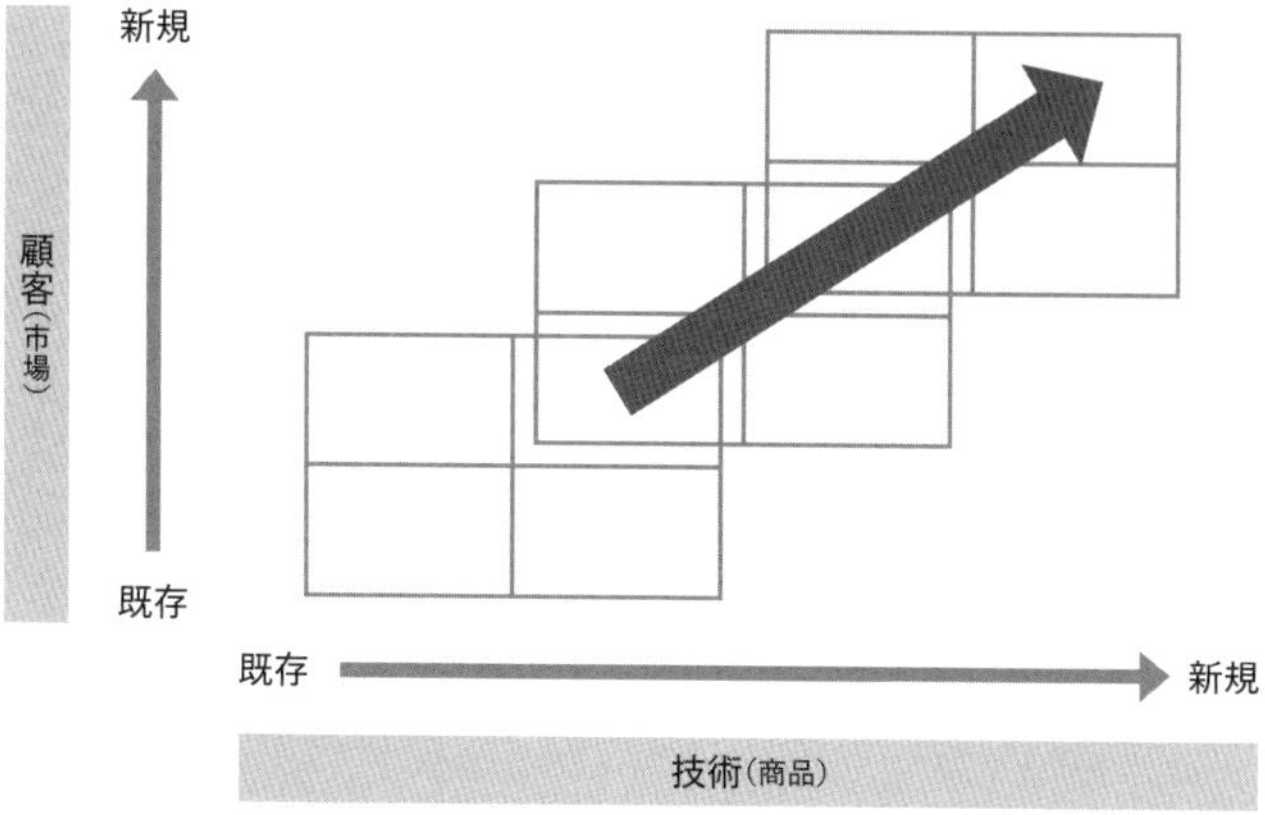

顧客（市場）と技術（商品）の軸を延ばすことで新たなマトリクスが出現し、持続的なイノベーションが可能になる。

出所：名和高司（2020）を一部修正

間軸に着目することである。すなわち、それぞれの軸を延ばし続けること。その結果、新しいマトリクスが見えてくる。「ずらし」の空間が開けてくるのだ。その隣地に「新化」し、そこで「深化」を果たしたうえで、右、そして上への「新化」を繰り返していく。これが、最も確実な持続的イノベーションの技である（図11－3）。

アルフレッド・ヒッチコック監督の往年の名画（『北北西に進路を取れ』）風に言い換えれば、「北東に進路を取れ」といったところだ。北東は日本では「鬼門」とされている。京都で言えば比叡山の方角だ。そして、都を鬼から守るために延暦寺が建てられた。

鬼が出るからこそ、あえてそこに踏

み出していく。その結果、都という心地よいボックスから抜け出すことができる。たとえば鎌倉時代の初期、親鸞は京都から北東、比叡山のさらに先の越後に流され、そこから関東へと活動空間を広げ、浄土真宗という日本最大の仏教宗派を確立した。

これは京都市内の北東に広がる琵琶湖、そして近江の「もう一つの可能性」にもつながっていく。この点はコラム「『別日本』の可能性」で論じることにしたい。

第12章 包摂する力 「心」化と「身」化

需要と供給は、市場という空間を構成する2つの軸だ。アダム・スミスやジョン・ケインズに代表される古典経済学は、需要供給曲線上の均衡点への「収斂」を論じる。それに対して、シュンペーターは需要と供給の変化によってイノベーションが創発されると説いた。

経営学の世界では、マイケル・ポーターの古典的競争戦略が、需要供給曲線上での「ポジショニング」を論じる。それに対して、クレイトン・クリステンセンの破壊的イノベーション理論は、需要供給曲線そのものが異次元の変化を遂げることに注目している。

経済学においても経営学においても、「古典」は静的な視点から市場をとらえ、そして「新説」は動的な視点から市場をとらえている。言わば時間軸のとらえ方が違うものの、いずれも需要・供給という2軸で構成される市場空間で経済や経営をとらえている点において同根である。

しかし、それ自体、視野狭窄に陥っていると言わざるをえない。経済学では、需要・供給に直接影響のないものを「外部経済」と見なす。経営学も、売り手（供給者）と買い手（需要者）を主軸にとらえ、それ以外の関係者を「マルチステークホルダー」として視野に入れ始めたのは、極めて最近のことにすぎない。

では、そこで視野から外されてしまったものは何か。少なくとも、大きく2つ考えられる。

一つは「精神」だ。経済学でも経営学でも、人間は合理的に判断し、行動することが前提とされてきた。しかし、それでは人間を極めて功利的にしかとらえられていない。人間は合理だけではなく、情理を持っている。人情と道理だ。カントはそれを理性に対して感性と悟性と呼び、アリストテレスはそれらを「倫理（エシックス）」と呼んだ。

最近、世界的にも「倫理資本主義」が唱え始められている。ドイツの新進気鋭の哲学者マルクス・ガブリエルがその旗手である。また、経営の世界では、「エシックス経営」の必要性が注目されている。筆者は前著『エシックス経営』（※69）の中で、エシックスを主軸としてシン日本流経営のあり方を論じている。2024年秋には、ガブリエル氏とも対談し、日本から世界に向けて、倫理の大切さを発信することの意義を論じ合った（※76）。

もう一つは「自然」だ。精神は人間の世界を対象としているが、人間を取り巻く自然を「所与」のもの、あるいは制約とさえとらえがちだ。「人間中心主義（Human Centricity）」という考え方や、最近流行りの「幸福主義（Well-being）」という言葉そのものが、人間の極めて利己的な本性を表している。そこでは人間でないもの、すなわち動植物や無生物、地球や宇宙は除外されてしまう。

いや、人間は自然を愛し、自然は人間を育み、癒してくれるという反論が聞こえてきそうだ。

しかし、人間を主語や述語にしたその表現自体が、人間中心的な発想をいみじくも露呈しているのである。

西洋哲学では、古代から認識論と存在論という二分法が唱えられてきた。主観と客観と言い換えることができる。たとえばルネ・デカルトの「われ思う、故にわれあり（コギト・エルゴ・スム）」は、この二分法を決定付けた。その結果、客観としての科学が急速な進歩を見せ、一方で形而上学としての哲学は、思弁的世界に浮遊していった。

それに対して、東洋哲学では自然と人間は不可分だと考える。自然を「外界」として位置付け、自然を克服ないし制御しようとする西洋的二元論との大きな違いだ。なかでも日本人は、人間を自然の一部としてとらえ、自然との共生を基本理念としてきた。そしていま、そのような共生思想が、改めて世界的に注目され始めている。

本章では、西洋流の経済学や経営学が対象外としてきた2つの世界に焦点を当てたい。精神と自然だ。心と身体と言い換えてもよい。心を豊かにすることによって、物欲を超えた成長を目指すことができる。本書ではそれを「心」化と呼ぶ。

一方で、人間の身体は自然の中で生き、生かされている。その身体性を制約と考えずに、自然との共生ととらえ直すことによって新しい可能性が開けてくる。本書ではそれを「身」化と呼ぶ。

しかも、心と身体は不可分である。この「心身一如《しんしんいちにょ》」という東洋の考え方を、日本人は古くから大切にしてきた。「心化」と「身化」も、お互いが共鳴しあうことによって、初めて異次元の進化をもたらす。それがシン日本流の奥義となるはずだ。

心と身体の一体化

心と身体の一体化を、創業時から一貫して、パーパスとして掲げてきた日本企業がある。アシックスだ。１９４９年、戦争の爪痕がまだ残る中で、鬼塚喜八郎がスポーツによる青少年の育成を通じて社会の発展に貢献することを目指して創業された。

最初のヒット商品となったのが、バスケットボールシューズだ。鬼塚氏がタコの吸盤を見て、グリップ性の強い靴を思いついたという。まさに自然から学ぶという日本的創造力が、いかんなく発揮されたエピソードである。

アシックス（ASICS）という社名は、ラテン語の「Anima Sana in Corpore Sano（健全な身体に健全な精神があれかし）」の頭文字をとったものだ。これを創業哲学とするアシックスは、「Sound Mind, Sound Body」をブランドスローガンに掲げている。

そこには、世界中の人々に、心身ともに健康で幸せな生活を実現してほしいという願いが込められている。身体が健全になることで心も豊かになる。そこにこそ、ナイキやアディダスなどの、スポーツとファッションを訴求する欧米発の世界ブランドとの決定的な違いがある。

いまや世界のトップブランドとして君臨しているナイキは、そもそもアシックスからスタートしている。１９６０年代、大学院を卒業して間もないフィル・ナイトが鬼塚氏を訪問。オニツカの靴をアメリカで売りたいと直談判し、販売代理店契約を結んだ。その後、アシックスからエンジニアを引き抜いてナイキブランドを立ち上げ、急成長していったのである。

２０１８年頃からは、ナイキの厚底旋風がランニングシューズ市場を席巻し、アシックスは窮地に追い込まれた。ちょうど、廣田康人氏（現会長ＣＥＯ）が社長ＣＯＯに就任したタイミングだ。廣田氏は、実は三菱商事で筆者と同期で、活躍を期待していた矢先の事態に、個人的にもやきもきした。

２０２０年12月期には営業赤字に転落。しかし、その後、収益が急回復している。ヨーロッパなどでランニングシューズの販売が好調で、２０２３年12月期の営業利益は2期連続で最高益を更新、同年8月末には上場後初めて時価総額が1兆円を突破した。

アシックスはなぜ、廣田氏のリーダーシップの下で復活できたのか。大きく3つの要因があったように考えられる。

第一に、競技用の「パフォーマンス・アスリート」という激戦市場で、ナイキの向こうを張る厚底シューズ「メタスピード」をまさにスピード開発、シェア奪還を進めていったこと。その際に、アスリートの心に寄り添うことを最優先した。廣田氏は次のように語っている（※77）。

「アシックスをあきらめずに履いてくれていた選手とは、頻繁にミーティングをしてもらいました。いまでもカラーは選手に決めてもらっています。例えば、この大会で履きたい色は何ですか、と聞いています。やはり気持ちが高ぶる色があるようです」

第二に、「履き心地」へのこだわり。高パフォーマンスを出す機能だけでなく、「心地よさ」を大切にするのも、アシックスならではだ。同じインタビューで、廣田氏は次のように続ける。

「素材は世界共通ですが、我々には長年培ってきた技術力があります。アシックスの強みはやっぱり日本ブランドだということですよね。日本の技術への信頼は非常に高いと思います。細部にこだわった靴づくりをしており、たとえばアッパーとソールをくっつけるところの仕上げは、非常に丁寧で細やかです。履き心地が違うといわれるところはそこだと思います」

第三に、人と人とのつながりを大切にすること。同じ場所にいないランナーたちが、「バーチャル・ラン」や「バーチャル駅伝」などの企画を通じてつながるようになる。さらに、あたかも一緒の場所にいるようにスポーツを楽しめれば、いままでにない幸せが生まれるはずだと考える。コミュニティをつくり、心を満たすためのツールとしてデジタルを活用しようとしている点に、アシックスらしいこだわりがある。廣田氏は「アシックスは足を止めない」と、茶目っ気たっぷりに語る。

２０２４年からは、富永満之常務執行役員が社長兼ＣＯＯに就任、さらなる進化を目指している。従来の「パフォーマンス・アスリート」のサポートから、「Lifetime Athletes in All of Us」を掲げ、誰もが一生涯、運動やスポーツにかかわり、心と身体が健康であり続けられる世界の実現へと舵を切り始めた。

より分かりやすく言えば、「普段履き」感覚を大切にして、「普段からアクティブに動き、スポーティなスタイルを日常生活や仕事にも取り入れたい人」へと顧客を広げていく。この言わば「庶民性」と「日常性」へのこだわりこそ、アシックスならではのシン日本流の本領発揮といえよう。

筆者は数年前から、同社の若手リーダーを対象とした「アシックスアカデミー」で、パーパス経営の研修を受け持っている。彼ら・彼女らは、「健全な身体に健全な精神があれかし」という創業哲学と、「Sound Mind, Sound Body」というブランドスローガンを、自分ごと化している。そしてその実践に向けて、創意工夫を凝らしている。このようにパーパスを本気で実践しようとする姿勢を、筆者は「エシックス経営」と呼ぶ。

最近の研修では、「アシックスはエシックス経営の先進企業を目指そう」というおやじギャグで、エールを送らせていただいた。

多様な価値観との調和

倫理学者の和辻哲郎は、名著『風土』の中で世界の風土を、モンスーン型（アジア）、砂漠型（中東）、牧場型（ヨーロッパ）の3つに類型化した。そして、モンスーン型風土においては、湿潤で豊かな自然が大きな恵みを与えてくれる一方で、時に大雨や大風となって大きな災害をもたらすので、そこで暮らす人間は「受動的」になるという。同時代に活躍した物理学者の寺田寅彦は、『日本人の自然観』(※78)の中で、次のように述べている。

日本の自然は、西洋流の分析的科学の生まれるためにはあまりに多彩であまりに無常であったかもしれない。

この自然の中で育まれた「多彩」で「無常」な精神こそ、日本流の元型《げんけい》、アーキタイプと呼べるのではないだろうか。天地自然の理法に従う――一言で言えば、「順天の精神」である。

この精神を屋号にした日本企業がある。津村順天堂、現在のツムラだ。同社は大和国（現在の奈良県）に生まれた初代津村重舎《つむらじゅうしゃ》が、1893年に東京日本橋で、女性特有の症状に用いられる婦人薬中将湯を販売したのが始まり。その創業時から貫き続けているのが「順天の精神」

だ。ホームページでは、それを同社の「プリンシプル（原理・原則・理法）」として位置付け、次のように語っている。


いついかなる時も・天地自然の理法に順って事業を行うという覚悟をあらわした、事業を行う上でのバックボーンです。

この順天の精神を屋号に託し、津村順天堂は創業しました。

私たちツムラは、今なお、順天の精神に則り、天地自然の理法に逆らわず事業を行うという精神を受け継いでいます。


ツムラは、漢方医学と西洋医学のそれぞれの長所を活かし、融合した治療により、人々が最適な治療を受けられる社会の実現を目指してきた。両者には対照的な特徴がある（※79）。たとえば西洋医学では、分析的な手法や見方によって病巣を明らかにしていく。これに対して漢方医学は、心と身体の両面から総合的にとらえ、全体的なバランスを整えることを指向する。西洋医学が精製された薬物を使うのに対して、漢方医学は天然物をベースとした生薬を使う点も大きく異なる（図12－1）。

この一見正反対の医学を、いかに結合させるのか。その際にツムラの流儀として大切にしてきたのが、個々の生薬の良さを活かしながら、高いレベルで品質を維持し続ける標準化の技法

図12−1

西洋医学と漢方医学の違い

西洋医学の主な特徴	漢方医学の主な特徴
実証的かつ科学的	自然科学的で伝統医学的
器官・臓器中心に物質面を重視	心と身体を一体としてみる
客観的・分析的で、その結果病名を決定	個人の体質、特徴を重視して症状をみる
一般に精製されたほぼ純粋な薬物を用いた「西洋薬」を使う	天然物がベースとなった生薬を混合した「漢方薬」を使う

出所：ツムラ「Kampo View」をもとに作成

である。いま風に言えば、ダイバーシティ（多様性）をインクルージョン（包摂）する技である。筆者はそれを、「たくみ」を「しくみ」にする力と呼ぶ。そして、これこそが、シン日本流の奥義の一つとなるはずだ。

ツムラは2022年、新たにパーパスを制定した。「一人ひとりの、生きるに、活きる。」だ。同時に、長期経営ビジョン「TSUMURA VISION "Cho-WA" 2031」を示し、「Cho-WA（調和）」をキーワードとして掲げた。

そして、3つの「P」（Personalized Health Care, Pre-symptomatic Disease and Science, Potential-Abilities Development）を通じて、心と身体、個人と社会、漢方医学と西洋医学の「Cho-WA（調和）」がとれた未来を目指すとしている。いかにもツムラならではといえよう（図12−2）。

図12−2

ツムラグループの理念体系「DNA Pyramid」

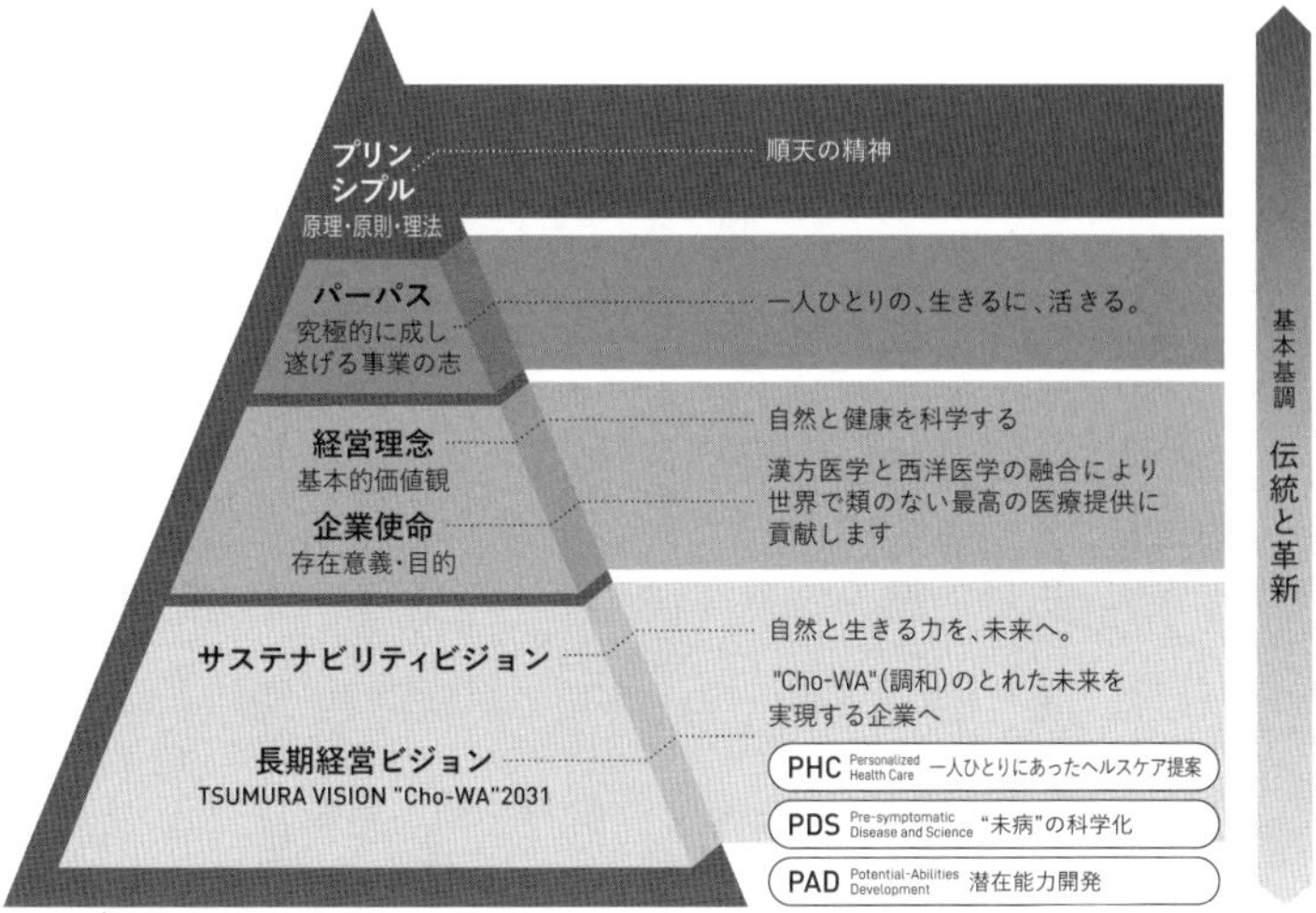

プリンシプル
原理・原則・理法
順天の精神
パーパス
究極的に成し遂げる事業の志
一人ひとりの、生きるに、活きる。
経営理念
基本的価値観
自然と健康を科学する
企業使命
存在意義・目的
漢方医学と西洋医学の融合により世界で類のない最高の医療提供に貢献します
サステナビリティビジョン
自然と生きる力を、未来へ。
"Cho-WA"(調和)のとれた未来を実現する企業へ
長期経営ビジョン
TSUMURA VISION "Cho-WA"2031
PHC Personalized Health Care 一人ひとりにあったヘルスケア提案
PDS Pre-symptomatic Disease and Science "未病"の科学化
PAD Potential-Abilities Development 潜在能力開発
基本基調　伝統と革新

出所：ツムラ

調和の「調」は調べる、分析する、すなわち、「分ける」ことを意味する。そのうえで、どちらかを選択するのではなく、「和」、すなわち双方の良いところを融合させて、新しい価値を創出することを目指す。この「和」の力こそ、「和をもって貴しとなす」としてきた日本の源流だといえよう。

ここにきて、世界的分断がますます危惧される中で、ツムラは特に中国との「調和」を大切にする。同社の加藤照和CEOは、筆者との対談の中で、次のように語っている（※80）。

「国際間におけるビジネスは、政治的摩擦や国民感情が存在するのも事実ですが、私たちは中国伝統医学を起源とする漢方医学において、中国から多くの生薬を調達して、日本で漢方薬を製造・販売をしています。ですから我々がこれまで培ってきた技術やノウハウで、中国伝統医学の伝統薬である中薬の原料や中成薬の品質向上・標準化でお役に立ち、中国国民の健康に貢献していくことでより深い日中の友好関係を築いていきたい。そのことが、1300年以上かけて発展を遂げてきた日本の伝統医学である『漢方医学』を永続的に守ることにもなり、両国の伝統医学の発展につながると考えています」

「伝統と革新」を、ツムラ流経営の基本基調として掲げている点にも注目したい。伝統の中から革新を生み出し、それを未来の伝統としてスケールさせていく。このリズムこそ、シン日本流が目指すべき流儀である。

実践哲学としての「善の巡環」

アシックスのスポーツや、ツムラの漢方医学では、心と身体の一体化がど真ん中のテーマとなる。では、一見それらとは無関係に思える企業に目を転じてみよう。ＹＫＫだ。スライドファスナーで世界シェアの半分近くを押さえ、樹脂サッシで国内シェア70％を誇る「部品産業」の雄である。

1934年に吉田忠雄氏が創業して以来、非上場を貫いている。最大の株主は、同社の従業員持株会。社員とOB、そして創業者ファミリーという株主からは、「内情に精通した、温かくも厳しい目をむけられている」と、猿丸雅之会長は襟を正して筆者に語っていた。日本企業がこぞってアングロサクソン型のガバナンスに走る中で、このような「アンカー株主」の下でのセルフガバナンスこそ、シン日本流が目指すべき次世代経営モデルといえよう。

YKKが創業以来、大切にしていることがもう一つある。「善の巡環」という精神だ。2代目社長を務めた吉田忠裕氏は、筆者が監修する「日本発の経営戦略『J-CSV』の可能性」というコラムのインタビューで、その精神を次のように説明する(※81)。

「シンプルに言うと、『他人の利益を図らずして自らの繁栄はない』。これは創業者の吉田忠雄の考えを、わたしが社長になってから明文化したものです。要は、顧客や取引先にとっての利益を生み出さなくては、我々の商売が成り立たず、繁栄はないということです。(中略)もう少し噛み砕いて言うと、事業活動を通じて新たな価値を創造することが、自社の事業を発展させるだけでなく、顧客や取引先の繁栄につながり、さらには社会の繁栄にも貢献し、それが巡り巡って自社のもとに還ってくる。それが『善の巡環』の考え方なんです」

このインタビューを踏まえて、筆者は次のようにコメントしている。少し長いが、同社の経営思想とその実践の姿を要約したものなので引用したい。

CSV経営を説くマイケル・ポーター教授は、社会価値と経済価値を二元論としてとらえている。欧米流の要素還元主義的な考え方だ。一方、YKKの「善の巡環」は東洋流の全体包括主義的な思想に基づいている。すなわち、社会価値と経済価値は不可分なものだという考え方である。この2つの価値を「トレードオフ（二律背反）」ではなく、「トレードオン（相乗効果）」ととらえるところにこそ、J-CSVが欧米型のCSVを超える可能性が秘められている。

「善の巡環」思想は、現場にまで徹底している。これがJ-CSVのもう一つの特徴だ。例えばYKKの社員は、海外に派遣されると、そこで「土地っ子」になることが求められる。その結果、20年も戻ってこないケースもまれではないという。

その一方で、同社の本拠地である黒部に対するコミットメントも、並々ならぬものがある。黒部の豊かな自然エネルギーを活用する「黒部発パッシブタウン」構想は、持続可能なコミュニティのモデルケースとして、世界からも注目されるだろう。

YKKは、これまでこだわってきた最高品質のみならず、「最適（good enough）品質」への取り組みを加速している。新興国の顧客にも安心で安価な製品を提供することができれば、YKKの「善の巡環」は地球規模で進化し続けるはずである。

同社については、拙著『パーパス経営』(※68)の中でも論じているのでご参照いただきたい。同書を出版したのち、猿丸会長と対談する機会があった(統合報告書『This is YKK 2022』)。そこで猿丸会長が、改めて2つのことを強調していたのが印象的だった。

1つ目は、社員との対話である。YKKでは、トップ自身が少人数の社員と膝を交えて対話する「車座集会」を大切にしてきた。コロナ禍の中でも大谷裕明社長と手分けして、1年間で国内外の社員1450人と対話を実施。「こういう厳しい時期だからこそ、対話を通じて一人ひとりの心に火をつけ続けたい」と、その狙いを語った。心の内側から湧き出る強い思いである「志」となって、初めて善の巡環が始動するのである。

2つ目は、実践の大切さだ。「善の巡環は日々の事業活動から生まれた実践哲学です」と、猿丸氏は語る。それは、「品質・コストの追求、海外市場への挑戦など、現場で働く社員たちが、さまざまな課題に立ち向かう中で身についていくもの」だという。身体知に落とし込まれて、初めて実践哲学として磨き込まれていくのである。

「心化」を通じて「身化」が始まり、「身化」を通じて「心化」が深まっていく。このプロセスを通じて、「善(ソーシャルグッド)」がスパイラルに高まっていくのである。この「心化」と「身化」の循環こそ、シン日本流経営の進化の原動力であることに改めて気づかされる。

分断する世界が求める「和化」の力

東洋思想の流れを受けて、日本では古くから心身一元論が唱えられていた。たとえば奈良時代から平安時代への移行期に、遣唐使として中国に渡った空海が、日本に持ち帰ってきた密教。ちなみに密教とは、それまでの顕教《けんぎょう》に対して、言葉になっていない真実の教え（真言）を指す。

日本で真言宗を開いた空海は、「三密」を説いた。身体や行動を意味する「身密《しんみつ》」、言葉や発言を意味する「口密《くみつ》」、そして心や考えを意味する「意密《いみつ》」の3つだ。「身口意《しんくい》」の三密を整える「三密加持《さんみつかじ》」によって、生きたまま仏になれる（即身成仏）という教えである。

ここでも心身一如が説かれている。空海はさらに「口」を身体とは別に位置付ける。「口」とは言語、密教でいう「マントラ＝真言」を指す。言語は思想を組み立て、伝え、深めるための道具である。そしてそれを実際に「口」にすることで、人に伝えることができる。そこには「和＝関係性」を重視した日本ならではの思想が読み取れる。

平安末期から鎌倉初期にかけて、日本でも禅宗が広がり始めた。その教祖の二人、道元（曹洞宗開祖）と栄西（臨済宗開祖）が、身心一如《しんしんいちにょ》を説いたことは前述した通りだ。臨済宗に学んだ哲学者・西田幾多郎は、主著『善の研究』（※26）で「身体といふものなくして、我といふものはない」と唱え、「行為的直観」の重要性を説いた。

西田哲学から多くの示唆を受け、知識創造型経営モデルを提唱したのが、野中郁次郎・一橋大学名誉教授である。野中教授も実践知、そして「身体知」を重視する。そこに「賢慮（フロネシス）」が加わることで、全人格的なリーダーシップ（賢慮のリーダー）が生まれると論じる。ここでは、「身化」と「心化」は一体でなければならない。

では賢慮とは何か。「美徳」と言い換えることもできるという。そしてそれは顧客、コミュニティ、社会の「共通善（コモン・グッド）」を追求する姿勢から生まれてくると説く。ならば共通善とは何か。この言葉を最初に唱えたアリストテレスは、古代ギリシアのポリスの住民にとっての善だと説く。ただし、そこには奴隷や異国人は含まれていない。つまり極めて限定的で、ある意味、独善的なものだ。

最近、「正義とは何か」を改めて論じるアメリカの政治哲学者マイケル・サンデルは、それを共同体（コミュニティ）の構成要員にとっての善だと定義する。そしてその中身は、コミュニティの価値観によって当然異なる。共同体主義（コミュニタリアニズム）と呼ばれる考え方である。

一見、アメリカらしい現実的な見方ではあるものの、それでは共同体を超えた善、すなわち本来の「共通善」には到達しえない。たとえばイスラエルとアラブ、アメリカと中国の分断は、解決されないのだ。

世界が分断されていく中で、関係性をどうとらえるかが問われている。関係性の哲学は、古くから「倫理（エシックス）」の問題として扱われてきた。ここにきて、経済学では「倫理資本主義」への移行が説かれ、経営学では「倫理経営」の重要性が注目されている。

では日本的倫理とは何か。それは、特定の「関係性」を超えた包括性を目指す姿勢である。古代の日本人は、中国や朝鮮という海外の優れた文化・文明の脅威と影響を肌身で感じつつ（身化）、それらを心広く取り込み（心化）、独自の文化・文明へと進化させていった。先述した通り、聖徳太子の「和をもって貴しとなす」という思想はその典型である。

身化と心化を通じて、「和化《わか》」していく方法こそ、日本の伝統芸である。古代から神道は仏教を取り込み（神仏習合）、近代になってキリスト教をも、日常生活の中に違和感なく取り込んでいく。「八百万の神」が共存する世界においては、新たな神の出現が、むしろ進化のトリガーとなるのである。

それゆえに一神教的なドグマティズム（教条主義）は、日本的な土壌にはなじまない。明治初期のヨーロッパ礼賛、昭和初期の国粋主義、そして第二次世界大戦後のアメリカ礼賛は、本来、日本的倫理観から逸脱した異常な姿といえよう。日本流の真価は、このような異常な状態に陥っても必ずバランスを取り戻し、その先へと進化する力にある。先述した「守破離《しゅはり》」は、そのような日本流の基本的作法だったはずだ。

経営においても同様である。伝統的な手法に固執（「守」）する化石企業、ＴＪＣ（Traditional Japanese Company）も、逆に欧米流の経営手法を「世界標準」と礼賛して次々に取り入れよう（「破」）とする浮草企業、ＦＪＣ（Floating Japanese Company）も、自分らしい高み（「離」）を目指す本来の日本流から大きく逸脱している。

いまこそ日本的な身心一如と、それを通じた「和化」の力を、シン日本流経営へと進化させていかなければならない。

第13章

善を広げる「信」化と「真」化

前章の最後に「善」を論じた。西洋の倫理学は、善と悪を何らかの基準に照らして判断しようとしてきた。これに対して、『善の研究』（※26）で知られる哲学者・西田幾多郎は、東洋、なかんずく禅の思想を踏まえて、善は人間の中に内在しており、それを紡ぎ出していくことの大切さを説く。

また、同じ京都学派の流れを汲む和辻哲郎は、『人間の学としての倫理学』（1934年）などで、個として孤立した自分ではなく、他者との関係性の中でとらえる必要があると説く。筆者は、前述した『エシックス経営』（※69）の中で、それを「個人から和人へ」と表現している。それはシン日本流の基軸の一つとなるはずだ。

そのためには「善」として信じることを関係性の中で紡ぎ出し、それを共感として広げることが求められる。それによって「独善」から「共信善」へパラダイムシフトをもたらすことができる。そこで、本章では「信」化という側面に光を当ててみたい。

「信」は「ニンベン」と「言」が組み合わされた会意文字。誓いを立てたもの同士が約束を交わすことを指す。さらに「まこと」とも読まれる。「真実の心」という意味だ。

一方、「まこと」という大和言葉には、「信」以外に「誠」という漢字が充てられる。誠は「言を成す」、すなわち言動一致を意味する。たとえば「誠信」といえば、真実の心をもって誓い、行動することを指す。

もう一つ、「まこと」と読む漢字には「真」がある。言うまでもなく、本物という意味である。このように日本流の下では、真善美《しんぜんび》の善は、「信」を通じて「誠」、さらには「真」に通じていく。「信」化が「真」化へとつながるのである。

西洋哲学では伝統的に、真は論理学、善は倫理学、そして美は美学の世界として区分される。ドイツの哲学者イマヌエル・カントは、『純粋理性批判』（1781年）、『実践理性批判』（1788年）、『判断力批判』（1790年）という「三批判書」の中で、それぞれを個別に論じた。以来、真善美を個別に論じる流儀が定着した。なかでも真を追求する学問として科学が台頭し、長足の進化を遂げていった。

一方、東洋思想たとえば仏教では、あらゆる事象を根拠付ける物質的な本質は存在しないとされる。日本において、仏教の導入に努めた聖徳太子は、「世間虚仮《せけんこけ》　唯仏是真《ゆいぶつぜしん》」という言葉を残した。この世は仮の宿のようなものであり、仏の世界のみが真実であるという意味だ。

生きとし生けるものにとって、この物質世界を超えた源郷がある。それを神仏と呼んでもよいし、「母なる大地」と呼ぶこともできよう。人はそこから生まれ出で、いつかは回帰する。

仏教が渡来するはるか以前から、日本では森羅万象に精霊が宿っていると信じられてきた。原始神道と呼ばれるものだ。そしてそれは、いまなお息づいている。宮崎駿ワールドは、まさに汎霊説《はんれいせつ》そのものといえよう。宮崎作品が世界に広く共感を呼んでいるのは、けっして偶然のことではあるまい。

そもそもアニミズム（精霊信仰）は、世界各地の民族の宗教や風習にも数多く見られる。西洋哲学においても、プラトンのイデア論では、人知を超えたイデアが存在するとされた。そこには「真のイデア」も「善のイデア」も「美のイデア」も同居している。真善美は本来、三位一体だったのである。

近代においては、スピノザは『エチカ』（1677年）の中で、神ではなく人間でもなく、自然こそがすべての根源であることを唱えた。その思想はニーチェを経て、ジル・ドゥルーズらポストモダン哲学者に受け継がれてきた。日本にいまなお着実に流れるアニミズムは、日本的であると同時に、汎世界的な思想ともなりうるはずだ。

「信者」が街にやってくる

「真善美」の大切さを説く日本の経営者は、少なくない。ファーストリテイリングの創業者・柳井正会長兼社長は、その一人だ。柳井氏は、次のように語っている（※82）。

「僕は、人間の英知は古今東西変わりがないと思っていて、その集約したものが真善美だと思っているんです。真とは正しいこと。経営は特に、道理も感情も全部筋が通っていないといけない。一般に通用する正しい考え方で経営しないといけないということです。企業理念の中にも『正しさへのこだわり』を入れている。それは長期的にお客様の生活が良くなるということです」

このインタビューではさらに、みずからにつけられた「正」という名前への強いこだわりを吐露している。

「この名前が付いている以上、正しいことをやらないといけないんだという強迫観念があるんじゃないかな」

同社の社外取締役を10年間続ける中で、筆者はいろいろな機会に柳井氏と語り合うことがあった。「正しさ」、すなわち「真」をみずから貫くだけでなく、それを社員や顧客、関係先とともに共有するためにはどうすればいいか。

ある時、「それは〝信者〟を増やすことに尽きるのではないでしょうか」と尋ねてみた。「そう、ある意味で宗教のように」と。

宗教という言葉には、ちょっと納得いかない様子。「でも〝信者〟が並ぶと〝儲〟につながるのでは」と切り返すと、笑みがこぼれた。みずから信念を深め、その信念の輪を周囲に広げていく。そのような「信化」が「真化」への道につながることは、柳井氏の「真（信）」意でもあるはずだ。

「信」を組織力の源と考える経営者としては、ユニ・チャームの高原豪久氏の名を挙げることができよう。同氏は2001年、カリスマ経営者として同社を40年間牽引してきた先代の高原慶一朗氏の後任としてトップに就任。以来、「共振の経営」を貫いている（図13－1）。

「共振の経営」を一言で言えば、経営と現場が一体となって行動すること。同社のホームページでは、次のように説明している（※83）。

> 経営陣は現場の知恵を活かし、現場の社員は経営陣の視点で考え、行動する。全世界の社員が一丸となって〝共振〟し合い、共通の目標に向かう。日々の工夫や知恵が現場と経営の間を行き来して共鳴し合い、一人ひとりの力の足し算以上の力を発揮するのが、ユニ・チャーム独自の経営手法「共振の経営」なのです。

高原氏とは、年に数回お会いする機会がある。そのたびに、「共振の経営」をぶらさず、かつ確実に進化させていく姿に感銘を受ける。2024年には、「Love Your Possibilities」を、

図13-1

ユニ・チャームの「共振の経営」

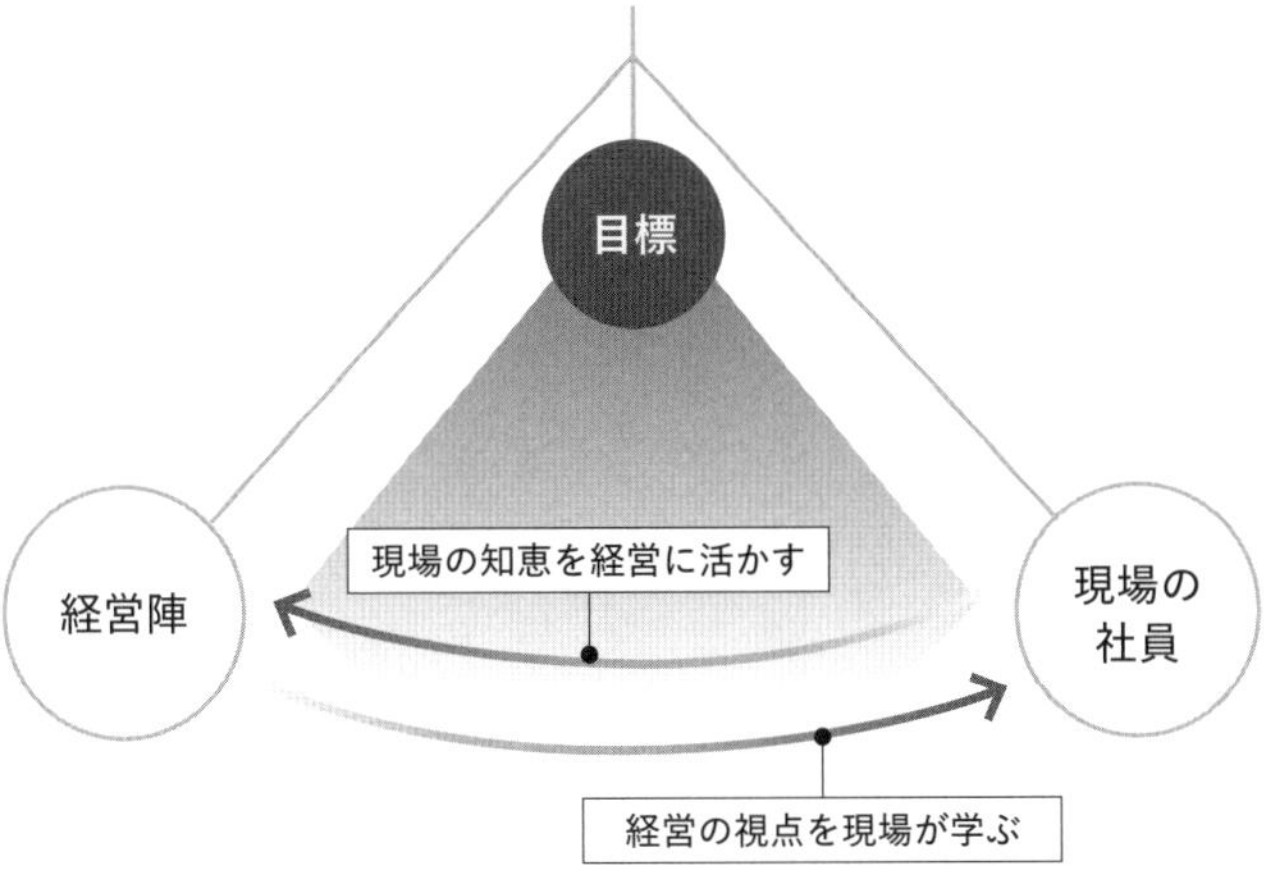

出所:ユニ・チャーム

コーポレート・ブランド・エッセンスとして発信。最近お目にかかった際にも、「一人ひとりの成長を信じることで、企業も成長すると信じています」と語っていた。

聖書は「信じる者は救われる」と教える。聖者が街にやってきて、信者を救う未来を夢見る。一方、仏教は「信じるというのは、教えをはっきりと理解し、実践しようと意欲を持つこと」だと説く（龍樹著『十住毘婆沙論』）。信じる者は、実践する。実践することによって、真実になる。聖者ではなく、「信者」が街にやってくる時に、未来が現実になるのである。

経営者は、必ずしも「聖者」になる必要はない。しかし、自社の価値観を共有した「信者」が行進する日常を、全身全霊でつくり出す必要がある、そうすれば柳井氏や高原氏のように、組織の「信化」を「真化」に変換し続けることができるはずだ。

「日本流」という世界遺産

日本は、27件の世界遺産を誇っている。登録数ランキングを見ると、世界11位（2023年3月現在）。無形文化遺産も数多い。能楽や歌舞伎、和紙や和食、伝統建築工匠の技などに加え、2024年12月には伝統的酒造りが新たに仲間入りし、登録件数は23件となった。

もし、「無形価値資産」というカテゴリーがあったら、日本が大切にしている価値観が、いくつも登録されるのではないだろうか。たとえば「きれい」や「かわいい」。最近では「いきがい」や「もったいない」も、日本発の価値観として、海外でも知られ始めている。

日本流経営を特徴付ける価値観も、世界遺産に値するものが少なくない。たとえば「品質」へのこだわり。「品」、すなわちモノに閉じると過剰品質になりがちだが、コトにまで広げると、より幅広く世界に受け入れられる可能性が高い。たとえば「おもてなし」。日本の接客の精神は、まさに世界遺産といえよう。

筆者はそれを「QoX」と呼んでいる。Xは「eXperience」、したがって「体験価値」を意味する。Xにはさまざまな体験が入る。たとえば「Mobility（移動）」や「Learning（学習）」

など。「Life」を入れると、「生活の質」そのものを意味する。このような「質感」を大切にするのが、日本流の奥深いところである。

「品」ではなく「質」こそが日本流――筆者がそんな話をしていたら、中川淳氏から「それは違う」と反論が出た。そう、先に紹介した中川政七商店の会長である。いかにも生活工芸品にこだわる同社らしいと受け流していたら、ずっと奥が深かった。

「『品』は、『しな』だけでなく『ひん』とも読みます。『上品』や『気品』、『品格』や『品位』の品です。そこはかとなく感じる気高さとでもいった意味合いでしょうか。これこそ、日本流の真髄では」

「しな」ではなく「ひん」。そして「質」、すなわち中身へのまさに職人的なこだわり。これこそ「品質」に込められた日本流の結晶といえよう。

これに関連して、「安心」という価値観にも注目したい。日本人はよく「安全・安心」と一緒くたにしてしまいがちだが、求められるレベルは大きく異なる。「安全」は客観的な状態を表す言葉であるのに対して、「安心」は主観的な意味合いを持つ。筆者は、安心を英語で表現する時には、「Peace of Mind」と訳す。文字通り、「心の平安」を指すからである。

安全は、社会にとっても、生きていくうえでも「必需品」である。安全の反対は危険であり、そのような状態は何としても回避しなければならない。それに対して安心は、極めて高い「信頼」によってもたらされる。その信頼が少しでも揺らげば、一挙に「失望」、そして「不安」にすり替わる。常に期待を超える価値を提供し続けなければならない。言い換えれば、「信」化を突き詰めることが、安心という「真」化につながるのだ。

筆者がデンソーの社外取締役を務めていた際に、単なる「安全」ではなく、「安心」のレベルを追究し続けることの大切さを議論した。その過程で生まれたのが、2017年1月1日に同社が発表した「Crafting the Core」というブランドスローガンである。

「Crafting」とは「工芸する」という意味。単なる自動化による大量生産ではなく、匠の技で磨き上げる、という思いがこもっている。そして「the Core」とは中核、すなわち真に価値のあるものを意味する。

その信念を、デンソーはホームページで次のように語っている（※84）。

「新しい〝できる〟を
世界に実現していく。
それを誰もが手に届くように
社会に実装していく。

…この世界はまだ、
できてないことだらけだ。
だから、私たちがいる。

『実現力』の
プロフェッショナル集団、
私たちはデンソーです。」

創業以来変わらない「デンソー哲学」に基づき、次世代によりよい世界を残すため、努力を重ねるビジョンと方向性を示したものだ。ブランドスローガンの発表にあたっては、次のようなコメントも出している。

「デンソーは、歴史を変えた画期的な製品には『イノベーション』があることから、『コア』となる部品やテクノロジーづくりに専念してきました。デンソーが大切にし、つくり上げてきた『コア』は、第一にプロフェッショナリズムに基づく高品質な製造が挙げられます。妥協のない完璧主義と言える生産技術により、継続したイノベーションが生まれるとの考えです」

有馬浩二社長（当時、現会長）は、「これは『脱黒子宣言』です」と筆者に語っていた。これまでのデンソーは、ティア1サプライヤーとして、完成車メーカーの「縁の下の力持ち」の立場に甘んじていた。しかし、これからは自分たちこそが主役となる、という意思表明である。完成車メーカーのトヨタの世界シェアは、10％程度。しかし、そのグループ会社であるデンソーは、部品やシステムメーカーとして、他の追随を許さない高機能と高品質によって、世界で過半のシェアを狙うことも不可能ではない。

VUCA時代を迎え、「安心」の希少価値は高まる一方だ。人々に「安心」を約束するブランドは、これから世界的にますます求められていくことは間違いない。

日本流は過剰品質になりがちだ。しかし、最低限の「限界品質」は保証されるといわれても、安心できるものではない。どこの国でも、自分の大切なものは、安心できるものに任せたいはずだ。日本の「安心」品質は、隠れた世界遺産といえよう。

松下幸之助の「信じる」力

歴代の日本の経営者の多くは、「信じる」ことを経営の根幹に置く。その代表例は、「経営の神様」と呼ばれた松下幸之助翁である。

幸之助翁の語録をひも解くと、「信じる」という言葉が頻繁に出てくる。では何を信じるのか。

大きく4つに括り出すことができる。

第一に、自分自身。「自分は運が強い」と信じることだという。

松下氏は、地主の家に生まれたものの没落し、小学校も中退。丁稚奉公時代には、船から落ちて溺れ死にしそうになったり、車に衝突して線路上に倒れ、電車にひかれそうになっている。20歳の頃には結核にかかったものの、食べるために血を吐きながら働いた。

どう見ても、運が強い人だったとは思えない。しかし、過去を振り返って、次のように語っている（※85）。

（自分は運が強いと）信じることができれば、心の中に非常に強い支えができてくる。仕事の上でも何でも、何か困難な問題に直面しても、自分は運が強いのだから、これは何とか乗り切れるだろう、さらによい状態を生み出すことができるだろうというような信念というか、自信というか、強い考え方が生まれてきたのである。そして、そうしたものがあったおかげで、さまざまな困難にも心乱すことなく、勇気がくじけることもなく、何とか今日まで歩んでこられたわけである。

第二に、社員。人を育てるためには、まずその人の可能性を信じることから始めなければならない。

幸之助翁は、できる限り従業員を信頼し、思い切って仕事を任せることをモットーとした。たとえば20歳を過ぎたばかりの若い社員に、新たに設ける金沢の出張所開設の仕事を任せたり、これはと思う人に製品の開発を任せたりした、と振り返る。そして、それらの人たちはおおむね期待以上の成果を上げてくれたと語る（※86）。

大切なのは、やはりまず信頼するということ。信頼することによってだまされるとか、それで損をするということも、ときにはあるかもしれません。かりにそういうことがあったとしても、信頼してだまされるのならば自分としてはそれでも本望だ、というくらいに徹底できれば、案外人はだまさないものだと思います。自分を信じてくれる人をだますということは、人間の良心がそうは許さないのでしょう。

「人間というものは信頼に値するもの」、そういってよいのではないかと思うのです。

第三に、世間。幸之助翁の語録の中に、「世間は正しい」というものがある。それを「世間は神のごときもの」と表現する（※87）。

事業が大きくなってくると、仕事もだんだんと複雑になって、そこにいろいろな問題が起こってくる。私は、この問題をどう考え、どう解決すべきかと日々の必要に迫られて、その解決策の根本を求めていくうちに、「世間は神のごときもの、自分のしたことが当を得ていると、世間は必ずこれを受け入れてくれるにちがいない」という考えに行きついた。

正しい仕事をしていれば悩みは起こらない。悩みがあれば自分のやり方を変えればよい。世間の見方は正しい、だからこの正しい世間とともに、懸命に仕事をしていこう……こう考えているのである。


世間は、時に間違うこともある。しかし、長い目で見ると正しい判断を示すはずだ。だから、経営の判断軸もそこに置くことが大切だという。独善を戒め、「素直な心」を基軸に置く幸之助翁ならではの信念である。

第四に、神仏。神と仏が共存する姿も、いかにも日本流だ。幸之助翁が頻繁に神社仏閣に参拝していたことは有名だが、なかでも京都にある石清水八幡宮を崇敬していたという。石清水八幡宮の破魔矢からヒントを得た「M矢のマーク」を、松下電気器具製作所（現在のパナソニックの前身）の最初の商標にしたことからも、その傾倒ぶりがうかがえる。のちに、同宮の総代を務めている。

また、仏教では真言宗醍醐派の信者として知られている。同派の僧侶・加藤大観を自邸に住まわせ、のちに同社の初代祭司に任命した（パナソニックには現在に至るまで5代の祭祀がいて、社内社の祀りごとを司っている）。さらに幸之助翁は、京都東山の別邸・真々庵に、「根源の社」を創建。同庵に着くと社の前で合掌し、時に座禅を組んで黙考していたという。

手を合わすという姿は、ほんとうは神仏の前に己を正して、自らのあやまちをよりすくなくすることを心に期すためである。頼むのではない。求めるのではない。求めずして、みずからを正す姿が、手を合わす真の敬虔な姿だといえよう。(『道をひらく』(※88))

信じる心が、真実に通じる。真々庵で祈る姿には、まさに「信化」から「真化」への道を歩む幸之助流経営の本質が凝縮されている。

信念の共有による良質な日本経営

信じる心を大切にした経営者といえば、稲盛和夫翁の名前も必ず挙がってくる。京セラ創業時に、同郷の西郷隆盛の「敬天愛人《けいてんあいじん》」を社是に掲げ、「人間として正しいことを貫く」ことを、経営の判断基準(プリンシプル)に据えたことでも知られている。

僧侶となった経営者としても有名だ。1996年、65歳になるのを機に仏門に入る意向を明らかにし、翌年には臨済宗妙心寺派の円福寺で得度。頭髪を剃り、「大和《だいわ》」の僧名を授かる。在家のまま修行し、托鉢や辻説法をする姿も見られたという。

稲盛翁には、経営に関する数々の名著がある。筆者も『稲盛と永守』(※74)を執筆する際に、その多くに目を通す機会があった。なかでも『心。』(※89)は、文字通り心を揺さぶられる名著である。

ご逝去の前年に出版された『信念を高める』(※90)からは、信じる力の大切さを知らされる。ただし、生半可では通用しない。「『魂』のレベルにまで高められた信念だけが実現する」という言葉には、稲盛流経営の覚悟が示されている。

稲盛流「成功の方程式」も、よく知られている。人生・仕事の成功は、考え方と熱意と能力の掛け算で決まるというものである。

人生・仕事の結果＝考え方×熱意×能力

このうち「考え方」は、正しく生きる姿勢そのものだ。京セラにおいては「フィロソフィー」として共有化されている。筆者が「エシックス（倫理）」と呼ぶものと同義である。そして高い志（パーパス）を、燃えるような熱意（パッション）で実現していく。この信念こそが、あらゆる障害を乗り越えて「真実一路」を突き進むエネルギーとなる。

稲盛翁は、日本経済新聞の「私の履歴書」の中で、少年期に結核に侵された時のエピソードを披露している。病床で隣家の女性にすすめられた谷口雅春の『生命の実相』を読み、心の持ちょう（信化）が真実として現れる（真化）ことに気づかされたという。

そして3つ目の「能力」は、熱意が魂のレベルまで高まれば、おのずと備わってくるという。それを稲盛翁は「未来進行形の能力」と表現する。

スキル（Skill）は、ウィル（Will）の従属関数でしかない。いま日本企業は社員のリスキリングに躍起になっているが、勘違いもはなはだしい。経営の役割は、社員のウィル（考え方と熱意）をいかにして高められるかにある。

パーパス（志）とプリンシプル（判断軸）を社員に実装できれば、スキル（能力）は社員一人ひとりがいくらでも高めることができるはずだ。人財開発ではなく組織開発こそが、経営の一丁目一番地である。

稲盛流経営は、信念を共有することの大切さを改めて教えてくれる。マスコミやコンサルタント、政府や御用学者の通説に惑わされず、この基本的な教えに立ち戻る必要がある。「信化」が「真化」につながるという良質な日本経営の信念に、いまこそ立ち戻らなければならない。そこにこそ、シン日本流の真価が問われているのである。

「リアルツイン」で際立つ日本の強み

昨今の生成ＡＩブームで、メタバースブームはしばしば鎮静した感がある。しかし、仮想世界が現実世界を着実に侵略していることを見逃してはならない。

皆さんは一日、どれくらいの時間を仮想世界で過ごしているだろうか。ゲームやショッピングだけではなく、ユーチューブなどの動画サイトを視聴している時間や、リモートワークでデスクに向かっている時なども、仮想世界の中で暮らしていると言っても過言ではない。眠っている時間を含めたとしても、一日の中で、現実世界で過ごしている時間は半分以下、という人が少なくないだろう。

もちろん、悪いことばかりではない。多様な仮想体験や時空間の広がりは、現実の世界では味わえないものばかり。仮想ならぬ「仮装」した自分のアバターが、「個人（in-dividual）」という固い殻から解放され、「分人（dividual）」となって自由に多層世界を駆けめぐることができるようになる。人生や仕事の多重化・多層化が実現できるとすれば、そこには「すばらしい新世界」が広がっているはずだが——。

しかし、イギリスの著作家オルダス・ハクスリーが皮肉を込めて描いた『すばらしい新世界』(※21)は、人間にとってディストピア（暗黒世界）でしかなかった。100年近く経ったいまも、仮想世界は現実からの逃避行でしかない。現実には実現しないことを疑似体験しているだけだ。そこにユートピア（理想郷）など存在しない。

とはいえイギリスの思想家トマス・モアが描いた『ユートピア』（1516年）も、空想の世界でしかなかった。もっともモアとて、そんなにおめでたい人物ではない。彼の真意は、理想社会を描くことで、イケていない現実をディスることにあったはずだ。

いま真に求められているのは、仮想の世界に逃避することではなく、現実に仮想世界を再現することである。言い換えれば、デジタルの先はリアルがデジタルを取り込んでいく。汎デジタル時代において希少価値となるのは、実はリアルのほうなのだ。

日本がデジタルシフトに後れをとっていることは、いまさら言うまでもない。企業、なかでも経営者やホワイトカラーのデジタル武装の遅れは目を覆うばかり。政府もデジタル庁のレベルの低さだけでなく、あらゆる官庁や自治体における20世紀的な仕事風景は、改めてガラパゴスという言葉が想起される。

もっとも本物のガラパゴス（諸島）は、世界自然遺産の第1号として登録（1978年）されただけあって、大切にしていきたい人類の宝である。それに比べると、デジタル化に遅れた日本のガラパゴス化はどうにもいただけない。一般的にはそう思われがちだ。

しかし、日本はアナログや現実にこだわっているからこそ、世界的に見て希少価値が高まっていくという逆説にここでは光を当てたい。デジタルの世界では、想像できることは仮想現実に変換できる。言い換えれば、想像力だけが創造の制約条件となる。

一方、振り返ってリアルの世界を見ると制約だらけ。高度なデータ分析から抽出されたアルゴリズムを現実に適応するのは至難の業だ。そこで注目されるのが、CPS（Cyber-Physical System）という、現実と仮想をシステム結合する技である（図13－2）。

図13−2

現実と仮想を融合するサイバー・フィジカル・システム

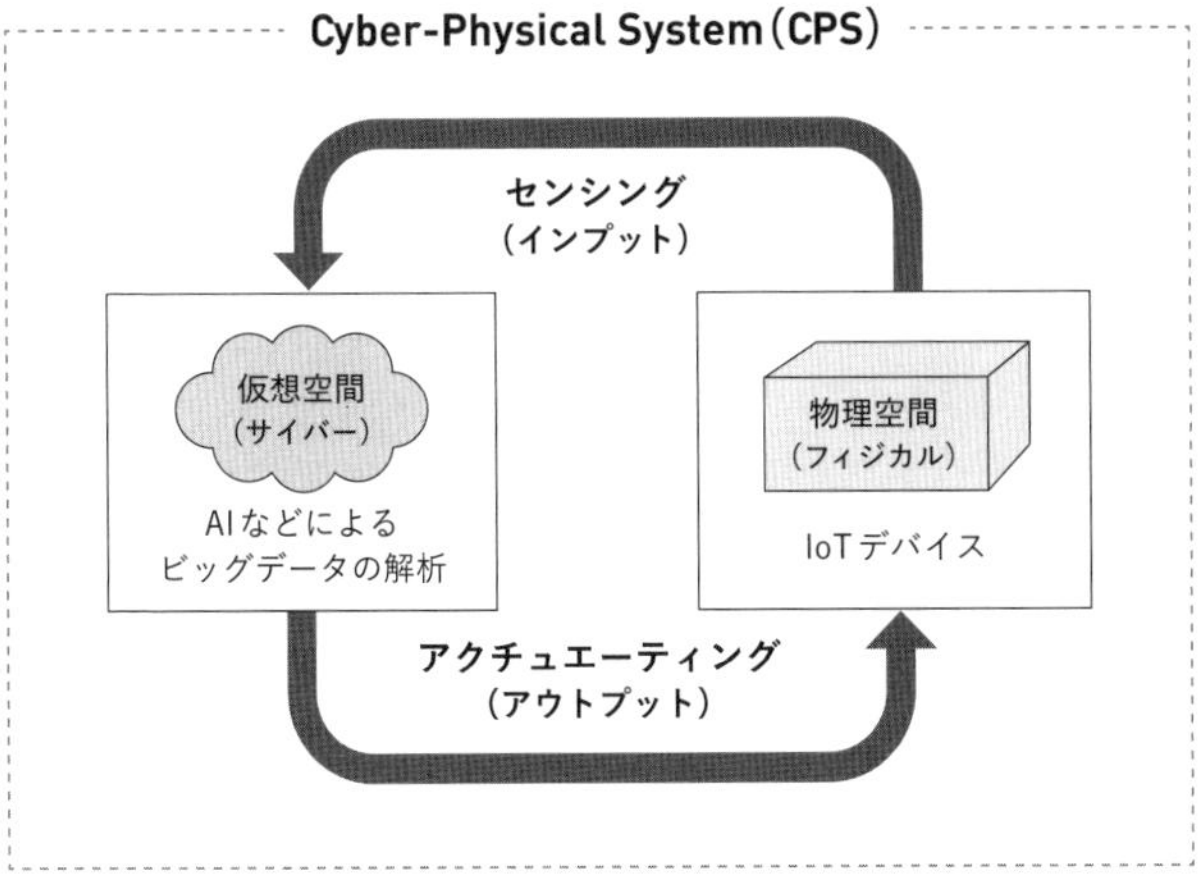

出所：名和高司（2018）を一部修正

複雑系に搦めとられた現実の情報を、センサーを活用して見える化（センシング）する。それをサイバーの世界でデジタル解析（プロセシング）したうえで、その結果に基づき、現実に実装（アクチュエーティング）していく。

ここで現実と仮想の橋渡しをしているのが、センシングとアクチュエーティングという動作だ。これは現実の複雑系を深く理解していない限り役に立たない。仮想に逃避せず、リアルに留まり続けている日本が、世界的に競争力を維持している領域である。そしてこの点こそが、前述した「ディープテック」と呼ばれる日本の匠の技の深奥なのである。

日本の良質な素材メーカーや部品メーカーは、この世界で圧倒的な存在感を保ち続けている。そしてこのCPSの結節点こそ、デジタル化が加速する世界の中で、シン日本流経営がこだわり続けるべきことなのである。

いま、デジタルツインが注目されている。リアルの世界をデジタルで再現しようというものだ。しかし、デジタルツインでシミュレートした仮想現実を、逆にリアルの世界に実装するのは現在のところ限りなく不可能に近い。むしろこれから希少価値を生むのは、デジタル世界を「リアルツイン」に変換する力なのである。

たとえばアニメの世界を、いかに現実の中で再現できるか。そこではアニメのように自由自在に発想する力と、それを現実に実装する力の双方が求められる。幸いにして日本はこのアニメの領域でも、また実装の領域でも、世界遺産級の匠の技を大切にしてきた。これをデジタルの力と結合させることができれば、日本が世界に先駆けて、未来を現実に実装していくことも不可能ではないはずだ。

アニメーションという言葉は、ラテン語の「anima（アニマ）」からきている。「命」や「魂」という意味がある。「生命のないものに生命を吹き込む」ことが、アニメの本質なのである。ここでも「信化」、すなわち想像に命を吹き込むことでアニメが生まれ、それを「真化」、すなわち現実に実装することで、未来を生み出すことができることに気がつくはずである。

第14章

「進」化する日本経営　Xモデル

さて、いよいよ「進」化について踏み込んでみたい。

生物学においては、進化の3要素と呼ばれるものがある。遺伝、変異、選択の3つだ。遺伝は、自己複製する動きである。変異とは、自己複製機能に変化が起こることを指す。そして選択とは、複数の複製選択肢の中から一つを選び出すことである。生物はこの3つの働きを通じて、長い時間の中で進化を遂げてきた。

この原稿を執筆している最中（2024年10月7日）に、2024年のノーベル生理学・医学賞決定のニュースが飛び込んできた。受賞したのは、米マサチューセッツ大学のビクター・アンブロス氏と米ハーバード大学のゲイリー・ラブカン氏の二人。テーマは前年に続き、RNA（リボ核酸）。前年の対象が、新型コロナウイルスに対するmRNAワクチン開発の基本技術の発見だったのに対し、今回は「マイクロRNAの発見」だ。

マイクロRNAは遺伝子情報を制御する働きがある。ヒトのDNAには1000を超えるマイクロRNAが存在しているという。これを操作すれば受動的な変異だけでなく、能動的な選択を促すことができる。その結果、細胞の老化を防止できる可能性もあるという。生物同様、ヒトという生命体の集合としての企業も進化する。そして、そこにも遺伝、変異、選択という3要素が存在する。

遺伝だけであれば、自己再生はできても、環境変化に対して変異し続けることはできない。一方、変異は常に正しい形で起きるとは限らない。変異した結果、本来の強みを再生できなくなるおそれもある。しかし、マイクロRNAのような操作可能な因子が見つかれば、望ましい方向に自己変革を導けるようになるはずだ。さらには、「若返り（rejuvenation）」さえも可能になるかもしれない。

では、企業におけるマイクロRNAとは何か。それを活性化させるには何が必要か。さらに正しい方向に進化を促すには、どうすればいいか。ノーベル賞のニュースに触発されて、企業の進化について、考察を深めてみることとしたい。そこに日本的な進化の法則を見出せるかもしれない。

日本企業は過去に縛られ、進化が遅いと揶揄されてきた。特にTJC（Traditional Japanese Company）とひとくくりにされる伝統的な日本企業に、共通の風土病とまでいわれてきた。

ただ、進化の遅さは、何も日本企業に限ったことではない。洋の東西を問わず、いったん成功を体験した企業は、その成功体験や既存事業をできるだけ守ろうとする。その結果、非連続なイノベーションを仕掛ける新興企業の軍門に降る。クレイトン・クリステンセン教授が唱えた「イノベーターのジレンマ」として知られている。

しかし、日本企業の中にも、こうした現状維持バイアスを振り切って成長し続けるところはけっして少なくない。筆者は、『超進化経営』(※10)の中で、そのような「進化する老舗企業」を取り上げて、5つのタイプに類型化した。詳細は、同著を参照していただきたい。

ここではシン日本流の進化の型を、「Xモデル」として提唱したい。「X」を読み替えることで、4つの型が見えてくる。Xの4段活用とでも呼べるだろう。

ずらしによる「エクス」テンション(拡業)

最初に、Xを「エクス」テンションと読む。本業を深掘りしながらの「拡業」型の進化を指す。第11章で論じた「深化」と「新化」の連続技である。このアプローチこそ進化の基本技であり、本業の強みにこだわる良質な日本企業の流儀といえよう。第Ⅱ部で取り上げた5社の中では、センサーの強みを基軸に進化を続けるキーエンスが好例である。

『超進化経営』では、「深耕(カルト)」型と名付けた。ランキングのトップ10には、オリエンタルランド、アドバンテスト、キーエンス、ファーストリテイリング、東京エレクトロン、シスメックスの6社が名を連ねている。非上場なのでランク外としているが、創業400年を超える竹中工務店も典型的な深耕型企業である。

同書ではこれらの中から、ポーラを事例に取り上げている。創業95年にして、なお化粧品を軸に、進化を続けている企業である。コロナ禍の真っ最中の2020年に、同社社長に就任した及川美紀氏は、「We Care More. 世界を変える、心づかいを。」という行動スローガンを掲げた。最近の筆者との対談で、及川社長はその時の思いを次のように語っている（※91）。

「元々ポーラは、創業者の鈴木忍が愛妻の手荒れを治そうとハンドクリームを自作したことが原点です。『目の前の一人をケアする』ことから始まった会社を、もっと外に向けて、『社会をケアする』『地球をケアする』という方向に広げていきたい——。『We Care More.』にはそんな思いが込められています」

まさに「ケア」という同社の中軸を「深化」させることによって、「新化」しているといえよう。深耕型の特徴と可能性を、『超進化経営』では次のように概観している。

日本企業の多くは、伝統的に深耕を得意としてきた。今回のランキングでも、過半数の企業が深耕型に分類される。そしてそれ以外の4つの類型は、この深耕型の派生形ともいえる。逆に言えば、深耕型の基本技を習得していない企業は、いかに市場を「ずらし」てみたところで、骨太のイノベーションを実践することはできないのである。

ただし、同じところをタテに掘り続けるだけでは、視野狭窄に陥り、新しい水脈にも気づかない。自社の本質的な強みを頼りに、学習の場を「ずらす（脱学習）」ことで、新しい学習プロセスをスタートさせ続ける必要がある。

そのような学習と脱学習を繰り返すことで、日本企業ならではの進化の法則を確立することができるはずだ。


キーワードは「ずらし」だ。守破離《しゅはり》につながる「まねび・ずらし・ひらく」や、イノベーションを生む「ゆらぎ・つなぎ・ずらし」という運動論の要諦として、本書で繰り返し言及してきた言葉である。

「両利きの経営」などという誤ったアメリカ流を持ち込んでも、未来は拓けない。「ずらし」という日本的な勝ちパターンに磨きをかけることが、シン日本流進化の王道である。

クロスカップリング（異結合）

次にXを「クロス」、さらには「クロスカップリング」と読む。「ホモカップリング」が同質なものの結合を指すのに対して、クロスカップリングは異質なものの結合を指す。そもそもは化学用語で、日本人が世界的なクロスカップリングの発明者として名を連ねている。

たとえば根岸英一博士は、ニッケルなどの金属を触媒に利用した高分子化合物の生成法を考案し、2010年にノーベル化学賞に輝いている。「根岸クロスカップリング」と呼ばれるこの手法は、バイオ医薬や有機ELなどの製造プロセスに活用されているほか、将来、人工光合成などへの応用が期待されている。

経済の世界では100年前に、イノベーションをもたらすのは「新結合（neue Kombination）」だとシュンペーターが喝破した。ただし、同質なものの結合（ホモカップリング）ではなく、異質なものの結合（クロスカップリング）でなければならない。筆者は「異質性」を強調するために、「異結合」と呼んでいる。詳細は、拙著『シュンペーター』（※92）を参照願いたい。

ここで重要なことは、異質なものの「足し算」ではなく「掛け算」である点だ。言い換えれば、1＋1＝2以上の効果を生み出すこと。経営の世界で「シナジー（相乗）」効果とも呼ばれるものである。

しかし実際には、シナジーは幻想でしかないことのほうが多い。それどころか、往々にしてシナジーの対義語の「アナジー」、すなわち両者の価値を棄損する結果すらもたらしてしまう。その結果、多角化企業は、全体の企業価値が事業ごとの価値の合計を下回るコングロマリット・ディスカウントにさらされる。またM&Aにおいても、シナジー効果を狙って支払ったプレミアムが正当化されるケースはまれだ。

最近は、オープンイノベーションが流行している。外部の知恵を取り込んで、イノベーションを生み出そうという試みである。M&Aに比べて、緩やかなアライアンスのほうがリスクは少なく、多様な可能性を試行できると期待されるからだ。しかし実際には、オープンイノベーションの成功の確率は、難しいとされるM&Aよりさらに低い。

なぜか。「クロス（異質性）」はあっても、「カップリング（有機的結合）」力が弱いからである。そのようなコミットメントが低い関係性の中から、化学反応が生まれるわけがない。そもそも自社の資産が一流でない限り、一流の異結合は生み出しえない。二流同士のオープンイノベーションが生み出すゴミの山が、あちこちにできているのが実態である。

多角化、M&A、オープンイノベーションなどというアメリカ直輸入の「飛び道具」に安易に頼る前に、クロスカップリングの本質をしっかり理解する必要があるようだ。その際には他社にすがる前に、まずは自社の中の異質性に注目し、その「結合」によって新たな価値を生み出すことから始めるのが有効だ。『超進化経営』では、そのような進化モデルを「異結合《クロス》型」と呼んだ。自社内の異なる事業や資産を結合させ、イノベーションを生み出すことを指す。

ただし、それはけっして簡単ではない。外部との結合と同様に、それぞれが異質かつ一流でない限り、真のイノベーションは生み出しえないからだ。そして、実際にそのような事業を複数抱えている企業は、一握りしか存在しない。『超進化経営』で挙げたトップ50社の中でも、味の素と花王の2社だけだ。

異結合型進化を目指すためには、未来の市場と、それを創出するための未来の能力についての洞察が不可欠となる。そしてその未来の市場と能力を獲得するためには、既存の資産を「ずらし」ていかなければならない。そのような未来の一流資産を自社の中で複数持つことができて、初めて自社の中で異結合のイノベーションを生み出せる。事業間の「足し算」ではなく「掛け算」へと進化するのだ。

たとえば味の素は、食品とアミノサイエンスという現在の2事業を異結合させることで、2030年までに4領域でイノベーションを実現しようとしている。ヘルスケア、フード&ウェルネス、ICT、グリーンの4つである（図14-1）。

ここでカギを握るのが、前述した「心化」と「身化」である。味の素は、2018年、「食と健康の課題解決企業」を志《パーパス》として掲げた。しかし、2023年には、「アミノサイエンスで人・社会・地球のWell-beingに貢献する」という新たな志を掲げ直した。5年前の志が食品事業に基軸を置いたものであったのに対して、「アミノサイエンス」へと軸を大きく旋回（ピボット）させたのだ。

これは単に事業ポートフォリオの変更だけの話ではない。志という社員の「心」の重心を、大きく進化させたのである。それを筆者は「心化」と呼ぶ。

もちろん、思いだけでなく「実体」を変えていかなければ意味がない。味の素では、食品事

図14-1

味の素における次世代クロスカップリング

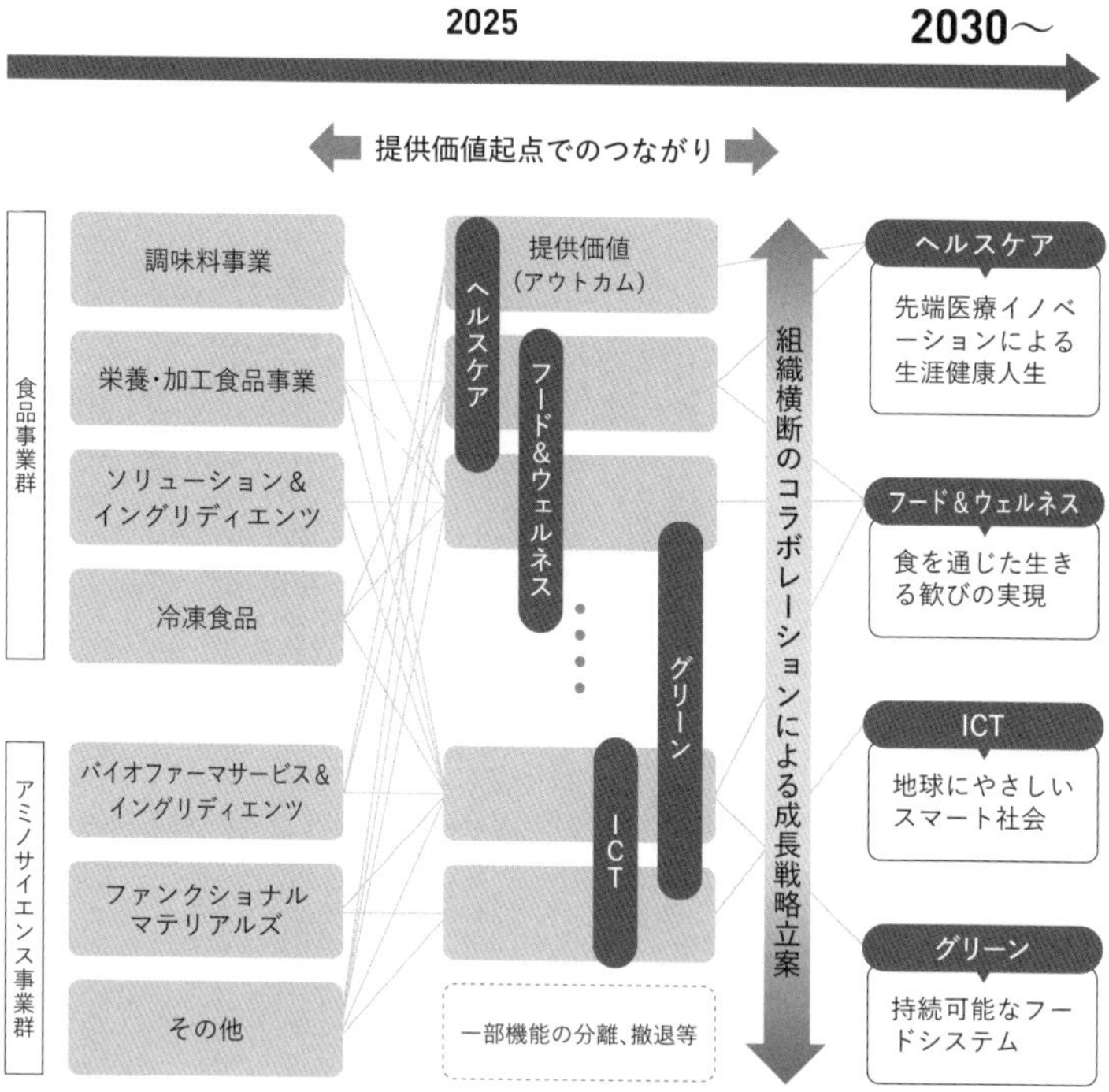

出所：味の素「中期ASV経営 2030ロードマップ」をもとに加筆

業とアミノサイエンス事業のトップを入れ替えるという荒業も繰り出しながら、さまざまな仕組みや仕掛けで、両事業の融合を進めている。この「身化」のプロセスを通じて、味の素は真に「食」を超える企業へと進化していくはずである。

第Ⅱ部で取り上げたカネカも、異結合による進化を目指している。「カガクでネガイをカナエル会社」として、夢学（ドリモロジー）を掲げる。「心化」の実践である。さらに「カネカユナイテッド」を加速することで、事業間の異結合を「身化」させている。まさに、化学会社ならではのケミストリー（複合関係）のつくり方といえよう。

「異結合」は、いま流行りの「ダイバーシティ&インクルージョン」と同義であることに、お気づきだろうか。「異＝ダイバーシティ」&「結合＝インクルージョン」なのだ。ちなみにイノベーションを日本語にすれば「新機軸」である。

「イノベーションを生み出すためにD&Iが必須」などという横文字を、よく見聞きする。しかしそれでは、よくありがちなコンサルやマスコミ好みの浮ついたバズワード（これも横文字）に終わってしまうのがオチだ。

「異結合によって新機軸を生み出す」。そう日本語で理解することによって、初めて自分ごととして腹落ち（心化）し、身体化することが可能になる。日本語のほうがはるかに味わい深く、奥深いからだ。そしてその時に、初めてシン日本流経営の奥義へと進化するはずである。

「トランス」フォーム（軸旋回）

さらにXを「トランス」フォームと読む。DX（Digital Transformation）などでおなじみのXである。

トランスフォームは、変革を意味する。しかしDXはデジタルという変革の道具は謳っているものの、肝心の何を変革するのかは示していない。DXの本質は「D」、すなわちデジタルツールではなく、「X」、すなわち何をどう変革するかにあることを忘れてはならない。

その際に、いきなりゼロベースからの出発を目指しても、成功の確率は限りなくゼロに近い。本業に引きずられてしまうからだ。かといって、本業から切り離してしまうと、仮に成功したところで、本業よりも桁違いに小さなスケールに留まってしまう。「両利きの経営」などという耳触りのいい外来モデルに飛びついてしまえば、リスクもない代わりにリターンも期待できない。

既存企業が変革する際には、「軸旋回」がカギとなる。バスケットボールのプレーでよく登場するピボットのことだ。軸足は動かさず、もう片方の足を３６０度自由に踏み出していく動きを指す。経営に置き換えれば、本業に軸足を置きつつ、果敢に新しい領域に挑戦することを意味する。

『超進化経営』では、このタイプの進化企業を「軸旋回（ピボット）」型と呼んでいる。先述した「深耕（カルト）」型に次いで多い。オリンパスやユニ・チャームがその代表例である。

第Ⅱ部で取り上げた5社の中では、ダイキンがこのタイプにあたる。1924年に「大阪金属工業所」として産声を上げた町工場が、100年後の今日、世界に冠たる空調メーカーにピボットしていった経緯は、くわしく論じた通りである。

京都を拠点とする複数の部品メーカーや装置メーカーも、ピボットによって進化してきている。京セラ、村田製作所、SCREENホールディングス、堀場製作所などが代表例だ。

たとえばSCREENホールディングスは、1868年に石版印刷業として創業、150年以上経ったいまは、半導体の洗浄装置で世界トップメーカーへと進化している。同社は、新たな事業の創造に挑む精神を表す「思考展開」を社是としている。まさに軸旋回型そのものといえよう。

ピボットには、3つの成功要件がある。

第一に、軸足を骨太に定義すること。表面的に「○○業」や「○○技術」などととらえてしまうと、重心を大きく移すことができない。本質を見極めることがカギとなる。

SCREENの例で言えば、祖業の印刷事業や印刷技術を軸足ととらえると、大きな変革は容易ではない。そうではなく、たとえば印刷の本質は「転写力」にあるととらえ直してみる。するとと顧客企業の思いを設計情報に落とし込み、かつそれを忠実に転写していくことこそが自社の軸足であると位置づけることができる。

第二に、そのように骨太にとらえ直した本質的な強みを、それが生きる隣接領域へと大きく「ずらし」ていくこと。「飛び地」の新規事業は、成功確率が限りなくゼロに近い。前述したように、ブルーオーシャンではなく、自社の本質的な強みが活かせる「パープルオーシャン」こそが、大きな次の一歩を踏み出す先なのである。

SCREENの場合も、印刷の本質を「転写」と読み替えることにより、印刷事業という狭い世界から解き放たれると同時に、本業で培った本質的な力を、それこそ大胆に「転写」していくことができたのである。その結果、現在の主力の半導体製造装置事業を大きく開花させることに成功した。そしていま、エネルギーやライフサイエンスといった未来事業へと、ビッグ・ピボットしていこうとしているのである。

第三に、「軸ずらし」のタイミングを見極めること。急ぎすぎると既存事業の縮退のタイミングを早めてしまい、遅すぎると負のスパイラルから抜け出せなくなる。成長率がピークの時こそ、次世代事業を仕掛ける絶好のタイミングなのである。

既存事業がピーク時を迎え、フル回転の真っ最中の時点で、資産を新規事業にずらすのが極めて辛い判断なのは言うまでもない。しかし、それをあえてやり切り、既存事業の資産を身軽に（アセットライト）することによって、既存事業そのものもやがてピークアウトした後、長らく巡航飛行を続けることが可能になる。

ＳＣＲＥＥＮも、印刷事業が縮小に向かう前から、転写スキルの「ずらし（メタ転写）」を仕掛けていた。半導体産業の黎明期に、シリコンウエハーの洗浄装置を開発。印刷事業で磨き上げてきた表面洗浄技術が、ウエハーに設計回路を正確に転写するカギを握っていたのである。そして半導体事業が成長の最盛期にあるいま、エネルギーやライフサイエンスといった次のＳカーブ（成長曲線）を立ち上げようとしている。「思考展開」を基軸に、１５０年以上ピボットを続ける同社の真髄といえよう。

変革は大きなリスクを伴う。しかし、骨太に軸を定め、それを踏みしめることによって、そのリスクを乗り越える。それは第13章で論じた「信化」から「真化」へと通じる道程にほかならない。信じる軸があるからこそ、大きく展開できる。そして、そこに未来の真実をつくり出すことができるのである。

未知としての「エックス（変態）」

さて4段活用の最後は、Ｘを「エックス」と読む。数学でおなじみのＸである。ここでのＸは、未知数を意味する。そして、何にでも置き換えることができる。本質的に「変」数なのである。

たとえば前述した「ディープＸ」や「Ｑ○Ｘ」のＸに、通常考えられているような技術や製品だけでなく、サービスや体験など、多様な言葉を入れると、日本流イノベーションの機会が広がっていく。

稀代の起業家イーロン・マスクは、とりわけ「X」という文字が好きなようだ。たとえばテスラの「モデルX」、宇宙を拓く「スペースX」、ツイッターの新社名「X」。最愛の息子の愛称まで「X」だ。

日本にも、Xという未知数を、社名に織り込んでいる企業がある。第9章で取り上げたオイシックス・ラ・大地もその一つ。同社が買収したシダックスも、Xが付くのは偶然ではないかもしれない。シダックスのホームページは、Xに「限りない発展への願い」が込められていると語っている。

もう一社、Xを体現しているのが、オリックスだ。社名は「オリジナル」プラス「X」を意味する。祖業であるリースや金融の世界を中心に、独自性（オリジナリティ）があるビジネスを展開する。しかもその可能性は無限（X）に広がっていて、ストラクチャリングという武器を駆使して、新たなビジネスを生み出すことに邁進している。

2023年11月、同社はグループの新たな企業理念体系として、「ORIX Group Purpose & Culture」を発表（図14-2）。パーパスは「変化に挑み、柔軟な発想と知の融合で、未来をひらくインパクトを。」だが、英語のコピーは「Finding Paths. Making Impact.」。こちらのほうが、日本語より「キレ」があるかもしれない。3つのカルチャーも、オリックスならではだ。なかでも「挑戦をおもしろがる。（Find Adventure in Challenge）」が、とてもオリックスらしい。

筆者は、この「ORIX Group Purpose & Culture」の社内浸透プロセスに伴走させていただいた。多岐にわたる事業部門や機能部門、そして地域で、この思いをいかに自分ごと化するかという壮大なジャーニーだ。

その過程の中で、同社の井上亮《まこと》グループＣＥＯと対談させていただいた。井上氏は、そこに込めた思いを、次のように語っておられた（※93）。

「Purpose & Cultureはこれからのオリックスがどのように成長していくかの方向性を示唆するものです。つまり、いまのオリックスグループを壊すことなく、しかし軌道修正していくことを目的としています。このタイミングで一皮剥けないと、オリックスグループはやがて淘汰されるという危機感を持っています」

対談では、３つのカルチャーに関しても、一つずつ確認させていただいた。少し長くなるが、以下に引用しておく。

名和　Cultureに「多様性を力に変える」という項目があります。オリックスグループは幅

図14−2

オリックスグループの「Purpose & Culture」

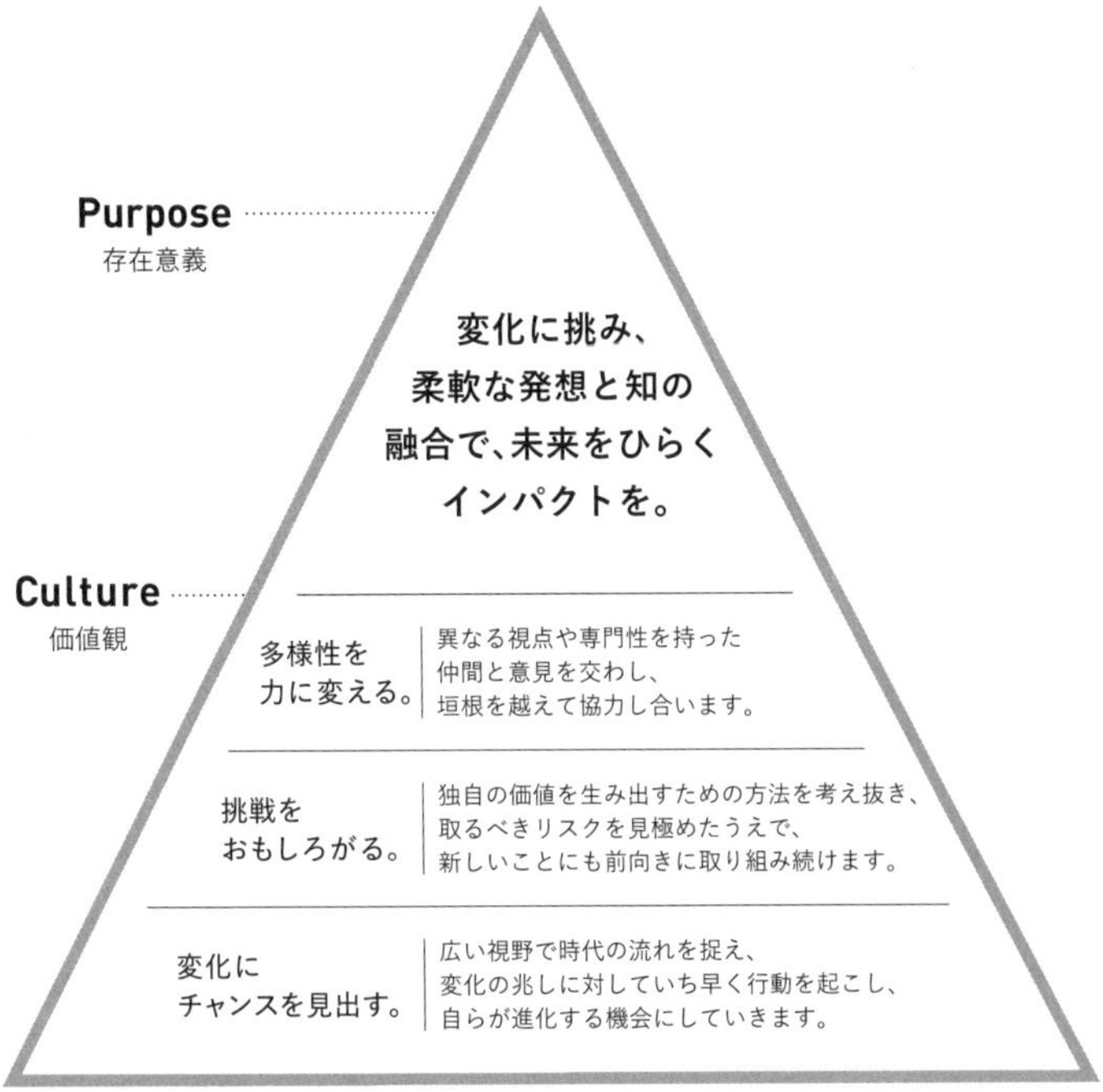

Purpose
存在意義
変化に挑み、
柔軟な発想と知の
融合で、未来をひらく
インパクトを。
Culture
価値観
多様性を
力に変える。
異なる視点や専門性を持った
仲間と意見を交わし、
垣根を越えて協力し合います。
挑戦を
おもしろがる。
独自の価値を生み出すための方法を考え抜き、
取るべきリスクを見極めたうえで、
新しいことにも前向きに取り組み続けます。
変化に
チャンスを見出す。
広い視野で時代の流れを捉え、
変化の兆しに対していち早く行動を起こし、
自らが進化する機会にしていきます。

出所：オリックス

井上　広い領域で事業を展開していますが、Purpose & Cultureにより、多様な事業に一貫性を持たせることが狙いだったのでしょうか。

名和　特定の事業領域に固執せず、多様な事業を展開する中で培ったノウハウや専門性をもとに事業を変化させていくことこそが、オリックスグループらしいと考えています。オリックスグループの祖業はリースですが、「金融にこだわる必要はなく、社会のニーズをとらえながら、事業を変化させなければならない」という意識を社員に持ってもらいたいですね。

井上　Cultureには、「変化にチャンスを見出す」という項目もありますね。井上さんは「時代を見極めて、あまり遠くに行かず、一歩先を行け」とよくおっしゃいますが、時機をつかむのは難しいですよね。

名和　磨けばダイヤモンドになる原石、つまり事業機会はあちこちに転がっています。ところが、金融のみの限定的な視点しか持ち合わせていない社員が原石を見つけても、ただの石だと思って捨ててしまいますよね。それは避けてほしい。もちろん、取り組むべき案件を見極め、リスクをコントロールするためには金融知識が欠かせません。しかしその一方で、金融という枠にとらわれないでほしいとも考えています。

（中略）

常に一歩先を見据えながら社会課題をとらえ、事業として成立する仕組みを創出し、経済価値に落とし込む。このアプローチを続ける限り、フロンティアはいくらでもありますね。

井上 Cultureには、「挑戦をおもしろがる」という項目もありますが、たとえ複雑な案件でも、事業化における新たな仕組みづくりにおもしろさを見出している社員は多いと感じています。ただし小粒の案件も多いので、将来的に事業としてスケールしていく可能性があるかどうかも大切だと社員には伝えています。

これらのコメントの中にも、金融を超えた未知のフロンティアを開拓し続けるという強い思いと覚悟がみなぎっている。「X」の本領発揮といったところだ。

前述した「トランスフォーメーション（変革）」は、「フォーム」、すなわち姿かたちを変えることだ。言わば変身である。それに対してXは、生物学における「メタモルフォーゼ（変態）」に近い。変態とは、動物が生育過程において形態を変えることを指す。たとえば昆虫は、卵から孵化《ふか》して幼虫になり、さらに蛹化《ようか》して蛹《さなぎ》になり、そこから羽化《うか》して成虫になる。

変態は、元型《げんけい》をとどめないほど大進化をもたらす。外見だけを見ると「変身」したかのように見える。しかし、単に変身しただけではない。変身は「擬態」にすぎないからだ。外側は偽装していても、内側は元のまま。言わば仮の姿である。いま風に言えばコスプレにすぎない。

それに対して変態は、外見だけではなく、中身そのものが質的に進化することを指す。しかも、それが外から被せられたものではなく、内側に織り込まれた未来の可能性が、実態となって表出することである。

そのためには、自分の中に織り込まれたＤＮＡのらせん構造がカギを握る。自分らしさを守ろうとする静的ＤＮＡと、新しいものを取り込もうとする動的ＤＮＡを読み解き、それらをバランスよく機動させなければならない。

それは企業という有機体にとっても同じだ。自社の静的ＤＮＡと動的ＤＮＡを読み解く。そのうえで、学習と脱学習を繰り返す。そのような運動を通じて、「ゆらぎ・つなぎ・ずらし」という生命の進化のプロセスを企業の中に取り込むことができるはずだ。

変態の主役は、若い世代である。彼ら・彼女らが、伝統の中から革新を紡ぎ出すことを、全社を挙げて支援していかなければならない。そのようなダイナミクスを生み出すことができれば、企業は年齢とともに老化するのではなく、ますます若返るようになる。それこそが、何世代にもわたって進化し続ける生命の知恵でもある。

無限のXパワー

ここまで、Ｘの４段活用をご紹介してきた。Ｘは、ほかにも「変態」しうる。たとえばローマ数字ならば、「10」を意味する。また掛け算の「タイムズ（倍数）」とも読める。

筆者の著作のタイトルにも、「X」が2回登場する。直近では、『10X思考』(※94)。これは、10倍という意味だ。副題にあるように、「桁違いの成長と深化をもたらす」思考法を指す。もう一つが、それより10年前に書いた『失われた20年の勝ち組企業 100社の成功法則』(※53)。その副題が『「X」経営の時代』である。これは第Ⅱ部の最後で紹介した「Xモデル」を提唱した著作である。ここではXに、「市場創造力」と「収益獲得力」を「掛け合わせる」という意味を込めている。

Xを「トランス」と読むと、さらに多様な変換が可能になる。前述した「トランスフォーム」に加えて、トランスレート(翻訳する)、トランザクト(取引する)、トランスポート(運ぶ)、トランスペアレント(透明な)などなど。最近では「トランスジェンダー」もよく論じられる。経営の世界では、「トランスナショナル(越境する)」というグローバルモデルが注目されている。また筆者は、「ユニバース」や「メタバース」を超えた「トランスバース(超世界)」の世界観を提唱している。このあたりは、次章以降でさらに語っていきたい。

個人的な話になるが、実は15年前に設立した自分自身の会社の名前にも、Xを使う予定だった。名付けて「GeneX」。Gene、すなわち遺伝子とXを組み合わせることで、進化をもたらすという意味を込めるつもりだった。しかし、直前に同名の会社(ジーネックス株式会社)が、ゲノムに関するデータプラットフォームの企画・運営を目的に設立されたため断念。いまの「Genesys」という名前に変えることにした。

ちなみに「Genesis」と綴ると、創世記の意味となる。それはそれで、ワクワクする名前だ。しかし、当社の名前には、「Gene」+「System」、すなわち「遺伝子をシステムの中で再編集する」という意味を込めた。

いずれにせよ、Xという文字には不思議な魅力がある。さて、Xを日本流に読んだらどうなるだろうか。さしずめ「未」という字をあてるのがいいかもしれない。

「未をめぐる冒険」——その話は、最終章まで取っておくこととしよう。

第15章

「津」化というもう一つの可能性

さて、ここまで「シンカ」の多段活用について語ってきた。「深化」と「新化」、「心化」と「身化」、「信化」と「真化」、そして「進化」である。この7つ目の進化で最後かと思ったら、もう一つ見えてきた。それが「津化」である。しかも、おそらくそれが最も日本的である可能性が高い。

そもそも「津」という字は、日本語では「つ」という訓読みのほうがなじみがある。津波や津々浦々の津である。大津や津軽といった港にまつわる地名も「つ」と読まれる。シンという読み方は、極めて限られている。地名でいえば、「天津」は「テンシン」と読む（もっとも「アマツ」とも読めるが）。ただし、これは中国の地名である。

日本語では、おそらく「津々《しんしん》」という言葉が、ほぼ唯一使われているのではないだろうか。大量にあふれ出るという意味である。ただし、これも今日では「興味津々」という使われ方しかしない。

さて、津という漢字の語源は何か。ＡＩに聞いてみると、「水を表す『サンズイ』と、進むという気持ちを表す『聿』を組み合わせたもので、中国から伝わりました」と即答。出典は「日本海事広報協会」だという。最近はすっかり便利になったものだ。

しかし、よく調べてみると、こんな説もある。

ツは、「津」で書きとると港の意かと思われるが、「ツドフ（集）」のツで「神集集《かみつどひつど》ひて」（神代記）などと、集合の意味を持つ古い音である。ちなみに「津波」とは集まった巨大な波のことで、津（港）に寄せる波などといった軽い意味ではない。

こちらの出典は言語文化論の大家、木村紀子・奈良大学名誉教授の新書『地名の原景』（※95）である。これは奥が深そうだ。しかし、ここでは「ツ」ではなく「シン」と音読みするので、これ以上深入りはしないでおこう。

なぜ、「津（シン）」化が大切なのか。それは、「進」化が時間軸上の概念であるのに対して、空間軸上ではあふれ出る「津」化がカギを握るからだ。特に海に囲まれた島国日本では、「津」の果たす役割が大きい。

まず、昔から国内の輸送手段も、港から港へという海上輸送がよく使われた。奈良時代には、全国から物資を集めるために海運が発達。荷は、内陸地からは人が背負って川や海の船着き場に集められ、そこから舟に移して奈良の近くに陸上げされ、さらに人や荷車を使って朝廷や貴族のところに運ばれたという。

平安時代には日本海側の国々から集められた物資が、敦賀や小浜から陸の道を通って琵琶湖まで運ばれ、そこから舟に載せ替えて大津まで運ばれた。鎌倉時代になると各地の産業が発達、大型船もつくられるようになり、それまで波が荒くて難しかった太平洋側の海上交通も次第に盛んになっていった。鎖国中の江戸時代には沿岸海運が発達。江戸と大坂（大阪）を中心に、西廻り航路と東廻り航路、南海路（菱垣船《ひがきせん》、樽廻船《たるかいせん》）の3つが大きな役割を演じた。

港がより重要な役割を果たしたのは、海外との交流である。『古事記』や『日本書紀』などにも船に関する記述が多く、「魏志倭人伝」など中国古代の文献にも、倭人（日本人）が何度も訪れて朝見したとある。

607年には、聖徳太子が小野妹子を隋に派遣（遣隋使）し、隋との間に正式な国交が開かれた。唐の時代になると、630年から894年までの間に遣唐使船が18回派遣された（諸説あり）。ちなみに日本仏教の祖ともいうべき最澄と空海もこれで唐に渡った。

平安時代には遣唐使が廃止されるが、平安末期には平清盛が宗との貿易を開始。鎌倉時代にも民間レベルで対宋貿易が盛んに行われた。その後、旧モンゴル帝国の元が中国を支配。二度にわたって日本を襲来（元寇）するが、いずれも大嵐が吹いて退却。神風と海の神に守られて、日本は国体を維持することができた。一方、その頃から朝鮮半島や中国大陸の沿岸部や東アジア諸地域において、日本の海賊や密貿易商人が暗躍。倭寇《わこう》と呼ばれる一群である。

室町時代に入ると再び対明貿易が盛んになり、戦国時代にはキリスト教や鉄砲の伝来など、西洋の文化や技術が流入してくる。織田信長や豊臣秀吉、さらに徳川家康も海外貿易を熱心に奨励。しかし、家光の時代になって江戸幕府は鎖国政策をとり、その後、唯一開かれた長崎の「出島」を除いて海外との隔絶が続く。そして210年余を経て、ついに明治維新による開国を迎える。

以上、日本の海外交流の歴史を超早回しで概観した。こうして見ると、日本が島国であることの特殊性に改めて気づかされる。そもそも国外を「海外（overseas）」と呼ぶこと自体、イギリスをはじめとする限られた島国の特徴である。しかも、だからこそ海外との関係を積極的に求めていく。イギリスと日本で、昔から貿易や海賊が盛んであったことも、偶然の一致ではないはずだ。

日本人はよく、みずからの「島国根性」を卑下する。『デジタル大辞泉』によれば、島国根性とは、「他国と交流の少ない島国に住む国民にありがちな、視野が狭く閉鎖的でこせこせした性質や考え方」を指す。

しかし、鎖国時代を除くと、島国だからこそ果敢に「海外」に乗り出していった日本人はけっして少なくなかった。そのような外に向けて開放的な姿勢を、筆者は「津」化と呼ぶ。その古き良き伝統を取り戻すことが、シン日本流にとって極めて重要な課題となるはずだ。

分けずに結ぶ「日本的霊性」

まず日本とは何かを、歴史的に再点検してみる必要がある。これまでもさまざまな日本論や日本人論が語られてきた。それだけで何冊も本が書けてしまうし、そもそも筆者の力量を超える。そこで、ここではまず、神話の世界と宗教の世界から「日本的霊性」に光を当ててみることにしたい。

神話の世界から日本人の深層に迫った名著として、ユング学派の臨床心理学者である河合隼雄著『中空構造日本の深層』（※96）を取り上げたい。『古事記』に描かれた日本の神話には、あえて中心が存在していないことに気づく。それを河合氏は「中空構造」と呼ぶ。そしてそれは、西洋型の中心統合構造に比べて、対立するものや矛盾するものを共存させる包摂的な思想に根差していると指摘する。

日本の昔話も、西洋的なファンタジーとは一線を画するという。同書では次のように書かれている。

現実と非現実、意識と無意識が交錯し、「おとぎの国」は容易に「この世」と結合して、話は伝説的になってくる。

図15－1

日本人と西洋人の意識の違い

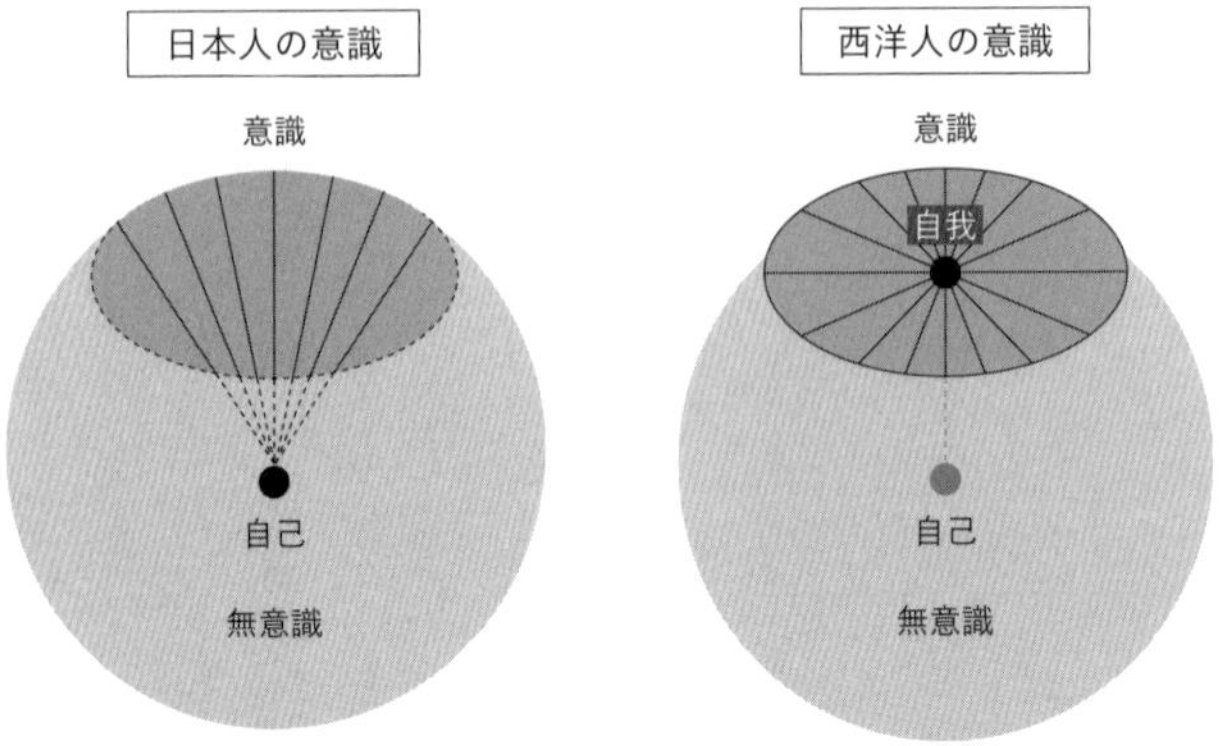

意識と無意識の境界が曖昧　　意識と無意識の境界は明確

出所：河合隼雄『昔話の深層』（※97）をもとに作成

日本人には自我意識が確立していないといわれる。しかし、だからこそ内外を区別せず、全体性を回復することができている、と河合氏は論じる。

それはしばしば日本人の主体性のなさや無責任性として、西洋人から批判される。しかし、日本人はむしろ、心の全体としての自己の存在に西洋人よりはよく気づいており、その意識と無意識内の一点、自己へと収斂される形態を持っているのではないだろうか。つまり、意識と無意識の境界も不鮮明のままで、漠然とした全体性を志向しているのである（図15－1）。

日本人の精神構造を仏教の視点から説いたのが、鈴木大拙の主著『日本的霊性』（1944年）である。鈴木大拙は、英語で書いた『禅と日本文化』（1940年）などで、日本の禅思想を世界に広めることに貢献した。ノーベル平和賞の候補ともなった。哲学者の西田幾多郎とは、同郷かつ刎頸《ふんけい》の友だったことでも知られている。

『日本的霊性』の中で大拙は、禅と浄土系思想によって、初めて日本的霊性が顕現したと説く。奈良、平安時代の仏教は、知識人が中国から取り入れた、外来的で貴族的な思想にすぎなかった。それに対して、武士が常に死と向き合い、民衆が浄土思想に目覚める鎌倉時代に、仏教が日本人の心の深奥（＝霊性）に芽生え始めたと論じる。

では、その日本的霊性とは何か。この大著には多くの特徴が紡ぎ出されているが、シン日本流という観点からフォーカスをすると、次の3点が浮かび上がってくる。現在、入手しやすい角川ソフィア文庫の『日本的霊性 完全版』(※98)から引用する。

第一に「大地性」。論理ではなく五感を研ぎ澄ませ、大地からのメッセージを身体知として身体で受け止める。そのためには直観を大切にし、大地にしっかり根を下ろして自然を「体感」する必要がある。

天日はありがたいに相違ない。またこれなくては生命はない。生命はみな天をさして居る。が、根はどうしても大地に下さねばならぬ。大地にかかわりのない生命は本当の意味で生きて居ない。天は畏るべきだが大地は親しむべく愛すべきである。大地はいくら踏んでも叩いてもおこらぬ。生まれるも大地からだ。死ねばもとよりそこに帰る。天はどうしても仰がなければならぬ。自分を引き取ってはくれぬ。天は遠い、地は近い。大地はどうしても、母である。愛の大地である。これほど具体的なものはない。宗教は実にこの具体的なものからでないと発生しない。霊性の奥の院は実に大地の坐に在る。

キリスト者が天を仰ぐのに対して、禅者は大地に坐す。筆者の心の師匠である藤田一照禅師からは、「坐」という字が土の上に人が二人いることを教えられた。我々は、個人ではなく「和人」であることに気づかされる。

これが第二の特徴である「超個己性」につながる。「個」も「己」も存在しない。我々が「生かされて生きている」という思いである。

超個の人は、すでに超個であるから、個己の世界には居ない。それゆえ、人といってもそれは個己の上に動く人ではない。さればといって、万象を撥ってそこに残る人でもない。こんな人はまだ個己の人である。（中略）超個の人はそんな不思議といえば不思議な一物である、「一無意の真人」である、「万象之中独露身」である。

「一人でいながら、一人ではない」というのは、いかにも禅問答のようである。しかし、日本的霊性は、そのような「不思議」な感覚を、ごく自然に受け入れることができる。
第三に、「円環性」。時間を過去・現在・未来という直線でとらえるのではなく、現在の一点。而今《にこん》が、無限につながるととらえる。

直線的時間性で、歴史的記憶を解釈しようとすると、その中からは現在と未来とが出て来ないのである。過去さえも限られる。そうして歴史は創造性を失って硬化してしまう。霊性もそのはたらきを出しようがなくなる。時間を直線的に考えると、すべてが幾何学的図式になって、天地の化育性なるものがなくなる。生きるということは長く線を引くことではない。（中略）無限は、過去の方へも未来の方へも当て嵌められなければならぬ。これは有限な直線ではいけない。

ここでは「化育性《かいくせい》」がキーワードだ。「自然が万物を生み育て、宇宙をつくり上げている」という思いである。生きているもの同士、縁のあるもの同士が、互いに役立ちあって成長することが、自然に沿うことだと考える。そこでは時間も空間も一体となる。
西洋思想、なかんずく科学的発想が、「分ける」こと、還元することにこだわるのに対して、日本的霊性は「結ぶ」こと、融和させることを目指す。シン日本流は、まずこの点をしっかり押さえておくことから始めなければならない。

世界につながる日本

このような日本的霊性は、言葉通り日本独特のものである。しかし、だからこそ、世界に通じる。このあたりも禅問答に近いが、大拙はのちに、霊性のレベルでは国民性が世界性に達すると語っている（※99）。

ここにいう「日本的」の裏には、「世界的」ということがあって、日本的霊性の奥には世界的霊性というものを包んでいるのです。元来、霊性には世界的も日本的もないのですが、それが日本民族の間に、日本人の心理の内に動き出ると、何かそこに特徴を持ったものが現象してきます。それを「日本的」と言うのです。霊性の、民族的、あるいは地方心理的に特殊化したものという意味です。

日本人が世界民族の一人として、世界的に普遍なものを日本心理的に反映したものと、こういうように日本的霊性を見るのです。それゆえ、本当に日本的霊性に徹すれば、霊性そのものに体達することになります。

日本が政治や経済の表舞台で、世界に躍り出るシーンは少なくなった。しかし、文化やスポーツの世界では、いまなお日本の存在感は大きい。たとえば食文化。和食は世界遺産に登録されただけでなく、世界中の人たちから愛され続けている。一方、世界の美食が日本に来ると、さらに洗練されていく。ミシュランの星付きレストランの数は日本が最多で、都市別では東京が200軒と、2位のパリ（118軒）を大きく引き離している（2023年）。

あるいは、アニメやゲームなどのサブカルチャー。かつての浮世絵、そしていまで言えば宮崎駿監督の作品群などは、世界で愛されている。その世界観は、日本的でありながら、同時に世界的だからだ。たとえばジブリ映画の舞台。日本というよりも、「世界のどこか」という印象を醸し出している。宮崎監督自身、次のように語っている（※100）。

「人間同士の関係だけが面白いんじゃなくて、世界全体、つまり風景そのもの、気候、時間、光線、植物、水、風、みんな美しいと思うから、できるだけそれを自分たちの作品のなかに取り込みたいと思って努力しているからだろうと思います」

スポーツの世界でも、たとえば国技とされる柔道はいまや世界競技である。2024年のパリオリンピックでは、男女合わせて金メダルは3つ、3年前の東京オリンピックの9個から大幅に減少した。世界の選手のレベルが、各段に上がってきた証左である。一方、アメリカの国技ともいえる野球では、日本人の活躍が注目される。大谷翔平はいまや日本が世界に誇るアスリートの一人である。
その大谷選手が17歳の時に書いたマンダラ図は有名だ。「ドラ1・8球団」という目標をチャートの中心に置き、その実現に向け、コントロール、体づくり、メンタル、人間性など8つの目標を立て、さらにこれらを達成するために8つずつの具体的な実行計画を設定するという、高校生とは思えないほど完成度の高いものだ。これを見たらマンダラ図を日本に広めた空海も、さぞかし目を細めることだろう。

海洋国家・日本の現実味

政治や経済の世界でも、日本は「鎖国」は論外として、自虐的に日本の特殊性に逃げ込む島国根性から、早く目覚めなければならない。筆者はかつて、『経営改革大全』(※101)の中で、海洋国家としての日本の未来を論じた。少し長くなるが、再掲したい。

そもそも日本人は本当に「島国根性」を囲い込んだ閉鎖的な人種だったのだろうか。歴史を見ても、海洋国家という地の利を活かして世界で活躍した民族は少なくない。古くは、カルタゴやベネチア、近代における大英帝国などは代表例だ。そして、日本も立派な海洋国家である。

日本人の祖先は、島国に閉じこもらず、海を渡って海外に乗り出していた。縄文時代の日本人は、木をくり抜いたカヌーで、太平洋まで漕ぎ出していたという記録が残っている。鎖国前の日本人は、果敢に東南アジアに渡って行った。その際に、中国人と違って、日本人村をつくらなかった。現地の人たちに溶け込み、農業やものづくりの知識を伝授して、現地にしっかりと同化していったのだ。ベトナムやカンボジアなどに行くと、そういう日本人の墓が残っている。

和僑と呼ばれた日本人の祖先。彼らは日本人としての伝統芸を現地に植え替えることで、見事に「第二の創業」を果たしていたのだ。まさに「インクルージョン」の名手だったといえよう。

いまでも海外に雄飛する日本人は、数多い。タイやベトナムなどでは、現地に骨を埋める覚悟で活躍する企業戦士たちが「和僑会」を形成している。「土地っ子になれ」を標榜するYKKでは、20年以上海外生活をして一人前、10年くらいでは「長期出張」程度にしか見なされないという。さしずめ現代版和僑である。

京都大学教授で、日本を代表する国際政治学者だった故・高坂正堯氏は、かつて『海洋国家日本の構想』という著書で、海洋国家としての地政学的な見地から国家戦略を説いた。残念ながら今の日本の政界には、それだけ骨太の構想を描き、実践できる人財はいない。しかしより多くの日本人が、この海洋国家としての自覚と自負を取り戻せば、島国根性を脱ぎ捨て、世界に繰り出していく覚悟が生まれるはずだ。

高坂教授は、『海洋国家日本の構想』(※102)の中で、海外の新興国への開発支援と並んで、「海の開発」を海洋国家日本の2大アジェンダとして掲げている。そして国防費の3分の1を、海洋開発にあてるべきだと提言している。

海は残された最大のフロンティアとして、今後重要性を増大させてくるであろう。その場合、日本がその国民的利益を守るにも、国際秩序の建設に参与するにも、海洋の開発に積極的に参加しなくてはならないのである。

60年経ったいま、その慧眼には改めて驚かされる。昨今、宇宙開発競争が喧しいが、日本は海洋開発の重要性を忘れてはならない。グーグルのＡＩに、日本の海洋の広がりと深さを尋ねてみた。次のような即答が返ってきた。

・日本の海洋面積は、領海や排他的経済水域(ＥＥＺ)、延長大陸棚などを含めて世界6位。
・日本の海洋面積は約４４７万平方キロメートル。国土面積(約38万平方キロメートルで世界61位)の約12倍。

・日本海溝など深い海があるため、海水量、すなわち海水の体積で見ると世界4位。

海は、たんぱく質などの有機資源や各種鉱物資源の宝庫であることは、言うまでもない。さらに最近は、気候変動へのプラスの貢献も指摘されている。海藻や植物プランクトンが光合成によって、二酸化炭素を吸収してくれるからだ。陸上の「グリーンカーボン」に対して、「ブルーカーボン」と呼ばれる。気象庁によると、海洋は1年あたり27億トン炭素の二酸化炭素を吸収しており、それは人為起源の二酸化炭素排出量の約4分の1に相当するという。

ただし、その結果、海洋酸性化が進行することも予想され、海洋生態系への影響が懸念されている。海水が酸性化し、海中の炭酸イオンが減ってしまえば、酸素を必要とする海洋生物はもちろん、炭酸カルシウムでできたサンゴも生きていくのが難しくなるため、地球環境にとっては負のスパイラルに陥ることになる。ここでも、生態系全体をとらえる日本的システム思考が不可欠だ。

ヨーロッパはグリーンエコノミーの最先端を走っている。日本はそれに追随するだけでなく、屈指の海洋国家として、ブルーエコノミーで世界を牽引することを目指してはどうだろうか。それはシン日本流経営にとって、重要なアジェンダになるはずだ。

結節点としての「津」

海洋国家・日本は、「海外」に対してどのような価値を提供すべきか。簡単に言ってしまえば、それは日本の異質性と共感性である。海外の人々が同質性しか感じなければ、日本に来ることにも、日本を受け入れることにも、とりたてて価値を感じないはずだ。日本の独自性こそが価値なのである。

ここまでにも再三登場しているが、日本のビジネス用語に「ガラパゴス化」という言葉がある。例によってＡＩに聞いてみると、早速次のような答えが返ってきた。

・特定の地域や市場で独自に進化した製品や技術が、ほかの地域では採用されずに閉じられた状態になること。
・日本の携帯電話市場が高度な機能を持つ独自の端末を発展させた一方で、海外では普及しなかったことから名付けられた。

なかなか要点をついた答えである。しかし、世界遺産ガラパゴス諸島が世界に類を見ない生物や生態系の宝庫であるように、日本もその異質性を価値に転換できる可能性がある。珍獣やサブカルだけでなく、独自技術や製品も、ガラパゴス級に突き抜けた価値を提供できれば、世界に広く受け入れられるはずだ。たとえば任天堂は、ファミコン、DS、Wii、Switchなど、独自の世界を徹底的に追求することによって、国際的なデファクト化に成功している。

ただし「独りよがり」ではいけない。その独自性が、海外でも共感を持って受け入れられる必要がある。共感の導線やストーリーをいかに仕掛けるかが、カギとなる。

「モノ」であれば、それ自体が価値を伝える媒体となりうる。ソニーの家電製品や、ホンダのバイクはその典型例である。しかし、無形の「コト」の価値は、簡単には伝わらない。茶の湯であれば岡倉天心、そして禅は鈴木大拙が、それぞれの価値を海外に広めることに大きく貢献した。どちらもすばらしい英語で、日本文化の奥義を説いたところが大きい。

しかし今日の日本のビジネスパーソンの中に、日本のコトの価値を、海外に分かりやすく伝えられる人は残念ながら稀である。いくら英語が堪能であっても、いや、そうであればあるほど、海外ズレして、日本の本質を理解していない「グローバル」人財が量産されてしまっているからではないだろうか。

日本の真の価値を海外に伝えるには、日本に造詣の深い海外人を媒体としたほうが、はるかに勝算が高い。ここで一般的な外国人ではなく、海外人という言葉を使うのは、海を媒体とした関係性のあり方に着目したいからである。

たとえば岡倉天心も若き日は、アメリカ人の東洋美術史家アーネスト・フェノロサの助手として頭角を現した。そして晩年は、のちにアジア人で最初のノーベル賞受賞者となったインドの思想家ラビンドラナート・タゴールとの深い親交を通じて、東洋的霊性に関する思想を深めていった。

パリにジャポニズムのブームを起こしたのは、浮世絵に強く感銘を受けたフェリックス・ブラックモンというフランス人の銅版画家だ。戦後、日本文学が海外に急速に広まったのも、「日本文化の伝道師」を自称していたアメリカ（最晩年に日本国籍を取得）の文芸評論家、故・ドナルド・キーン氏の貢献が大きい。

「日本発」といっても、日本から出て、一方的に押しつけるだけではけっして成功しない。まず、海外の人に日本の価値を深く体験してもらう必要がある。コロナ禍が明けて戻ってきたインバウンドブームはよいきっかけとはなるものの、単に日本で異国情緒を楽しんでもらうだけではもったいない。それを自国や他国でも根付かせたいと思ってもらって、初めて日本発グローバルが真に広がっていくはずだ。

先に「トランス」の多段活用を論じた。ここでは、日本的価値を確実に「トランス」プラント（移植）する知恵が求められるのである。そのためには、日本人も海外人も、日本の異質性を深く知り、それを海外と結合させる交流の場をつくる必要がある。かつて港町はそのような役割を果たしていた。これからはそのような結節点を、バーチャルだけでなく、物理的に広げていかなければならない。

外に向かって乗り出し、海を越えて集う場をつくる――それを筆者は「津」化と呼ぶ。これが日本にとっての、もう一つの「シンカ」の可能性だ。海洋国家・日本は、そのような可能性にあふれている。島国根性などという卑屈な世界に閉じこもっている場合ではないのだ。

100年以上前のエピソードが思い出される。1919年、豊田佐吉翁は上海に紡織工場を建てようとするが、社内の大反対にあった。その時、障子をパシッと開けてこう言い放ったという。

「障子を開けてみよ。外はひろいぞ」

超国家結郷という可能性

経営の世界では、いまもなお、グローバル化の必要性が喧伝されている。しかし、ここまで述べてきた異質性と共感性という本質を理解せずに、単なるアメリカ化を、しかも数周遅れで唱えている論調がいまだに絶えない。特に経営を知らない学者や官僚、そして「学習モード」から抜け出せない経営者に多く見られる光景である。

たとえばアメリカにおいてすらすでに時代遅れになっている理論を、「世界標準」として奉る風潮。そもそも、世界標準経営などというものはどこにも存在しない。それは舶来モノに飛びつきやすい卑屈な日本人の島国根性が生んだ幻想でしかないのである。筆者はそれを「擬態病」と揶揄している。コスプレ病と呼んだほうが分かりやすいかもしれない。

そして政府が繰り出すさまざまな「日本の産業と企業の競争力強化策」。最近でいえばガバナンス改革、人的資本強化、スタートアップ支援など。いずれも実効力がないばかりか、産業や企業の競争力をますます弱体化させる掛け声にすぎない。

それでも性懲りもなく、2024年6月には経済産業省の製造産業局が中心となって、「グローバル競争時代に求められるコーポレート・トランスフォーメーション」と題した報告書を出している。いままでさんざん議論されつくした論点と処方箋のオンパレードだ。

これで日本が復活するようであれば、世話はない。しかし、これではまたぞろ経営の最前線を理解していない政府の余計な口出しに終わってしまうのがオチだ。イケていないところを挙げるときりがないが、そもそも議論のスタートが大きく3点間違っている。

第一に、ひと昔前のアメリカ流の経営モデルを「ワールドクラスの経営」と祭り上げ、それとのギャップを埋めようとしていること。アメリカにおいてすらこのようなステレオタイプな議論は10年古く、かつ、それ以外の国の優れた経営モデルを学習すらしていない。もっともこれまで論じてきた通り、ワールドクラスに追いつこうという卑屈な姿勢そのものがナンセンスなのである。

第二に、日本の本質的な特性をまったく理解せず、現場力に裏打ちされたすり合わせ型のディープテックのみを成功モデルとしていること。この議論はすでに20年古い。製造産業局だけで議論すると、このような論点から抜けきれないのだろう。これでは日本の製造業が地盤沈下するのもうなずける。

民間から参加している委員のメンバーを見ても、負け組企業のCFO、CIO、CHROなどの本社スタッフ部門が中心。これでは「あったらいいな」といったレベルの空虚な議論に終始してしまうのも無理はない。なぜ、日立製作所、ソニー、ファーストリテイリング、キーエンス、リクルートなどといった勝ち組の日本企業の声を聴こうとしないのか。もっともそのような企業は、ハナから政府主導の論議には興味がないかもしれない。

第三に、そもそも日本の産業と企業がいかに勝つかを論じていること。世界の産業はとっくにグローバルにつながっており、勝ち組日本企業の実態はすでに日本を離れている。国益を守ろうとする政府の気持ちは分からないではないが、そのような「国策」が、とうの昔にグローバル連結している実態から大きく乖離している。

本気でアメリカ化を目指したいのであればKKRなど、それこそ世界一流のPEファンドの話に耳を傾けるべきだろう。しかし、それよりも何よりも、前掲したグローバル連結経営で成功している日本企業のトップからもっと学ぶべきではないか。

そのような成功企業として、本書の第Ⅱ部で取り上げた5社の中では、ダイキンが筆頭に挙げられる。アメリカでは大きな買収を仕掛け、中国では世界トップの現地企業と手を組み、インドでは現地出身の経営者を中心に、筆者が「自律異結合型（DACO：Decentralized,

Autonomous, Connected Organization）」と呼ぶ、創発型の次世代経営モデルを実践している。なおDACOモデルについては、拙著『10X思考』（※94）を参照いただきたい。

あるいは中外製薬。件の経産省の資料では、最も営業利益率が高い（約40％）にもかかわらず無視されている企業だ。その理由は、海外売上比率が低い（約50％）ことにあるようだ。しかし、中外製薬は時価総額でも日本企業の中で13位（2024年12月末日現在）に位置している。なぜ同社は圧倒的な勝ち組企業なのか。それは医薬業界世界ナンバーワンのスイス発グローバル企業ロシュと手を組んでいるからだ。

2002年に締結した戦略的提携契約に基づいて、ロシュは中外製薬の株式の過半数を取得。その一方で、中外製薬は経営の独自性を保証され、いまも東証プライム市場上場企業の地位を維持している。しかもロシュ製品の国内独占販売権を得るとともに、自社製品のグローバル展開をロシュに委託している。その結果、中外製薬は主力製品の開発に、思い切って投資することが可能になった。

自前でグローバル化に進もうとすると、武田薬品工業のように大型買収を立て続けに仕掛け、大きなリスクを抱えなければならない。しかも、そのようなグローバル企業を経営できる人財は、日本には皆無だ。武田の経営陣は、CEOを筆頭に非日本人がマジョリティを占めている。いまはまだ日本にグローバル本社を置いているが、実態はもはや非日本企業と呼んでいいだろう。それに対して中外製薬は、得意とする日本での創薬にこだわり続ける。それがグローバル企業グループの中での中外製薬の異質性であり、存在理由であるからだ。

ダイキンや中外製薬など、出身国や国境にとらわれない真のグローバル経営を、「トランス」ナショナルモデルと呼ぶ。そう、先述した「トランス」の多段活用を空間軸に落としたものである。日本語では、超国家モデルなどと訳されている。

筆者はあえて「超国家結郷《ゆいごう》」モデルと呼ぶ。日本には古くから「結」や「郷」という共創モデルがあった。それを、国境を軽々と超えて、広げていくイメージだ。日本発、日本人経営、国益などという「お役所日の丸」的な時代錯誤の発想は、そろそろ封印しようではないか。その際に、日本を出発点や終着点と位置付けてはならない。実力もないくせに、そんな身勝手なことをする日本を、世界は軽々と跨いで先に進んでしまうだろう。

シン日本流は、日本が「津」、すなわち寄港地であることを目指す。そのためには世界に追いつけ追い越せという古いパラダイムではなく、世界の中で異質性と共感性を獲得することに注力しなければならない。

COLUMN

「別日本」の可能性

「世界に別様の可能性を感じるとしたら、どうすればいいのか」

『別日本で、いい』松岡正剛

本書では、随所に編集工学の方法論を応用していることに、気づかれただろうか。編集工学とは、故・松岡正剛翁が発明し、文化や経営の本質の読み解きに活用している方法論である。筆者は、学生時代から長らく私淑させていただいたので、親しみを込めてセイゴオさんと呼ばせていただく。

2024年5月には、セイゴオさん流の日本編集の集大成ともいえる『別日本で、いい』(※103)が上梓された。セイゴオさんとは、シン日本流経営のあり方や、それを日本、そして世界に広めていく可能性について、近いうちにまた議論させていただくのを楽しみにしていた。しかし、本書執筆中の2024年8月12日、セイゴオさんが逝去されたという知らせが飛び込んできた。長らく肺がんと闘っておられたことは知っていたが、突然のニュース。享年80。日本にとって、本当に惜しい人の、あまりにも早すぎる最期である。

　このコラムでは、シン日本流という視点から、セイゴオさんの想いを読み取っていきたい。

「ジャパン・フィルター」による編集

　セイゴオさんは、数々の著書や発信を通じて、「編集（リミックス）」という方法の魔力を、切れ味よく示してくれた。なお、編集とは、「該当する対象の情報の構造を読みとき、それを新たな意匠で再生するもの」だという（※104）。そしてその対象は、科学や文明、文化や風俗、歴史や自然など驚くほど多岐に及ぶ。

　それらを編集するうえで共通するのは、「日本」に奥深く根差すものの見方、考え方、感じ方、生き方である。それをセイゴオさんは、「ジャパン・フィルター」と呼ぶ。

　最近では、「フィルターバブル」の問題が取りざたされている。情報が氾濫する中で、自分が見たいものしか見えない、異質なものが目に入らない「バブル」の中に自分自身を閉じ込めてしまう現象だ。社会運動家イーライ・パリサーの同名の著書（早川書房、2016年）で、それこそ一気にバズった。

セイゴオさんが創設した情報工学研究所では、編集におけるフィルターの役割に注目する。同社の安藤昭子社長は、次のように語っている（※65）。

「フィルター」自体には善し悪しはなく、情報選択を司るひとつの認知機能です。そのため、このフィルターが「色眼鏡」となることもあれば、「自分軸」として重要な決断を支えてくれることもあります。アテンションとフィルターは、世の中をどう見ているかという、その人のものの見方を形づくっているものでもあります。

いかにフィルターを自在に持ち出せるかが、情報収集の重要なポイントです。発想力が豊かな人は、このフィルターの切り替えが上手な人ともいえます。

フィルターバブルは、そのようなフィルターの切り替えが利かなくなった状況を指すのである。

セイゴオさんは、日本は情報を独特の方法でつなぎ、新たな意匠に仕立てていくことを得意としてきたという。英語で「association（連想）」と呼ぶ思考法だが、日本人は平安時代から「あわせ・かさね・きそい・そろい」という方法で、それを独自にこなしてきた、とセイゴオさんは語る（※105）。

近著『日本文化の核心』（※106）では、それを「ジャパン・フィルター」と呼んだ。それはフィルターバブルのような画一的なものではなく、常に「うつろい」を大切にするものだとも論じている。フィルターそのものも多様だ。代表的なものとして、客神（マレビト）フィルター、神仏フィルター、仮名フィルター、辺境フィルター、型フィルター、かぶきフィルター、数寄フィルター、面影フィルター、まねびフィルター、経世済民フィルターなど。それぞれが奥深いものであり、ぜひこの名著に目を通してみていただきたい。

これらのフィルターに共通している特性が2つあると、セイゴオさんは指摘している。1つ目が「多様で一途」。日本は、多神で多仏、天皇と将軍、無常と伊達、仮名と漢字など、多義的な価値や文化を包摂する社会を築き上げてきた。まさに「多様」そのものだ。それでいて、「一途」にその方法論を貫く。時々バランスを失いかけても、必ず多様性を取り戻す。

セイゴオさんは、「多様」を「うつろい」、「一途」を「おもかげ」という大和言葉でも表現する。それはおそらく、前述した河合隼雄氏が言う「中空構造」と関係しているのではないだろうか。真ん中がないからこそ、多様なものが共存しうるのである。

いま経営の世界では、「ダイバーシティ&インクルージョン」が呪文のように唱えられている。しかし、そもそも「多様（ダイバーシティ）で一途（インクルージョン）」は、日本本来の流儀であったはずだ。舶来思想でコスプレするのではなく、日本の伝統的な型を受け継ぎ、進化させることこそが、シン日本流が目指すべき道である。

2つ目が「フラジャイル」。脆弱さと訳される。一見、弱さに見える。しかし、「崩れやすいからこそ、崩しにくいという不思議な関係」(※104)とセイゴオさんは言う。禅問答のように聞こえるが、これが、日本の本質的な強さなのである。

なぜか。変化を柔軟に受け止め、それを新たな意匠へと仕立てることができるからだ。二律背反的対峙でもなく、かといって力で止揚(アウフヘーベン)しようとする弁証法でもない身のこなし方。「しなやか」「たおやか」といった形容詞がぴったりくる気がする。筆者の言葉で言えば、「ずらし」の流儀である。

海外の文明や文化を、日本に取り込む時も同様である。従属(中江兆民のいう「恐外病」)でもなく、忌避(同「侮外病」)でもない。海外を意識しつつ、それを活用してもう一つの「和」をつくること。セイゴオさんはそれを「外来コードを使って、内生モードをつくり出す方法」と呼ぶ。このようなジャパン・フィルターを通して、新たな価値を編集していくことこそ、シン日本流の流儀でなければならない。

京都発「棲み分け」理論

京都は日本の古都、そして神社仏閣の町として世界に名高い。学問の都でもある。北野天満宮は、学問の神様・菅原道真公を祀っている。京都大学はノーベル賞受賞者を11人輩出、日本のみならずアジアでトップだ。

ノーベル賞とは縁がないが、京都大学に脈々と流れる哲学の伝統は、京都学派として知られている。なかでも西田幾多郎の「善」の哲学は、前述した盟友・鈴木大拙の「禅」の宗教と並んで、本書で論じている日本流の支柱となっている。

2023年7月には、京都学派の流れを汲む出口康夫教授が中心となって、「京都哲学研究所（KIP：Kyoto Institute of Philosophy）」が創設された。ホームページには「歴史文化都市・京都の地から、多様な価値の提案を通じて、価値多層社会を目指す、国際的な訴求力を持った運動体を形成することを目指す」と、設立趣旨を宣言。NTTの澤田純会長が共同代表理事になるほか、日立製作所の東原敏昭会長などが理事となり、産学共同の取り組みとなる。

また、2024年8月1日付で、ボン大学のマルクス・ガブリエル教授がシニア・グローバル・アドバイザーに就任するなど、国際色豊かな顔ぶれだ。筆者もその翌日、ガブリエル氏と対談する機会があったが、KIPの活動を基盤に、シン日本流の哲学思想が世界に発信されることを、大いに期待していると語っていた。

ビジネスの世界では、超優良企業が本社を構える街としても知られている。京都生まれの世界企業といえば、京セラ、ニデック、村田製作所、任天堂、オムロン、ローム、島津製作所、堀場製作所、ワコールなどの名前が挙がる。

筆者は、京セラの創業者・稲盛和夫翁と、ニデックの創業者・永守重信翁の経営を論じた拙著の中で、京都企業の流儀を次のように論じている（※74）。

中京地区が自動車メーカーを中心とした巨大な城下町として粛々と発展してきたのに対して、京都ではそれぞれの企業が、思い思いの姿で百花騒乱に咲き誇っている。なぜだろうか。

堀場製作所の堀場厚会長の自著『京都の企業はなぜ独創的で業績がいいのか』（講談社、２０１１年）が、大変参考になる。京都企業の独自性は、室町時代から続く職人文化の４つの特徴に根差しているというのである。

①人のマネをしない
②目に見えないものを重視する
③事業を一代で終わらせず、受け継いでいくという考え方
④循環とバランスという考え方

さすがに、「棲み分け理論」で有名な京都学派の生態学者、今西錦司を生んだ土地柄である。

日本が「失われた30年」をさまよっている間、これらの京都企業は、それぞれ独自

の成長と進化を続けてきた。アメリカ型の資本主義の弊害から距離をおき、持続的な成長を実現してきた良質な京都企業は、我々が目指すべき次世代の経営のあり方を示している。

筆者は、同書を上梓して以来、京都のビジネススクールの教壇に立つことが多く、これら京都企業との交流も深い。中国の有力企業のCEOを京都にお連れして、これら企業のトップから、良質な日本流経営の本質を学んでいただく機会も増えた。シン日本流経営の本流は、京都に脈々と流れている。

近江というオルタナティブ

セイゴオさんは、最近の数年（つまり、いまから思えば最晩年）、近江から日本を見つめ直す活動に精力を注いでいた。前掲『別日本で、いい』の中で、次のように語っている。

あるとき、ギョッとした。ひょっとして私は京都の歴史文化にかこつけて日本をみすぎていたのではないかと思ったのだ。

だとして、なぜ近江なのか。

実はセイゴオさんの中に近江の血が流れているのだ。父親が若くして京都に移り住んだが、実は近江の湖北・長浜の出身だという。湖北・長浜は「観音の里」とも呼ばれ、古くから仏教文化が根付いている。

近江は古来、重要な「脇役」であり続けた。もっともあまり知られていないが、一度だけ、日本の中心になったことがある。667年、中大兄皇子《なかのおおえのおうじ》(のちの天智天皇)が、飛鳥岡本宮から近江大津宮へと都を移したのだ。その背景には、唐・新羅の進攻を警戒し、律令体制の基礎を築く必要があったといわれている。しかし、672年、壬申の乱によって廃都となり、都は飛鳥に戻される。5年半という記録的に短命な都であった。

京都の鬼門を守る比叡山延暦寺があるのも、実は大津市である。延暦寺を創建した伝教大師最澄の生まれも大津市。近江は日本仏教の「もう一つの主役」だといえよう。その近江の真ん中にあるのは、琵琶湖という巨大な「空《くう》」。それは日本全体の中心にも位置する。まさに「中空構造日本」を象徴する土地柄である。

そこには街道や水運によって人や物が行き交い、さまざまな文化が流れ込む。その一人として松尾芭蕉の名が挙げられる。芭蕉は京都と東国を往復する際に近江を頻繁に訪れ、そこでのひと時をこよなく愛した。芭蕉は生涯に980句を詠み、そのうち近江で詠まれたものは93句に上るという。江戸に次ぐ数だ。そして遺言通り、いまなお大津の義仲寺に眠る。

流通の世界で大きな役割を担ったのが近江商人たちだ。近江商人の「三方よし（売り手よし、買い手よし、世間よし）」は、その後、日本の商いの精神の支柱となった。そしてそれは、いま世界が求めている経営倫理でもある。シン日本流経営の源流として、大切にしていきたい。

生前の2023年早春、編集工学研究所の本社（「本楼」と呼ばれる）で、セイゴオさんとじっくりお話しする機会があった。その際に、日本の商社について一緒に研究したい、というお話をいただいた。筆者が三菱商事出身であることも配慮されたのだろうが、それよりも近江商人への親近感がとても強かったようだ。であれば、伊藤忠商事か丸紅ということになるが、ぜひ丸紅を題材にしてみたい、とも語られていた。来年あたりにぜひ、とお話ししていたが、実現を見ることがなく、大変心残りである。

セイゴオさんは、近江に「別様」の可能性を見る。日本では古来、「別当」「別業」「別格」など、格別なものを表現する場合に、「別」という字が使われてきた。いまや死語となっているが「べっぴん」も、もともとは「別嬪」と書いた。「別」とは、oneに対するanotherの存在。「近江は多くのanotherを引き取りうるような土地と歴史と風土文化を抱えてきたのではないか」とセイゴオさんはつぶやく。

「別」を準備することは、コンティンジェンシープランニングに通じるとも言う。不確実性や偶発性に対応する知恵である。複雑系において創発を促す装置でもある。VUCA時代のいまこそ、単一（one）のシナリオではなく、「別様（another）の可能性」を準備しておかなければならない、とセイゴオさんは語る。

『別日本で、いい』に掲載された巻頭文は、「虚に居いて実を行ふべし」という芭蕉の言葉で結ばれている。虚（バーチャル）から実（リアル）へと回帰していく、別（another）が現実（one）を生み出していく。これは先述した、デジタルツインからリアルツインへの発想の転換に通底する。

近江というオルタナティブを深く探求することで、日本の新しい可能性が見えてくる。そして、それは世界の新しい可能性につながっていくはずだ。セイゴオさんの遺言として、しっかりと受け止めていきたい。

ジャパンズからグローバルズへ

「別日本」は、近江に限るわけではない。

たとえば奈良。筆者は週末、京都で教鞭を執った後は、近江、そして奈良に向かうことが多い。京都より「みやび」ではないが素朴で、かつはるかにディープだからだ。

朝日新聞デジタルに、興味深い記事が出ていた。題して「古都の頂点どっち？『奈良県民』と『京都人』インフルエンサー対決」(※107)。

・「古いのは奈良や！」と「奈良県民」が挑発すれば、「長いのは京都どす」と「京都人」が切り返す。

・「日本で一番京大合格率が高い都道府県は奈良県。京大は実質奈良領」と奈良県民botが書き込めば、京都人botが「あら、遠いところからおこしやす。県内から選ばはったらよろしいのに」と、大学の数や規模で圧倒的に不利な奈良をチクリ。

どっちもどっちだが、プライドの高い京都人は、近隣県民も大阪府民も田舎者扱いする傾向があるようだ。セイゴオさんは近江だけでなく、奈良にも「別日本」の可能性を見出そうとする。「奈良から世界へ」(※108)と題された対談の中で、次のように語っている。

「そもそも奈良というのは景色のサイズがいいよね。天《あま》の香久山《かぐやま》や畝傍山《うねびやま》といった大和三山にスズメが飛んでいるだけでも、万葉に詠まれている風景そのものだし、『ついばむ』、『草もゆる』といった大和言葉の風景もそのまま残っています。借景といえば、実際のビジュアルなものだけではなく、まさぐって分かる借景、つまり知覚、音から来る借景もある」

「奈良というのは、同じ関西圏の京都や大阪と比べても、見た目の刺激量がはるかに少ないから、堆積した時間の奥から魅力を引っ張りださないといけない。つまり、多少の知識やそれなりの『思い』がないと、奈良は退屈に見えてしまう」

「『まほろばの国』なんて聞くと、時の流れがゆったりしたように感じるけれど、奈良時代の日本は、実は相当ラジカルで高速だった。大仏建立だって、完成までわずか7年くらいで勝負をつけている。明日香から、浄御原《きよみがはら》、平城京、長岡京、平安京…。7年で国を変え、都もぱっぱと移している」

奈良だけではない。日向神話、出雲神話、平家の海の都、藤原三代の平泉など、日本の各地に、「別日本」が潜んでいると、セイゴオさんは指摘する。たとえば日向神話。天孫降臨《てんそんこうりん》伝説に始まり、いまの宮崎県には『古事記』や『日本書紀』に登場する場所が点在している。天の岩戸開きを中心とした高千穂夜神楽が伝承する高千穂町、海幸彦・山幸彦伝説の地である青島など。

日本にはこのようにいくつもの「別」が存在する。セイゴオさんは、それを「ジャパンズ」と表現する。日本は一つではないのである。そしてその多様性は、文明や文化、サブカルチャーの世界にも織り込まれているという。

日本が、多くの別様を包摂する国であること。そこにこれから世界が向かうべき元型《げんけい》（アーキタイプ）を見出すことができるのではないか。筆者は、それを「グローバルズ」と表現している。オルタナティブ（別）を広く受け入れる日本的な懐の深さは、シン日本流を世界に発信するうえで、キーメッセージの一つとなるだろう。

「別様」という選択肢

セイゴオさんは、民俗学者・折口信夫が唱えた「まれびと」信仰を、日本文化を理解するうえで重要な概念として注目する。「稀人」あるいは「客人」とも書く。英語の「ストレンジャー」や「ビジター」に近い。

まれびとは春のはじめなど、時を定めて他界から来訪する、霊的もしくは神の本質的存在だとされる。地方によっては悪鬼の姿で現れることもあるが、農作物の豊穣など、人々に幸福をもたらす神格化された来訪者である。人というより神、「来訪神」と呼んだほうがいいかもしれない。

まれびとをもてなすために、華道、茶道、音楽、舞踊などの芸能が発展した。そして生け花や掛け軸、坪庭、玄関の誂えなど、空間をまれびと仕様に仕立てる「間の文化」が広がっていった。まれびとは、外からやってくる、言わば異邦人である。いま風に言えば「インバウンド」である。それに対して、日本人自身はどのような存在か。
セイゴオさんは、日本人の漂泊と辺境への執着にも注目する(※106)。

たとえば巡礼や辺境が好まれてきたということ、人形浄瑠璃や歌舞伎で「道行《みちゆき》」が好まれてきたこと、時代小説や時代劇映画で「股旅《またたび》もの」が愛されてきたこと、司馬遼太郎の『街道を行く』シリーズに多くの読者がついていること、さらには、鉄男くんブームや路線バスの旅が人気をもちつづけていること、さらにはテレビで「いま、あの人はどうしている」といった番組がずうっとくりかえされているということなど。こうしたことを併せて考えてみると、やはり「漂泊」「落魄《らくはく》」「無常」「辺境」「巡礼」「道行」の感覚がかなり重なっているのだろうと思えます。

それを「マージナルを重視する日本」と表現する。「常民」が「遊民」に憧れる。「みやび」と「ひなび」が共存する。それが「うつろい」という日本文化の核心につながるとも言う。

世界という広がりで見れば、日本人は「来訪人」を待つだけでなく、「漂泊人」となって、世界を漂泊すべきではないだろうか。いま風に言えば「アウトバウンドのすすめ」である。筆者は、そのような生き方を「ノマド(遊牧民)」と呼ぶ。シン日本流では、「ノマド」となって日本発世界を目指していきたい。

その時、日本は世界の中でどのように位置付けられるのだろうか。

セイゴオさんはまた、「境界国」という「別様」に注目する。キリスト教思想家の内村鑑三が英語で書いた『代表的日本人』(※109)の中で、「ボーダーランド・ステイト」と呼ぶ考え方である。

歴史的に優れた文明や文化を持っていた国はいずれも小国であったと、内村鑑三は指摘する。たとえばユダ王国は、バビロンとエジプトの間にはさまる小国にすぎなかった。ちなみに内村はみずからの中に、2つのJが共存していると告白している。Jesus(ジーザス)とJapanである。

たとえば、デンマーク。北欧の小国であるにもかかわらず、国民の一人ひとりが高い見識を持ち、自然を大切にすることによって豊かさを手にし、世界から一目置かれている。内村鑑三は、1世紀以上前に、デンマークを高く評価する先見の明があった。そして日本も、デンマークのように、辺境にいる境界国でありながら、世界に貢献する国を目指さなければならない、と語る。

『デンマルク国の話』という講演の中では、次のように述べている(※110)。

「国は戦争に負けても亡びません。実に戦争に勝って亡びた国は歴史上けっして尠《すくな》くないのであります。国の興亡は戦争の勝敗によりません。その民の平素の修養によります。善き宗教、善き道徳、善き精神ありて国は戦争に負けても衰えません。否、その正反対が事実であります」

この講演が行われたのは、日韓併合の翌年の1911年。周辺国への侵略に対する強い批判がうかがえる。日本人は、第二次世界大戦における敗北を経てようやく、この平和主義者の声に耳を傾けることとなった。

ひるがえっていま、我々は内村鑑三のいう「境界国」を目指すべきではないか。セイゴオさんは次のように語る(※108)。

「世界のお手本ではなく別様であることが『日本という方法』なのかもしれないですね。『別様』とは英語でいうと『コンティンジェント(contingent)』ということです。偶有的なるものを重視するということです」

「世界標準」などという卑屈な言葉に、いつまでもとらわれている場合ではない。世界標準などというものが存在しないことは、繰り返し指摘してきた通りである。「別様」「オルタナティブ」「コンティンジェント」であることを目指そう。そして遊民(ノマド)

として、そのような選択肢があることを、世界に示していこう。それが「ずらし」を奥義とするシン日本流が歩むべき未来ではないだろうか。

草葉の陰からセイゴオさんが、「いない、いない、ばあ」と言って、おどけて出てきてくれそうだ。

第Ⅳ部 扉の向こうへ

「わたしの花が ふしぎと ひとつ ひとつ ひらいていった」

『念ずれば花ひらく』坂村真民

ここまでシン日本流についてさまざまな切り口から論じてきた。シン日本流は単純化された経営理論でも、目新しいだけの競争戦略でもない。ＤＮＡのごとく刻み込まれた日本特有の「流儀」を、学習と脱学習を繰り返すことにより変態させていく、一種の運動論である。

日本の強みと世界のそれを異結合させるという目指すところは同じでも、そこにたどり着くまでのアプローチの仕方は、それぞれの企業やその時々の環境によって異なる。

何を自社の本質的な強みと見定め、それを軸足に、どこにピボットするのか。一方で何を手放すのか。その答えを、欧米流の擬態経営に求めることはできない。これまでケースとして紹介してきたシン日本流を実践する企業がそうであるように、みずから見つける以外にない。

しかし、その手がかりは過去に見出すことができる。進化の本質は、過去から未来を紡ぎ出すことにある。ありもしない世界標準を追い求めるのではなく、日本流を覚醒させ、自社ならではの方法で磨き込むことが変態の足がかりとなる。第Ⅲ部では、この点について掘り下げた。

では、我々はシン日本流を身につけたうえで、どのように未来を拓いていけばいいのか。

そして、それをいかに世界に広めていけばいいのだろうか。第Ⅳ部ではこれを考察し、明日に向けた提言としたい。

まず「未来」、すなわち時間軸について考えてみたい。

欧米流の経営論は、初めに未来の「あるべき」姿を描き、そこから何をすべきかを考えよ、と説く。「バックキャスティング」と呼ばれる手法だ。そのためには、まずは目指すべき「北極星（North Star）」を高く掲げなければならない。

しかし、日本人の多くはこのような演繹的な思考法を苦手とする。拙著『パーパス経営』(※68)は、副題に「30年先の視点から現在をとらえる」と謳っている。しかし、筆者が日本企業のパーパス策定をお手伝いする際、まずこの出発点でつまずくことが少なくない。この手の「跳んだ」発想は、帰納的な思考を得意とする日本人には、いかにも非現実的に思えてしまう。

そこで筆者は、「白昼夢（Day Dream）セッション」をおすすめしている。できれば本社から遠く離れたオフサイトが望ましい。幹部だけでなく、多様な世代、特に若者が加わることが肝心だ。そこではあらゆる制約を排除して、童心に返ったつもりで「ワクワク」する未来を夢想してもらう。日本人ならば誰しも、そのようなアニメの世界に胸を膨らませた記憶があるはずだ。

しかも、それは「北極星」のような画一的なものである必要はまったくない。数年前、ジャカルタでパーパスワークショップを実施した際、「ここでは北極星は見えません。南十字星（Southern Cross）ではだめですか」と問われて、「北半球バイアス」に陥っている自分を恥じた。以来、「星座群（Constellations）」と呼ぶことにしている。誰の目も気にせずに、思い思いの「あったらいいな」を描いてもらう。

その際には、「常識」という名の自縄自縛を封印して、自由な発想を解き放つ必要がある。仏教でいうところの「解脱」である。そうしてみると、そこには「悪」ではなく、「善」が潜んでいることに気づくはずだ。

日本流の開祖の一人である西田幾多郎は、善は人間の中に「可能性」として伏在していると言う。そしてそれを開花させることができれば、周囲に共感の輪を広げ、善を実践することができると説く。

30年先の未来など予測できない、という声をよく聞く。もちろんクリスタルボールかタイムマシンがない限り、未来を的確に予測できるわけがない。しかし、想像することはできるはずだ。

もっとも、そのままでは未来はやってこない。ならば、みずからの手でつくり上げていけばよい。未来は待ち構えているものでも、正しく予測するものでもなく、みずから想像し、創造するものなのだ。

西田幾多郎はそれを「永遠の今の自己限定」と呼ぶ。未来は永遠に開かれている。それを実現するのは、自分自身の動的運動、すなわち実践である。そこで大切になるのは、現在、すなわち禅でいう「而今《にこん》」である。

永遠の現在の行為の積み重ねが未来を拓いていく。欧米型のバックキャスティングではなく、フォアキャスティング、すなわち現在の思いを基軸に、みずからの手で未来をつくり込んでいくことがカギとなる。

常に「現在」が起点となり、自分自身の信念に基づいてみずからを賭する（自己投企する）ことで未来をつくり続けていく。それがシン日本流の時間軸でなければならない。

では世界、すなわち空間軸をどうとらえればいいか。

再び西田幾多郎に立ち戻ってみたい。西田は、主体 対 客体という二元論を超えて、「他者のことを我がこととしてとらえる」視座の必要性を説く。そして、真にその境地に立てた時に、「善」を実践することができると言う。西田哲学の流れを汲む京都大学の出口康夫教授は、それを「われわれとしての自己（Self-as-We）」と呼ぶ。

そして、このシン日本流哲学は、静かに世界に広がり始めている。たとえば、禅（Zen）。筆者が教鞭を執る京都は、海外からの来訪者が絶えない。リピーターの多くは、禅寺に足しげく通う。スティーブ・ジョブズの禅への傾倒、そして京都愛好もよく知られている。

いまも、シリコンバレーからプライベートジェットを飛ばして京都に来ては、枯山水の前で瞑想して帰国する著名なアメリカ人起業家の姿をよく見かける。

禅人気はインバウンドに留まらない。曹洞宗や臨済宗は、禅センターを欧米各地に建立しており、座禅は現地で静かなブームを呼んでいる。アメリカでは、とりわけ「二人の鈴木」が有名だ。一人は、仏教学者・鈴木大拙。前述した通り、『禅と日本文化（Zen and Japanese Culture）』を英語で出版。禅の精神がみなぎる「日本流」を、世界に広めた。

もう一人が、曹洞宗の禅僧・鈴木俊隆。1959年、55歳で渡米し、西海岸に禅寺や禅センターを開設した。英語で書かれた主著『Zen Mind, Beginner's Mind』(※11)は、ジョブズをはじめ、全米で愛読され続けてきた。

禅に限らない。日本が大切にしてきた生活や文化は、飽くなき競争や終わりの見えない紛争を超える一つの有力なオルタナティブ（「別」）として、世界にますます注目されるのではないだろうか。

シン日本流経営も、日本の中だけで「ガラパゴス」化している場合ではない。シン日本流文化とともに、世界に布教する努力が、いまこそ求められている。共感の輪が広がることで、我々の花が一つひとつ開いていくことだろう。

本書のしめくくりとなる第Ⅳ部では、シン日本流経営が未来、そして世界を拓いていく可能性を展望してみたい。

第16章 個から有機体へ――シンカする組織

時間と空間は、今後どのように進化するだろうか。

西洋科学では伝統的に、時間を「過去・現在・未来」と線形にとらえてきた。それに対して20世紀後半、複雑系理論などの登場により、時間の非線形性が注目されるようになった。たとえば、複利的な成長。直線的な成長に比べて、時間とともに成長が加速する。あるいは波動。一定の期間に同じ動きを繰り返す。あるいはカオス。まったく予測不可能な動きを示す。

ただ、時間は元に戻らない。過去が現在や未来を飛び越えることも、未来が現在や過去に遡ることもない。その意味では、現在を起点に、過去と未来は別のものとして存在する。

一方、東洋思想において、時間を過去・現在・未来と区分けしないことが多い。たとえば禅では、「三世不可得《さんぜふかとく》」と呼ぶ。三世とは、過去・現在・未来を指す。鈴木大拙は、次のように語る(※98)。

過去・現在・未来に分かれて考えられる現在ではなくて、絶対の現在。それが不可得の正体である。これが手に入らないと、禅は話にならぬのだ。霊性的直覚の世界はこれから開ける。

この「絶対の現在」は、鈴木の盟友・西田幾多郎の根本思想の一つである。現在の行動こそが未来をつくる。西田哲学が「行為の哲学」と呼ばれるゆえんだ。西田哲学は、ハイデガーの実存主義と東洋の仏教思想を融合し、新たな「オルタナティブ」を提示しているのである。

では、空間のとらえ方はどうか。西洋科学では古代ギリシア以来、長らく「ユークリッド幾何学」が基本とされてきた。図形的直感を基本とし、5つの公準と5つの公理からなる初等幾何学で、ユークリッド空間は3次元の座標軸に落とすことができる。

それに対して、19世紀には「非ユークリッド空間」の存在が唱えられる。ユークリッド幾何学が空間を平面の延長としてとらえるのに対して、非平面的、たとえば球面的にとらえる考え方である。さらに20世紀に入ると「位相（トポロジー）空間」が登場する。空間の中の諸要素の関係性や変換性に注目する考え方である。

一方、東洋思想では空間を言わば要素分解してとらえるのではなく、全体を包摂してとらえようとする。たとえばマンダラ図。中心と周囲が一体となった世界観が示されている。西田哲学では、「絶対無」という場所を想定する。そこは「絶対」、すなわち「対立」を「絶つ」包摂的な場であり、かつあらゆる存在が生まれる「無」という根源的な場を指す。言い換えれば、分断ではなく包摂、表層ではなく根源に満ちた世界観である。

さらに言えば、そもそも時間と空間を分けるのではなく、融合したものとしてとらえている。鈴木大拙は、時間を直線ではなく円環としてとらえれば、空間はその中に包摂される、と語る。また、西田幾多郎は、時間という継続的な流れと、空間という動きのない広がりという二つの相反する概念が、一つの世界において同時に存在していることを、「絶対矛盾的自己同一」と表現する。

生物学者の福岡伸一教授は、それを「包まれつつ包む」と言い換えている(※112)。空間は時間に包まれ、時間は空間に包まれている。その考え方は、生命がみずからを壊すことによってみずからをつくり出すとする福岡流生命科学に通底している、という。

時間と空間が融合する。そして、哲学と科学も融合していく。それがシン日本流が目指す新たな視座である。本章では、組織が生命のように、個を超えて有機体としてシンカする姿を展望してみたい。

「われわれとしての自己」Self-as-We

西洋における近代化は、「個」に目覚めることだった。近代化とは、伝統的な権威による個人の拘束から逃れ、個人的な自由を獲得するプロセスだったともいえよう。その結果、「自分個人の利益を追求するために、みずからの理性に従い、自由かつ合理的に活動する」という近代的自我が形成されていった。

それに対して東洋では、伝統的に万物との一体感が基調にあった。たとえばインド仏教は「空の思想」から出発している。神や世界、そして「自我」など実在しないという考え方である。荘子は、「万物斉同《ばんぶつせいどう》」を唱えた。万物は道の観点から見れば等価であるという思想である。また禅では、「無心・無我」の境地を説く。言い換えれば、個は全体の中に包含される。まさに「包まれつつ包む」という関係が尊ばれていたといえよう。

日本人は明治維新後の西洋化の波によって近代的自我の確立を迫られる。しかし、自然との一体感に深く根差した日本的OSは簡単に塗り替えられるものではない。結果、日本人は集団主義に引きこもりがちで、アイデンティティ（自我同一性）が希薄だと揶揄されてしまう。

しかし、そもそもアイデンティティなるものこそ錯覚でしかないと唱えたのが、前章でも取り上げた臨床心理学者の河合隼雄である。河合氏は、ドイツの心理学者エリク・エリクソンが唱えた「アイデンティティ・クライシス」という現象は、そもそも「自分は何者か」を固定的にとらえようとすることに起因するのではないかと指摘する。

環境の変化やみずからの成長によって、自分のアイデンティティは変わりうる。そして「無常（常態というものが存在しないこと）」に身をゆだね、アイデンティティをあえて決めつけることをしない日本人のほうが、変化が常態化している時代にマッチしているのではないか、とも言う。

「（和魂洋才は）最初からしっかりとある和魂の上に、洋才をボンと乗せることではありません。自分の和魂がどういうものかはわからないけれども、その和魂を洋才で磨いていこうということです。そうすることによって、自分のアイデンティティを死ぬまでかかって作っていくことが必要ではないでしょうか」（※113）

河合氏は、それを「開かれたアイデンティティ」と呼ぶ。日本人の「自己」は、時間、そして空間に対して、常に開かれているのだ。また、京都大学の出口康夫教授は、それを「Self-as-We」と表現する。メタバース時代の自己をテーマとした、鳴海拓志・東京大学准教授との対談（※114）から引用する。

Self-as-Weは、強固なアイデンティティを探し求めてきた西洋近代の思想とは違いますし、アイデンティティを完全に否定するポストモダン思想や仏教の無我説とも違います。アイデンティティの存在は否定しませんが、それを目的による行為の統一性ととらえ直します。そしてこの統一性は、場合によっては後から取り消されたり、再構築されたり、再確保されうると考える。

以前は見出せなかった行為の間の意味的な繋がりに数十年後に改めて気づくことによるアイデンティティの後付け的発見は、逆に言えば、不変の確固たるアイデンティティなどないという事態への開眼でもあります。例えば「かつては一貫していると思っていた行為の間には、実は一貫性はなかった」という気づきは、アイデンティティを後付け的に取り消すことになるのです。

Self-as-Weでは、アイデンティティは液状化・流体化するとも言えます。たとえば大学というコミュニティでは、毎年メンバーが変わる新陳代謝が起き続け、何十年かすると全く別のメンバーからなるWeへと変化を遂げていきます。けれども、そこにはある種のアイデンティティや連続性を感じられます。このことはIについても言えることですが、Weにおいてはより前景化することになります。アバター時代のアイデンティティは、このような液状・流体的なものになるのではないでしょうか。

空間軸上ではIがWeに包含される。そして時間軸上では、常に動態として変化し続ける。それがシン日本流の哲学の根源となるはずだ。出口教授が、2024年7月に京都哲学研究所（KIP）を設立し、そこに、ドイツ哲学の若き旗手、マルクス・ガブリエルが参加していることは前述した通りだ。今後、「Self-as-We」は、日本発哲学として世界に広がっていくことが期待される。

世界の知性が共感する日本流

アメリカでは、そうした動きがすでに胎動している。禅に傾倒する西海岸の経営者は、この日本流の考え方に強い共感を寄せている。

たとえば、セールスフォースを創業したマーク・ベニオフ会長兼CEO。同社では「オハナ(Ohana)」文化を大切にしている。オハナとは、ハワイ語で「家族」のことだ。家族のように信頼でつながれた平等な関係を育む。まさにWeの精神である。

そして、常に「初心(Shoshin)」であれ、と説く。過去にとらわれず、未来にとりつかれず、「いま」を精一杯生きること。まさに「而今《にこん》」の精神だ。同氏は、前述した京都の枯山水をこよなく愛するアメリカ経営者の一人でもある。

東海岸でも、新しい資本主義が模索され始めている。その震源地の一つが、ハーバード・ビジネス・スクール(HBS)だ。レベッカ・ヘンダーソン教授は、同校で最も行列ができる「資本主義の再構築(Reimagining Capitalism)」という講座を担当している。同名のベストセラー(※115)の中で、2つのキーワードを提唱している。

1つ目が、「MeからWeへ」。空間軸をより開放系に、そしてインクルーシブにとらえ直すこと。まさに「Self-as-We」と同軌する思想である。

2つ目が、「NowからLaterへ」。時間軸を、より長く、そして非連続にとらえ直すこと。短期の収益にばかり気をとられがちな投資家と経営者に対して、悠久の時間感覚を取り戻すことの必要性を説く。

ヘンダーソン氏も日本に注目する。2022年には、当時の岸田政権の「新しい資本主義実現会議」の有識者構成員に加わった。同年10月の会議では、「共通価値の創造(CSV)」のためには、企業が創業理念に立ち返り、改めて深遠なパーパスを探すことが重要だという持論を語った。これは、筆者が『パーパス経営』(※68)で提唱した内容と完全に重なっている。

ヘンダーソン氏は、すべてのステークホルダーを重視する日本流資本主義が、アメリカ型の株主資本主義を再構築するうえで、極めて参考になるとも語っている。その一例として、GPIF(年金積立金管理運用独立行政法人)がESG投資に大きく舵を切ったことを、高く評価していた。

同氏は、HBSのケースとしてもGPIFを取り上げている。タイトルは、「年金ファンドは世界を変えようとすべきか(Should a Pension Fund Try to Change the World? Inside GPIF's Embrace of ESG)」(2019年1月)。ケースづくりにあたっては、筆者もお手伝いさせていただいた。

ケースの中にも、筆者のコメントが掲載されている。ファーストリテイリングの社外取締役(当時)として、ESGだけでなく、CSVに進化していくことの必要性を説いた。さらに、「三方よし」が日本的CSV（J－CSV）の原点だと語った。売り手よし、買い手よし、世間よしという順番に、本質があることも力説した。

かつて、HBSのマイケル・ポーター教授とCSVについて対談をする機会があった。「三方よし」の話を持ち出すと、「どこに株主がいるのか」と失笑されてしまった。たしかに江戸時代には、株式制度はなかった。

しかし、「売り手」、すなわち事業主と家族、そして従業員こそが今日的な意味での株主であった。いま風に言えば、従業員持ち株制度とでも呼べるだろう。さらに、株式が今日のように流通していれば、買い手や世間の中にも、志を共有する株主が多数存在していたはずである。株主を別に扱うのではなく、「We」の中に包摂する三方よしは、むしろ未来型モデルとすらいえるはずだ。

ひるがえって現在は、企業を「銘柄」と呼び、短期売買であぶく銭を稼ごうとする「プロフェッショナル」株主が大手を振っている。しかし、その実態は「投資」ではなく、「投機」だ。そのようなアメリカ流の欲望資本主義は、社会全体の価値創造に背を向けるものと言わざるをえない。

オックスフォード大学ビジネススクール元学長のコリン・メイヤー教授も、同様の警鐘を鳴らし続けている。近著『資本主義再興』(※116)の中で、株主至上主義に真っ向から異議を唱え、非上場企業こそが長期的な視点から社会に大きな価値を提供し続けていると語る。たとえばボッシュ、イケア、そして複合メディア企業のベルテルスマンなど。

メイヤー教授は、上場企業の中では、デンマークのノボ ノルディスクに注目している。財団が安定株主として75%の株式を保有することで、糖尿病や肥満の治療に大きく貢献しつつ、世界最高水準のPBR（株価純資産倍率）を誇っているからだ。

なお、筆者がノボ本社でサステナビリティ経営を統括するスザンヌ・ストーマー氏と議論した際、ポーター流のCSVとは一線を画していると語っていた。CSVが株主価値向上を目的としていることに異議を唱えているのだ。なぜならノボにとっての目的（パーパス）は、患者と医療従事者、社員、地域に最大の価値を提供することにあり、利益はあくまでもそのための手段でしかないからである。そして、むしろ日本流の経営モデルに、強く共感できると語ってくれた。

いま、世界は日本の伝統的なエシックス経営（倫理を基軸とした経営）の方向に、大きく動きつつある。政策株主という安定株主を切り捨て、日本企業をアメリカ流資本市場の荒波の中に追い込もうとする日本政府や御用学者のガバナンス論は、時代に逆行していると言わざるをえない。

江戸時代の日本の商売道にこそ、日本流経営の源流がある。そして「資本主義の先」を模索する世界の知性は、我々が発信するシン日本流経営の本質に注目している。

会社がなくなる日

出口教授は、前述の通り、アバター時代にはアイデンティティの液状化・流体化が進むと指摘する。さらには「We」、つまり組織やコミュニティにおいて、それは前景化するとも語っている。これはいずれも、筆者が『経営改革大全』(※101)や『10X思考』(※94)などで、かねて指摘していた点と符合する。

言い換えれば、分散型インターネットのウェブ3の時代には、いずれ会社という組織そのものが流動化し、変態し続けていくはずだ。少なくとも、古典的な「ザ・カイシャ」、いまでいうところの「TJC(Traditional Japanese Company)」は、姿を消していくことになるだろう。

会社は組織の一形態にすぎない。そして組織(organization)は、生きた有機体(organism)である。常に進化し続け、新しい細胞を生み続けない限り、腐敗して死を迎える。「企業の寿命は30年」と言われる通りである。

ファーストリテイリングの柳井正会長兼社長は、「会社は実在するのか」という問いに、次のように答えている(※82)。

「そうです。実体がないんです。会社というのは一種のプロジェクトで、期限があるもの。みんなでこういう事業をやろうと集まって、事業目的を追求するためにお金が要るので上場する。株主がお金を出してくれるから成り立っているけれど、ステークホルダーの一員であって、株主がすべてではない」

「利益のためだけに仕事をするのは最低ですよ。そうなったら社会にとっての利益にならない。もうけることは重要だけど、社会に貢献できない会社は社会から排除される」

会社は一種のプロジェクトである。そして、パーパス（目的）が達成された時点で、役割を終える。もっとも、いつまでもパーパスが未達成のままだと、それ以前に排除される。

会社を永続組織（Going Concern）ととらえるのは、会社法や会計学上の概念操作にすぎない。会社は、言わば「進化組織（Evolving Concern）」でなければならない。進化し続けない限り、確実に滅びる。そう考える柳井氏は、２０１１年に「Change or Die」をコーポレートスローガンとして掲げた。

日本は、世界有数の長寿国だ。そして前述した通り、企業の長寿ランキングでも圧倒的な世界一である。しかし、数百年の歴史を誇る企業の実態を見ると、実は何度も生まれ変わり続けている。先に紹介した中川政七商店はその好例である。デジタル時代の到来とともに、変化の

図16−1

増加するフリーランス人口

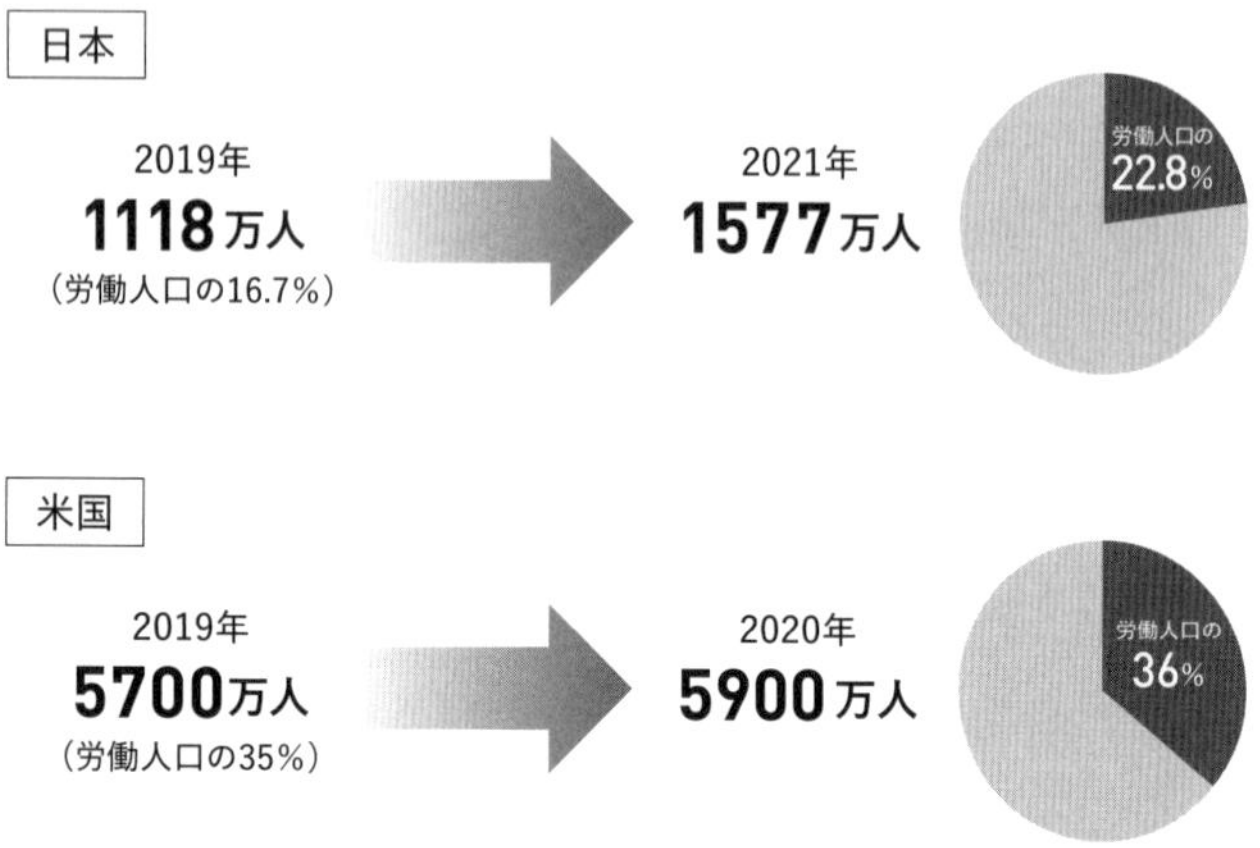

出所：ランサーズ「新フリーランス実態調査 2021—2022年版」

スピードは加速度的に高まっている。TJCも進化のアクセルを踏み続けない限り、「過去の遺物」となることは必至だ。

会社の側から人の側へと視点を移すと、さらに事態は深刻になる。いまや、転職は当たり前。特定の企業に縛られず、個人として独立して仕事をする人も増えている。いわゆる「フリーランサー」族である。兼業や複業も加えると、その数はうなぎのぼり。

人材サービス業のランサーズの調査（「新フリーランス実態調査　２０２１－２０２２年版」）によると、２０２１年の時点で、日本でも５人に１人以上が広義のフリーランサーになっているという（図16－1）。コロナ禍が明けてからも、その数字は増加の一途をたどっている。

柳井氏は前掲のインタビューの中で、「副業が広がるなど企業と個人の関係が変わり、会社はプロジェクトのたびに人が集まる組織になる可能性もあるのでは」という本質的な問いに、次のように答えている。

「僕は副業には反対。だけど個人が会社を選んで、会社が個人を選ぶ対等な立場だという関係になっていくと思う」

筆者がファーストリテイリングの社外取締役をしていた10年間、柳井氏とは本件についても何度か意見を交わしたことがある。それから数年が過ぎ、いまや「対等な関係」すら崩れ、会社は選ばれる時代になっている。いつまでも副業に反対していると、優秀な人財から背を向けられることになるだろう。

そもそも日本人には、「個人」、すなわち「インディビジュアル（in-dividual)」、分割できない個としての自覚は希薄である。逆に言えば、「分人（dividual)」として、複数の関係性の中で「和」することに長けている。それを筆者は「和人（co-dividual)」と呼んでいる。

「和人」にとっては副業どころか、本業をいくつも持つ「複業」状態に身を置くことも、さほど難しいことではないはずだ。デジタルネイティブの若者は複数のアバターに変身して、いろいろな場で活躍することにこそ働きがいを見出すことだろう。

永久就職という言葉は、とっくの昔に死語になった。同様に就職、そして転職という言葉さえ、死語になるのは時間の問題である。いずれは「会社」という言葉すら、死語になる可能性が高い。紙幅の制約もあるので、この点は次著で改めて論じることにしよう。

人財開発から組織開発へ

そのような未来に向けて、我々はいまから何を心掛けるべきか。人と会社双方の立場から考えてみたい。人の側に立つと、3つある。時間軸、空間軸、価値軸に関するものだ。

まず時間軸。みずからの「志（パーパス）」を高め「信念（ビリーフ）」を深め続けること。何を目指すのか、そしてその実践にあって何に基軸を置くのか。それが成長の原動力となるはずだ。

日本に非連続成長をもたらした偉人たちを、再度見渡してみよう。聖徳太子から、『代表的日本人』（内村鑑三著）に挙げられた5人（西郷隆盛、上杉鷹山、二宮尊徳、中江藤樹、日蓮）、そして渋沢栄一翁から稲盛和夫翁に至るまで、志と信念を研ぎ澄ませていることにおいて、見事に共通している。

空間軸では、「共感の輪」を広げること。一人でできることは限られている。常に好奇心の羽を広げ、外に関心を持ち続け、仲間を広げ続けなければならない。その際に基軸となるのが、日本人が古来より育んできた「和人」力である。欧米流の「個人」探しに躍起になるのではなく、「和人」の精神に立ち戻ることができれば、世界へと共感の輪を広げていくことができるはずだ。

価値軸では、学習能力に磨きをかけること。リスキリングが時代のキーワードとなっているが、いかに新しいスキルを身につけようといずれ陳腐化する。メタ学習、すなわち学習することを学習する力こそが、問われているのだ。「メタ学習力」と呼ばれるものである。本書の言葉で言えば、「守破離《しゅはり》」である。この日本古来の流儀をいま一度学び直し、アップデートし続ける必要がある。

では、会社として心掛けるべきことは何か。ここでも人の課題と同様、3軸でとらえることができる。

第一に、会社レベルで「志（パーパス）」を高らかに掲げ、各部門、さらには社員に「自分ごと化」してもらうこと。パーパスを掲げる企業は増えたが、それが実践につながらない事例が後を絶たない。筆者が「額縁パーパス」と呼ぶ残念な光景である。もちろん呼び方は、昔ながらの「企業理念」でも「ミッション」でもよい。大切なことは、それをきちんと組織の中に実装することである。

しかし、それだけでもまだ足りない。確実な実践（プラクティス）に結びつけるためには、パーパスという未来のきれいごとより、「プリンシプル（原理原則）」を現場に実装する必要がある。この点は、『エシックス経営』（※69）で詳述しているので、参照していただきたい。

第二に、「関係性の輪」を広げること。個々の組織は、内と外を壁で隔てることによって、アイデンティティを保とうとする。生物における細胞が、細胞膜でみずからを包んでいるのと同じだ。しかし、その中に閉じこもっていては、新陳代謝を起こせず、死を迎える。組織の壁を越えて、自社の内部、そしてさらに外部へと、大きく交感のネットワークを広げていかなければならない。

日本は伝統的に、生態系全体で群進化（群としての進化）を遂げてきた。相互扶助の精神である。アメリカ流の「競争」ではなく、和の精神に基づく「共創」こそが、世界に誇る日本のお家芸だったはずである。この古き良き伝統を取り戻し、地球全体、さらには宇宙という外縁へと、広げ続けなければならない。

第三に、「組織能力」に磨きをかけること。昨今、日本では人財開発が大ブームとなっている。しかし一人ひとりの能力を磨くのは、前述したように本人たちの本務である。企業が心掛けるべきことは、人財開発ではなく組織開発である。優秀な人財を育てることより、個々の人財の力が10倍化されるような組織をいかにつくるか。それが問われている。

産官学、そしてマスコミも、この点をまったくはき違えている。日本の会社が伝統的に誇っていた組織力をいま一度取り戻し、パワーアップしていく必要がある。日本企業復活の本質的なテーマであり、かつシン日本流経営の一丁目一番地なので、ここから詳細にわたって論じることにしたい。

「未」財務という隠し資産

では、組織能力とは何か。一言で言えば、一人ひとりの能力の総和を、桁違いに高める能力を指す。

具体例で示そう。それを筆者は「10X（10倍化）」パワーと呼ぶ。たとえば筆者が20年近く在籍していたマッキンゼー。そもそも優秀な人財の集まりだったが、それぞれのメンバーの能力の何倍もの価値を紡ぎ出すマジックパワーがある。マッキンゼーを去ると、そのマジックパワーが使えなくなる。ただの等身大の人間にすぎなくなるのだ。それが筆者自身、長らくマッキンゼーに所属し続けた理由でもあり、辞めた途端に実感したみずからの非力感でもある。

日本の優良企業も同じだ。たとえばトヨタやソニー、三菱商事（ここも筆者の出身母体）や三井物産、あるいは、リクルートやキーエンス。いずれも優秀な人財を輩出することで知られているが、辞めた途端に前と比べると、別人と思えるほどパワーレスになってしまう。

組織能力とは、一人ひとりが持つ能力をターボチャージするマジックパワーのことだ。だとすると、会社の本務は個々人の能力育成ではない。繰り返しになるが、それは一人ひとりが自主的にやるべきことで、会社側が手取り足取り教育するものではない。会社としてすべきは、自社ならではの組織能力の源泉を見極め、それを進化させ続けることにある。

人財投資を増やすことは極めて簡単だ。利益の何割を人財投資に回すかは、執行側の専権事項である。しかし、それによってほかの投資機会より優れたリターンを生むという保証はどこにもない。人財への投資拡大を掲げる企業は少なくないが、そのような安易な経営を、資本市場はむしろ冷ややかに見ている。組織能力を高めるという経営の本務を、棚上げしているとしか見えないからだ。

では、組織能力を高めるためには何が必要か。そこには1つの重要な前提条件と、3つの必須条件がある。まず前提条件としては、無形資産を豊富に蓄積しておくこと。無形資産としては、知財や人財、顧客資産や、取引先や販売先などの関係性資産が挙げられる。近年、非財務資産として注目されているものだ。

設備や金融資産などが、バランスシートに計上されている有形資産であるのに対し、これらの無形資産は会計上では計上されていないものの、組織の内奥に蓄積された目に見えない資産だ。それが財務資産にならなければ、文字通り「非」財務資産のままである。それだけでは、資本市場に価値を生むことはない。しかし、これらの無形資産は、未来の価値創出のカギを握る資産となりうる。

有形資産は、遊休化すると資産価値が落ちる。さらに、いったん使われてしまうと専有され、ほかに振り向けることができない。したがって、リアルバリュー（現在価値）でしか評価されず、将来価値（オプションバリュー）を持ちえないのだ。

これに対して、知財や人財、顧客資産や関係性資産などの無形資産は、共有されるほどに価値が高まる。多重化可能な資産なのである。ネットワーク外部性が高いとも表現される。したがって、無形資産を将来の財務価値に変換する能力があれば、それは非財務資産ではなく、高い将来価値を持つ「未」財務資産となりうる。

もちろん資産としては、そのような潜在的な可能性を秘めている「素材」にすぎない。そこから実際の価値を紡ぎ出すのが、組織能力という動的なパワーなのである。言い換えれば、同じ無形資産を持っていたとしても、そこから紡ぎ出される将来価値は、組織能力次第で大きく差が生じる。だから、人的資産という「素材」にいくら投資しても、それだけでは企業価値は高くならないのである。

極めて単純化すれば、ＰＢＲが1倍となって、初めて有形資産の価値が正当に評価されている状態といえる。1倍未満の会社は言わば「ゾンビ」企業、いずれ資本市場からの退場を迫られるだろう。しかし、1倍超えだからといって、安心してはいけない。有形資産を必要以上に抱えている「ゾンビ」予備軍でしかないからだ。無形資産が有形資産より高く評価されるためには、ＰＢＲが2倍を超えていなければならない。

さらに3倍、4倍超えと上を目指すためには、組織能力を各段に高める必要がある。その結果、その企業の将来価値を見込んだＰＥＲ（株価収益率）が、現在価値より大きく跳ね上がるからだ。日本企業は、ＰＢＲ1倍超えを目標としているところが少なくない。しかし、そのほとんどは、本来であれば2倍超えできるポテンシャルが十分にある。それだけ、無形資産をしっかり内部留保しているからである。

それが企業価値に反映されないのは、単にＩＲ（インベスター・リレーションズ）が下手というだけではない。資本市場の目も節穴ではないので、ＰＢＲ2倍超えが難しいのは、無形資産を大きな将来価値に変えるための組織能力がないと評価されているからである。逆に言えば、その点さえしっかり磨き上げれば、企業価値を倍増させることも十分可能だ。ただし、人財投資がその答えだと早合点してはならない。

異質をインクルージョンする「シン和力」

では、組織能力を高めるための必要条件は何か。筆者は、3つあると考えている。

第一の要件が、組織としての求心力である。組織の遠心力が大きくなると、総体としてのパワーは削がれていく。外縁が大きくなればなるほど、組織の求心力を発揮するのが難しくなる。そこに、組織能力が大きな差となって表れる。

昨今日本では、「ダイバーシティ＆インクルージョン」なるバズワードが飛び交っている。

例によって、アメリカ直輸入。しかも周回遅れというお粗末さである。そもそも、アメリカではダイバーシティはいまや当たり前、「インクルージョン」こそが大切なのである。

そもそも「インクルージョン」力がない会社には、優秀な異質人財は定着しない。自分の尖った能力を必要とする別の機会を、探し求め続けるからだ。彼らに定住の場所があるとすれば、それは自分の能力から桁違い（10X）の成果を生み出せる組織だけ。先述したマッキンゼーや、シニアアドバイザーとして在籍したアクセンチュアは、筆者にとってまさしくそのような組織だった。そして、そこでは「インクルージョン・ファースト」が当たり前なのである。

ひるがえって日本では、「ダイバーシティ」の大合唱。しかし、異質な人財の数合わせをしていても何も始まらない。そもそも、現場に行けば異質な人財はいくらでもいる。属性だけをとっても、「日本人・昭和・男子」がいまだに幅を利かせているのは、本社の管理職くらいだ。それ以外の属性を持つ人財の頭数を増やすのは、その気になれば実行するのは簡単。ただし、それでは単にアメリカ流を表層的に追随する「擬態病」でしかない。

経営の本質は、インクルージョン、すなわち求心力をいかに強化するかにある。そしてそれこそ、日本企業が伝統的に大切にしてきたことだったはずである。個々の力にはばらつきがあり、かつ世界超一流の人財はごくわずかしかいない。しかし、ワンチームになった時にパワーが炸裂することは、野球にせよ、サッカーにせよ、スポーツの世界では証明ずみだ。

日本の会社が世界最強だった時には、やはり組織力こそがパワーの源泉だった。しかしいまやすっかり自信を失い、挙句の果てに、「ジョブ型」などという和製英語を持ち出してきて、専門人財の採用や育成に舵を切り始めている。

いわゆるジョブ型雇用で外部から採用しても、市場価値の高い一流人財は、より魅力的な機会を求めて、その組織に留まることなどない。筆者は、そのようなイケていない会社を「回転ドア型」と揶揄している。入ったと思ったら、すぐ出ていってしまうからだ。

多様な潜在力のある内部人財をせっかく専門人財に仕立てても、外部市場に出ていくのがオチだ。言い換えれば、リスキリングなどという軽率な名の下に専門スキルを身につけさせても、人財流出に歯止めはかからない。もっとも、初めから外に放出したい人財に、市場価値を少しでもつけさせて追い出したいという隠れた意図があるのならば別の話だが。いずれにしても、本末転倒もはなはだしい。

求心力を高めるためには、「キャリア型」でなければならない。同質のスキルを磨くのではなく、学習と脱学習を繰り返すことで、異質な成長機会を提供できるかどうかが問われている。その企業で守破離を実践することにより、自分の未知の可能性を開花させ、未来のキャリアをシェイプし続けられるかどうか。これが、成長意欲の高い人財にとって、その会社に居続ける唯一最大の理由となるはずである。いまや「昭和型」として揶揄される「メンバーシップ型」のほうが、はるかにそのような要件に近かったはずだ。

もちろん、昭和型の日本流に固有の課題があったのは事実である。大きく2つ。

一つは、「外」より「内」を大切にしようとする傾向。それが自前主義、内向きの意思決定、現状維持へのこだわりという悪癖につながった。もう一つは、生ぬるい「仲間意識」。切磋琢磨というより、互いに傷をなめ合うような庇い合いが生まれ、同調圧力が横行し、対立より「丸く収める」ことに重きを置く企業風土がはびこっていった。

この2つは実は同根で、真因は「同質のインクルージョン」パワーが強すぎたことにある。だからといって、それをすべて否定して、「ダイバーシティ（異質）」へと180度舵を切ったところで、課題解決にはならない。真に求められているのは、「異質のインクルージョン」である。それはシュンペーターがイノベーションの本質と唱えた「異結合」にほかならない。

日本企業は、世界に誇る「インクルージョン」パワー、すなわち「和力」を持っていたはずだ。その対象を同質なものから異質なものへと広げていく知恵が、求められているのである。

ラグビーのワールドカップでは、日本代表チーム「ブレイブ・ブロッサムズ」が、そのような異質なインクルージョンパワーを証明して見せた。会社レベルで見ても、特に世界でしのぎを削っている半導体業界では、ルネサスエレクトロニクスやアドバンテストなど、日本人財と海外人財が見事にワンチームとなって活躍しているケースが数多い。

ダイバーシティに気を取られている会社に明日はない。そもそも会社としての求心力がなければ、優秀な人財に選ばれる資格がないからだ。「会社がなくなる日」を迎えないためには、異質なインクルージョンを身につける必要がある。それを筆者は「シン和力」と呼ぶ。そしてそれは、シン日本流の基本技となるはずだ。

組織能力を決める3つの必要条件

さて、この求心力だけでもまだ足りない。さらに組織としてパワーアップさせていく装置が2つ必要になる。ソフトパワーとハードパワーだ。

まずソフトパワーとは、組織の力を内側から10倍化させる起爆剤である。それはパーパスやビリーフ、組織文化や組織風土といった無形の組織資産から構成される。それが強ければ求心力が何倍にも高まる。言わばマグネットブースターである。しかも、しなやかでなければならない。環境変化を先取りして、常に進化し続けなければならないからだ。

たとえば、味の素。筆者は8年間、社外取締役として、同社のパーパス経営の仕込みから進化の過程まで、伴走する機会があった。同社は、2018年に「アミノ酸のはたらきで食習慣や高齢化に伴う食と健康の課題を解決し、人びとのウェルネスを共創します」という「志（パーパス）」を高らかに掲げた。同時に、有形資産から無形資産への大胆なアセットトランスフォーメーションを断行し、企業価値を2年間で3倍以上に向上させた。

そして、前述したように、5年後の2023年には、「志（パーパス）」を「アミノサイエンスで人・社会・地球のWell-beingに貢献する」にアップグレード。さらなる成長に向けて、大きく舵を切った。アミノサイエンスの力を基軸に、半導体材料や再生エネルギーなど、「食と健康」以外にも大きくピボットしていく覚悟が生まれてきたからである。

パーパスそのものを5年で進化させる企業は、そうざらにはないだろう。しかし、「スピードアップ&スケールアップ」を行動原理（プリンシプル）とする味の素は、何の躊躇もなくパーパス2・0へと舵を切っていった。パーパスをいつまでも額縁に飾っている企業は、味の素のこのしなやかな身のこなしから、シン日本流経営の妙技を学んでいただきたい。

もう一つのハードパワーは、組織力を持続的に進化させ続ける装置である。たとえば現場で生み出された知恵（たくみ）を、型（しくみ）に落とし込み、組織全体に伝播させるアルゴリズム。第8章で紹介したキーエンスが、最も得意としている組織能力である。

新規事業開発においても、それを0→1に終わらせず、1→10、10→100へとスケールさせる仕組み。リクルートはそれを「10のメソッド」として方法論化することによって、10倍を超えるPBRを実現している（2024年12月末現在）。

あるいは事業のポートフォリオを「ずらし」続け、それらを「つなぐ」ことで、新たな価値を生み出す組織能力。これは第7章で取り上げたカネカが、四半世紀にわたり、磨きをかけていった、同社「ならでは」の仕組みである。

いずれもカギとなるのは、仕組みそのものではなく、それを進化させ続ける動的能力である。そのような動的能力に基づく経営こそが、学習優位の本質であることは、何度も繰り返してきた通りである。
これら3つの必要条件を、簡単な数式で示すと次の通りとなる。

組織能力＝αβΣ（P）

まず後半のΣ（P）は、一人ひとりの人財（P）の総和を表している。この数値を高めるためには、第一の要件である「求心力」がカギとなる。「シン和力」と名付けたパワーである。そしてαがソフトパワー、βがハードパワーだ。これらはいずれも、人財のパワーの総和を、さらに10X化していくブースターである。

組織能力は、これら3つの必要条件の乗数効果となって表れる。それを「シン乗数力」と呼ぶことにしよう。乗数なので、どれか一つでも小さくなれば、組織能力全体が大きく逓減する。逆に、それぞれを高められれば、全体を大きくスケールアップさせることができる。経営者が本気で取り組むべきは、一人ひとりの人財開発ではなく、このような組織開発である。

個を磨き上げるのではなく、有機体全体のパワーをいかに高め、それをいかに全開にしていくのか。その問いかけに答えを出し続けていくことこそ、シン日本流経営の真髄である。

第17章

組織能力を内からブーストするソフトパワー

前章で論じた組織能力の3つの必要条件の中でも、インクルージョンパワー、すなわち求心力は、比較的なじみがあるはずだ。最近でこそジョブ型などという和製英語に惑わされているが、日本企業が本来、得意技としてきたものだからである。

しかし、異質のインクルージョンとなると、途端に手に負えなく思えてしまう。そもそも異質なもの同士は反発しあい、そのままにしていると遠心力が増していくのが普通だ。これがダイバーシティに気を取られがちな最近の風潮の落とし穴であることは、前述した通りである。

異質なインクルージョンを実践するためには、内側からはソフトパワーで、外側からはハードパワーで、組織能力をブーストしていかなければならない。それらの実態は何か。そして、いかにシン日本流経営に実装すればいいのか。

ここでは一歩引いて、マッキンゼーの古典的な経営論に立ち返ってみよう。「マッキンゼーの7S」フレームワークとしてよく知られたものである（図17-1）。

このモデルでは、企業という有機体は、Sで始まる次の7つの要素の組み合わせから成り立

図17−1

マッキンゼーの7S

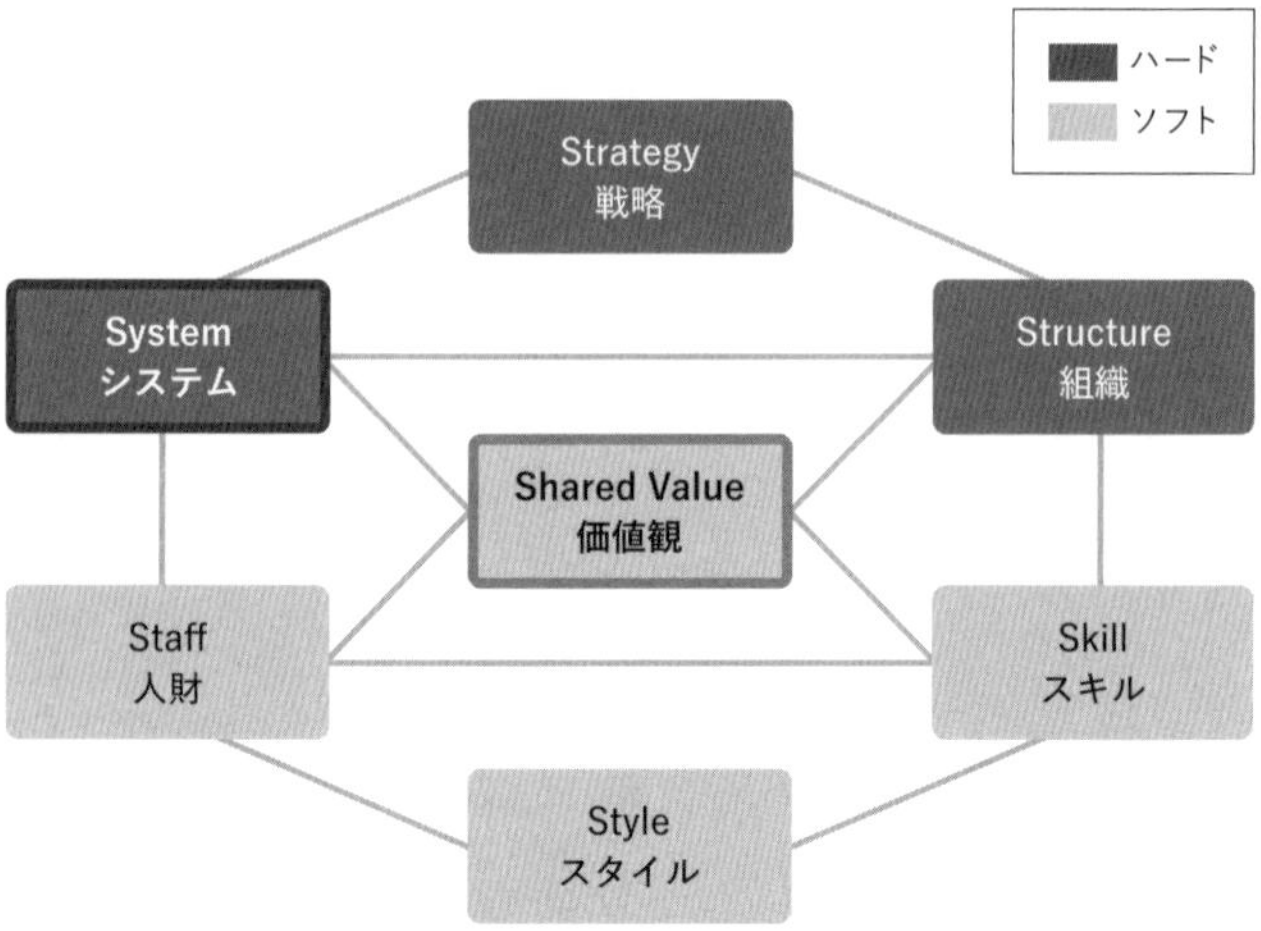

っているととらえている。Strategy（戦略）、Structure（組織）、System（システム）、Style（スタイル）、Staff（人財）、Skill（スキル）、Shared Value（価値観）。図の上部の3つがハードS、下部の3つと真ん中の1つがソフトSと呼ばれている。

　このうち、ソフトSこそが組織能力の本丸であり、なかでもShared Value（価値観）がその中核（言わばOS）である。これこそ、本書がソフトパワーと呼ぶものと符合する。しかし、これらソフトSは無形であるため、直接操作することができない。

　そこで、まわりの3つのハードSを駆使して、ソフトSを起動させる必要がある。これら3つのうち、Strategy（戦略）とStructure（組織）は、言わばコモディティ。したがって、その気になればいつでも取り替えることができる。

ハードSの中で、最も重要なレバーがSystem（システム）だ。といってもＩＴシステムのことではない。むしろ「しくみ」という訳がしっくり当てはまるだろう。業務や事業、経営の手法、型、アルゴリズムを指す。本書がハードパワーと呼ぶものと符合する。

しかし、いずれもアメリカ流でいかにもバタ臭い。これらを直輸入しても、日本の経営にはなじまない。世界標準という触れ込みで、日本をダメにした一連の舶来病の二の舞となる。

これらをいかに日本に根付くものに仕立て直すのかが、シン日本流経営の本丸となる。言わば「和魂米才」の現代版だ。そこで問われるのは、伝統の中から革新を生み出す日本独自の編集能力のバージョンアップである。

本章ではまず、ソフトパワーについて概観してみたい。

三種の神器

日本では古来、３つの宝物が「三種の神器」として受け継がれてきた。日本神話によると、天照大神《アマテラスオオミカミ》が天孫降臨の際に、瓊瓊杵尊《ニニギノミコト》に授けたとされる、鏡と勾玉《まがたま》と剣の３つである。それぞれ「知」「仁」「勇」を暗喩しているともいわれている。

「知仁勇《ちじんゆう》」は、孔子の教えだ。「知、仁、勇の三者は天下の達徳なり」（『中庸』）。また、「知者

図17-2

「智仁勇」を表す剣道人記章

知恵を表す「智」、慈愛の心を表す「仁」、勇気を表す「勇」が一体となった、剣道の精神を象徴している。

出所：全日本剣道連盟

は惑わず、仁者は憂えず、勇者は懼《おそ》れず」という言葉も、『論語』に出てくる。

剣道愛好家は、全日本剣道連盟が頒布する「剣道人バッジ」を持っている。そのデザインも、「智仁勇」を象徴したものだ。中の円が「智」、外の四角が「仁」、白が「勇」を表す。何が正しいかを判断する知恵（智）、相手の立場になって物事を考える慈愛の心（仁）、恐怖や不安を乗り越える勇気（勇）が三位一体となって、剣道の精神を育むという（図17－2）。

ここでは神道や儒教、剣道における解釈はいったん脇に置き、経営の文脈でとらえ直してみたい。かつて、日本的経営の三種の神器といえば、「終身雇用」「年功序列」「企業内労働組合」

の3つだった。これらの昭和型の仕組み（ハードパワー）は、とっくに耐久年数が切れている。

しかし、日本的経営の本質は、そのソフトパワーにある。それは「知仁勇」という古来の教えに深く根差している。シン日本流経営も、この原点に立ち戻ってみる必要がありそうだ。「志」「倫」「拓」という3つの言葉に「ずらし」て読み解いていこう。

志 ―「士」の心

まず、「知」の本質は何か。「知」という字は、まっすぐに進む「矢」に「口」、すなわち神の前での誓いが組み合わさってできている。「智」という字は、さらにそれを日々行うことを意味する。

知は、単なる集積としての知識を意味するのではない。ひたすら学び続ける姿勢を指す。経営の文脈に置き換えれば、本書でいうところの「学習優位」を築くことである。しかし、学び続けることはあくまで手段でしかない。では、我々は何のために学び続けるのか。言い換えれば、「パーパス」は何か。

筆者はパーパスという英語が実はあまり好きではない。「目的」とか「存在意義」などと訳されるが、どこか理屈っぽく、打算的な響きがあるからだ。それより「志」という大和言葉を大切にしたいと考えている。

「志」は「士」の「心」と書く。「士」は「さむらい」とも読む。武士や士族の士だ。「士業」といえば、弁護士や会計士など、資格を持った専門家を指す。さらに、栄養士や介護士など、幅広く使われている。言わばプロフェッショナルたちだ。

したがって、「士」の「心」とは、道を究めようとする人の心を意味する。日本人は古来、「道」を求め続けてきた。前述した剣道や柔道、弓道などの武道、そして三道と呼ばれる茶道、華道、香道などの稽古事は、日本人の多くがたしなんできた。そしてそこで尊ばれるのが、守破離《しゅはり》という学習プロセスであることは、本書で何度も論じてきた通りである。

経営の世界では、「パーパス経営」が標榜されている。ここでも筆者は、「志本経営」と読み替えている。「志」に基づく経営という意味だ。前述した通り、志は組織に求心力をもたらす磁石（マグネット）となる。企業においては、全社レベル、各部門レベル、そして社員レベルで、志を高く掲げることから始めなければならない。

ただし、それらは同心円である必要はない。「ずれ」があるところにこそ、進化のチャンスがある。日本は古来、「際《きわ》」を大切にしてきた。編集工学研究所が内閣府からの要請を受けて編纂した『日本語り抄』(※117)という冊子の中に次のようなくだりがある。

日本は「キワ」を大事にする。キワは「際」、たんなるヘリやフチではなく、そのキワが立つこと、つまり際立つことが、日本のデザイン感覚の第一歩にあたっていた。縄文土器は

図17-3

WeとMeの創発関係

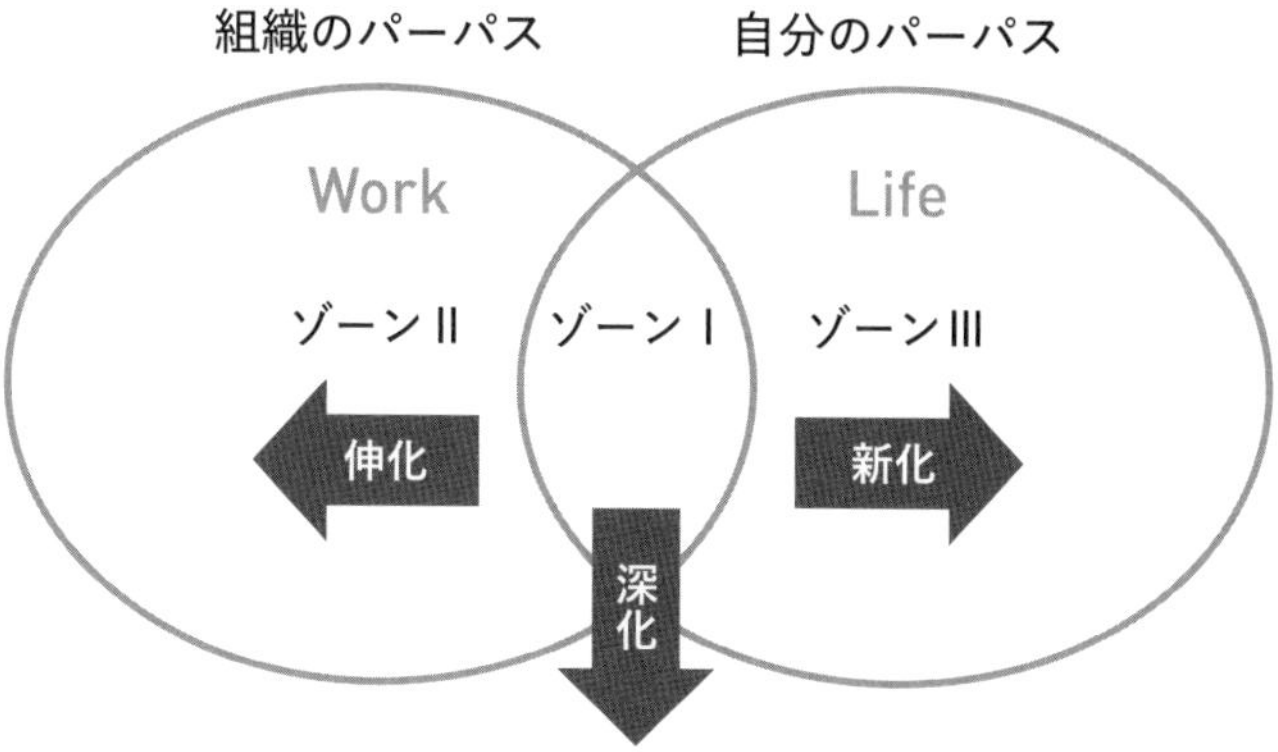

組織のパーパスと自分のパーパスの「すり合わせ」により、イノベーションが生み出される。

出所：名和高司（2024）を一部修正

とくにキワを強調したし、十二単の襲（かさね）も、畳や襖や屏風の縁も半襟も、「キワ」にこそ意匠の極みが宿ってきた。

複雑系理論の旗手スチュアート・カウフマンは、イノベーションが芽生えるのは「カオスの縁」だと看破した。シリコンバレーでは、これを「イノベーション@エッジ」と呼ぶ。エッジとは辺境、すなわち「キワ」のことである。

中心の重なりの外にある「キワ」こそが、イノベーションの宝庫なのである。たとえば、組織のパーパスと自分のパーパスのベン図を描いてみる（図17－3）。

両者が重なっているゾーンⅠは、ひたすら深めればよい。一方、ゾーンⅡは、組織のパーパスに共感することで、自分のパーパスを伸化させていくことができる。さらに、ゾーンⅢは、自分のパーパスを起点に組織をずらしていくことにより、組織のパーパスを新化させることができる。

同質性の高いゾーンⅠより、ゾーンⅡ、さらにゾーンⅢこそが、日本的なイノベーションの仕掛けどころなのである。それぞれが思い思いの志を掲げ、それを組織の志とすり合わせていく。この「すり合わせ」を、シン日本流経営の奥義として磨いていきたい。

倫──「和」の力

三種の神器の2つ目は、「仁」である。相手を慈しみ、尊重する思いを指す。儒教においては、最高の徳目とされる。哲学者・和辻哲郎は、それを「倫理」という言葉に置き換えた。「倫」という字は、「人」と、「記録を書いた短冊の竹札をあわせて整理する」という意味の「侖」を組み合わせたもので、「きちんとした人間関係」を指す。和辻哲郎は、倫理学を「関係性の哲学」と定義している。

これまで指摘してきた通り、日本は古来、「和」を大切にしてきた。「個人（Me）」として独自性を他者と競うのではなく、「和人（We）」としての共存共栄を目指す。そのためには、関係性の哲学としての倫理（エシックス）を、しっかり落とし込む必要がある。

パーパス経営も理想論に終わってしまうケースが後を絶たない。パーパスは額縁から取り出して、しっかり現場で実践して、初めて価値がある。しかし、現場は「あちらを立てればこちらが立たず」という「多」律背反の渦。そこでパーパスの実践において必要になるのが、倫理（エシックス）を基軸とした「プリンシプル（原理原則）」である。

日本企業は、伝統的に、倫理を大切にしてきた。前述した近江商人の「三方よし」や、住友グループの「自利利他」、渋沢栄一翁の「論語と算盤」は、その典型例だ。

筆者がかつて在籍した三菱商事では、4代目社長の岩崎小彌太が掲げた「三綱領」がいまなお大切にされている。「所期奉公」「処事光明」「立業貿易」の3つ。いまから思えばあまりにも古めかしく、実態に合わなくなっている。しかし、辞めて30年以上経っても空で言えることに、時代を超えた生命力の強さを痛感する。

いまも、バリュー、ウェイ、フィロソフィー、カルチャーなどという言葉で、大切にしている信念を掲げている日本企業は数多い。ただ、こちらもパーパス同様、実は理想論で終わってしまっているケースが少なくない。

たとえば「公正」という言葉をよく見かけるが、それでも不正が後を絶たない。また、「挑戦」を掲げる企業ほど、社員は挑戦していないというのが実情である。パーパスはありたい姿でいいが、プリンシプルは実践してこそ価値がある。パーパス経営の真価が問われるいまこそ、エシックス経営に真剣に取り組まなければならない。

一方、魂のこもったプリンシプルは、パーパス以上に求心力を持つ。たとえば、日立グループは「和・誠・開拓者精神」を基本的な行動原理（同社では「バリューズ」と呼ぶ）として、1910年の創業以来、大切にしてきた。英語では、Harmony, Sincerity, Pioneering Spiritと表現する。

その精神は、空間と時間を超えて共感の輪を広げている。2021年、日立製作所は1兆円でグローバルロジック社を買収。欧米の列強をはじめ多くの企業が食指を動かす中で、シリコンバレーに本拠を置くZ世代中心のIT企業が日立の買収に応じたのは、同社のバリューズに深く共感したからだという。シン日本流経営の精神は、世界の次世代人財の心の琴線（エシックス）を鷲掴みするパワーを持ちうるのである。

拓 ― いまを拓き続ける勇気

3つ目の神器は「勇」である。既存の壁を破って、未来を拓く勇気。日立グループのバリューズで言えば、「開拓者精神」である。シン日本流の守破離で言えば、守に留まらず、破、そして離へと果敢に進む勇気である。

歴史を振り返ると、日本には「内にこもる時代」と「外に拓く時代」が、交互に繰り返しやってきている。たとえば中国から多くを学んだ奈良時代の後に、独自の宮廷文化に花を咲かせた平安時代。武士が荒れ狂う戦国時代の後に、町人文化が栄える江戸時代。坂の上の雲を目指した明治時代の後に、「浪漫《ロマン》」にこもる大正時代。そして侵略戦争と貿易戦争に明け暮れる昭和時代の後に、自信喪失に落ち込んだ平成時代。

歴史が循環するのであれば、令和は外に拓く時代となっていいはずだ。もうすでに6年経っているので、そろそろ外に向かって大きく舵を切るべき時に来ている。その際に留意すべきことは、新しいものを拓くだけでなく、いまの自分を「壊す」勇気を持つことだ。福岡伸一教授の動的平衡説によれば、生命はみずからを「壊す」ことで進化する。これは100年前に、シュンペーターがイノベーションを「創造的破壊」と定義したこととも符合する。

既存のものは深化させ、新しいものを探索せよと説く「両利きの経営」にすがっても、退化は止められないどころか、いっそう加速してしまう。アメリカではすでに否定されていたこの経営モデルが、ちょうど令和元年に日本に上陸したのも、令和の目覚めを遅らせた原因の一つだったのかもしれない。

平成以前の日本は、世界に誇るべき経営モデルで進化してきた。その原動力をいまこそ取り戻さなければならない。もちろん単なる懐古趣味では通用しない。未来に向けていまを拓き続けるシン日本流へと、アップデートしていく必要がある。

その際に、未来に向けて高くパーパスを掲げるだけでは、思いが空回りするばかりだ。重要なことは、「いま」を変え続ける勇気である。言い換えれば「而今《にこん》」、すなわち、いまを拓き続ける勇気が求められているのである。

朝日新聞社を例に取り上げてみよう。2023年1月5日、同社は150年の歴史上初めてパーパスを発表した。

つながれば、見えてくる。
ひと、想い、情報に光をあて、結ぶ。
ひとりひとりが希望を持てる未来をめざして。

筆者は、前年6月に同社の社外監査役に就任。翌年の年初の挨拶として、同社グループの社員に、「拓」の文字をキーワードとしたビデオメッセージを送った。その一部を抜粋して紹介したい。

今年の言葉に「拓」を選びました。開拓の拓です。「手」ヘンに「石」。石＝大きな障害を取り除いて、未来の土地を切り開くことを意味しているそうです。

新年、この言葉に3つのメッセージを託したいと思います。

①日本、そして世界の閉塞感を打ち破り、希望のある未来を拓きましょう。昨年の私の言葉

は、「志」でした。今年はそれを実践する年にしたいと思います。

②朝日は、新しい日の始まりを告げます。朝日新聞は夕日新聞であってはなりません。ぜひ新しい朝日を拓きましょう。

③そして、自分自身の新しい可能性を開きたいと思います。人生100歳時代だとすると、私はまだあと3分の1残っています。皆さまはいかがでしょうか?

朝日新聞社には、実はひとかたならぬ思い入れがある。亡父・名和太郎が同社の経済記者、そして編集委員を長らく務めていたからだ。新聞は斜陽産業と呼ばれて久しい。しかし、フェイクニュースが蔓延し、フィルターバブルに陥りやすい時代だからこそ、健全な批判精神と中立な正論を唱えるメディアからの発信を、良識のある人々は求め続けるはずだ。朝日ファミリーの一人として、同社がいまを拓き続ける姿を応援していきたいと思っている。

DNAを読み解く

以上、ソフトパワーとしての三種の神器を概観してきた。「志」「倫」「拓」の3つである。そして、それらはいずれも、日本人の奥深くに刻まれ、受け継がれてきた日本流の源泉でもある。では、我々はどうすればその源泉にたどり着くことができるのか。そしてそれを、どうすれば今日に蘇らせることができるのか。

生命の遺伝情報がDNAに格納されているように、生きている組織も特有のDNAを持っている。そして、それは生命のDNA同様、二重らせんによって構成されている。筆者はそれらを「静的DNA」と「動的DNA」と呼んでいる。くわしくは、拙著『学習優位の経営』（※61）を参照されたい。

静的DNAは、その組織が自己再生するために存在する。外部からの影響を遮断し、自分らしさを守り続けるDNAだ。生命における免疫と同じ働きをする。静的DNAがなければ、組織は伝統を受け継ぐことができなくなる。

一方、動的DNAは、外部から新しいものを取り込む働きをする。言わば自己否定して、常に変わり続けようとするDNAだ。生命における「変態（メタモルフォーゼ）」の原動力となる。動的DNAがなければ、組織は進化することができなくなる。

生命同様、組織も伝統を守りつつ、そこから革新を生み出していく。そして生まれた革新は次世代の伝統になる。この伝統から革新を生み出すことこそ、組織進化の本質である。「両利き」のように、伝統と革新をデジタルに切り分けてしまっては、つぎはぎだらけの組織ができ上がってしまう。

生物のDNAは、全体のわずか5％しか解読されていないという。同様に組織のDNAも、未解読の部分のほうがはるかに多い。静的DNAの奥に潜む伝統の力は、桁違いに大きいはずだ。また動的DNAが、外から新しいDNAを取り込むことで、成長の可能性はさらに広がっていく。それは生物における生殖であり、企業におけるM&Aだ。他者と異結合することによって、桁違いの進化が期待できる。

DNAをコア・コンピタンス（中核能力）と混同してはならない。コア・コンピタンスは、顕在化した能力を指す。それに対して、DNAは潜在的な可能性を意味している。これからの行動や出会いで、新しい能力を無尽蔵に紡ぎ出すことができるのだ。先述したように、稲盛和夫翁はそれを「未来進行形の能力」と表現する。

企業が意図的に進化していくためには、まず自社のDNAを読み解くことから始めなければならない。その際には、時間軸と空間軸を大きくずらしてみることが有効だ。

時間軸は、まず過去に遡ってみる。創業の時、危機に直面した時、大きくピボットした時など。そういう非連続な局面では、必ず自社の静的DNAと動的DNAが活性化しているはずだ。そして、次に大きく未来に振る。30年先、50年先、100年先の世界と自社の姿を想像してみる。ここはSF思考が必要で、若手中心の検討が必須となる。

空間軸上は、「辺境」を意識する。本社より支社、子会社。国内より海外の声を大切にする。「カオスの縁」では、静的DNAと動的DNAが躍動するからだ。「よそ者、わか者、しれ者」が進化の触媒となる。自社の常識に染まっていないほうが、自社の本質に気づきやすいからだ。

組織学習の文脈で言えば、静的DNAは「守」（学習：Learning）を、そして動的DNAは

「破」（脱学習：Unlearning）をもたらす。その先にある「離」（転移学習：Transfer Learning）は、動的ＤＮＡが外部のＤＮＡを取り込んで、「変態（メタモルフォーゼ）」していくことによって生み出される。まさに、ＤＮＡを核とした創発のプロセスといえよう。

ソフトパワーの源泉は、みずからの内部に存在するＤＮＡにある。シュンペーターが１００年前に唱えた通り、イノベートという言葉は「イン（内側）＋ノベート（新しくする）」を意味する。洋の東西を問わず、イノベーションは内側から起こすものなのである。

イノベーションを、日本語では「新機軸」と呼ぶ。軸を「ずらす」ことで創発していくことを指す。そのためには静的ＤＮＡを軸とし、動的ＤＮＡでそれをずらしていくというダイナミズムが求められる。そしてそれが、シン日本流経営の基本技となるはずだ。

第18章

3つの「イズム」がもたらすハードパワー

古来、日本が継承してきた「志」「倫」「拓」という三種の神器の価値は、今日なお廃れることはない。いやむしろ、先が見えないいまこそ、この三種の神器の力を呼び戻し、それを心の起爆剤にする必要がある。ソフトパワーと呼ぶゆえんである。

ただし、それだけでは思いが空回りしてしまう。内外を巻き込んで、大きな運動に変換するハードパワーが必要となる。先述したマッキンゼーの7Sでいうところの「システム」、大和言葉で言えば「しくみ」である。

「しくみ」は「たくみ」によって進化する。筆者はそれを、「たくみ」から「しくみ」へと表現している。第8章の再掲となるが、図で説明しよう（図18－1）。縦軸に新規性、横軸に規模《スケール》を取ると、最初の発明・発見は、左上にプロットされる。これを生み出すのは、人の「たくみ」だ。ビッグデータがないと何も生み出せないAIとの違いである。

しかし、それだけではn＝1に終わってしまう。スケールさせるためには、ルーティン（型）に落とす必要がある。これが「しくみ」化だ。しかし標準化すれば新規性は失われ、右下にプ

図18-1

「ひきこみ」運動による「たくみ」の「しくみ」化

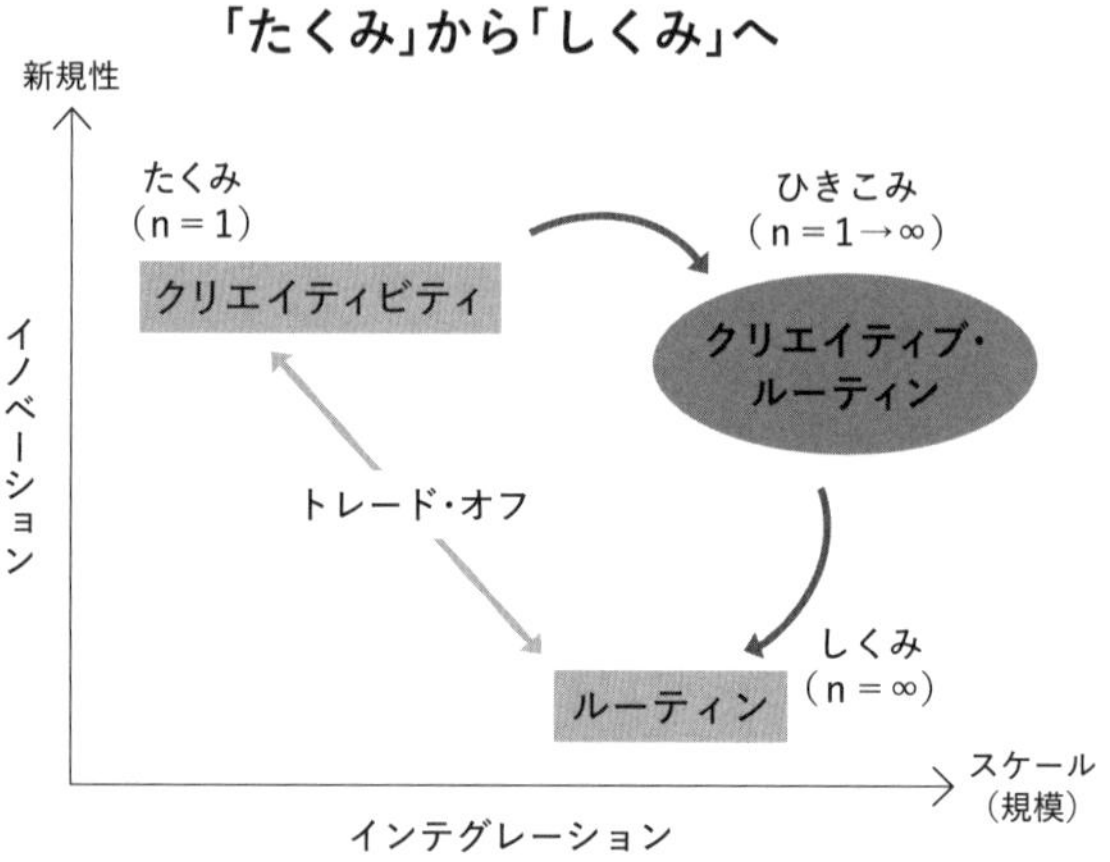

出所:名和高司(2018)を一部修正

ロットされる。したがって、左上のたくみと右下のしくみは、二律背反のように見えてしまう。

それをつなぐのが、右上の「ひきこみ」である。生物学で「エントレインメント」と呼ばれる運動だ。個体の「ゆらぎ」を同じ方向に引き込むことにより、大きな流れに変え、生態系全体が大きく群進化する。n=1をn=∞に変換する装置である。

野中郁次郎・一橋大学名誉教授は、日本発の知識創造理論を生み出したことで知られている。そのキーワードは、「クリエイティブ・ルーティン」だ。暗黙知が生み出すクリエイティビティを、形式知であるルーティンに落とし込む運動論を指す。

日本が得意とする持続的イノベーションは、この運動論によってもたらされてきた。たとえばトヨタ生産方式（TPS）。問題が発生すれば、異常を知らせるアンドンでラインを止め、人が現場に急行して問題を解決する（クリエイティビティ）。そこで見出された解決法を、しくみ（ルーティン）として取り込むことでスケールさせていく。TPSはこのように「進化するしくみ」なのである。

しかし、最近では、このような日本流の伝統技は、「カイゼン」という名の漸進的な「しくみ」でしかないと見なされがちだ。そして、より尖った新規性を求めて「たくみ」に走る。しかし「たくみ」だけでは、当然ながらスケールしない。結果的に日本が新規性の高いものを生み出しても、そこから大きな市場を創出するのは海外勢という残念なパターンに陥ってしまう。

たとえばノーベル賞。自然科学系では、2000年以降の日本人の受賞者数は20人で、世界で2番目に多い。しかし、その発見を大きなビジネスにスケールさせていく段階で、アメリカや中国に大きく差をつけられている。「たくみ」を「しくみ」に変換する「ひきこみ」力をいかに実装するか。それがハードパワーに期待される役割である。

3つの「イズム」

これまでの欧米流の経営思考は、1次元から2次元に広がるレベルで留まっていた。ロジカルシンキングは、直線的に答えを導き出そうとする1次元思考である。それに対してデザインシンキングなどのラテラルシンキングは、文字通り水平的に補助線を引こうとする2次元思考の産物である。どちらにしても、平面的な世界における閉鎖型思考に陥ってしまう点では変わらない。

実際の進化は、平面軸を超えた3つの軸の創発作用によってもたらされる。空間軸、時間軸、価値軸の3つだ。それぞれ、3次元、4次元、5次元と呼び変えることもできる。

空間軸（3次元）に求められるのは、部分ではなく全体を見る視座の高さだ。評論家の寺島実郎氏は、それを「全体知」と呼ぶ(※118)。より広くは「ホーリズム（全体論）」と呼ばれてきた考え方である。複雑系理論の中では「システム思考」と呼ばれる。それは、共同体や共生を大切にする日本の伝統的な思考法とも、極めて親和性が高い。

時間軸（4次元）に求められるのは、すべての現象を静態ではなく動態としてとらえる視点である。ギリシアの哲学者ヘラクレイトスが唱えた「万物流転」論は、よく知られている。「ダイナミズム」を重視する考え方である。

日本では古くから、無常という東洋思想が信じられてきた。最近メディアで「シン常態（ニューノーマル）」がまことしやかにささやかれているが、そもそも「常態」というものは初めから存在しない。この思想に立ち返れば、「而今《にこん》」、すなわちいまを常に新たにしていくことが求められる。松下幸之助翁のいう「日に新た」である。

価値軸（5次元）に求められるのは、価値を創造し続ける方法論である。「たくみ」から「しくみ」へという時の「しくみ」と同義である。英語では「アルゴリズム」という言葉がぴったりくる。

必ずしも数式で示される必要はない。学習とは、脳の中の神経網にアルゴリズムが記憶として実装されたものだということができる。しかも、書き換え（脱学習）も、変換（転移学習）も可能である。アルゴリズム自体、進化しうるのだ。

生成ＡＩはビッグデータを刻々と読みこなし、複雑系の中の関係性を読み解いて、アルゴリズムを進化させ続けている。人がそれに対抗するには、デジタル化されていないデータを収集し続ける必要がある。そのためには五感を研ぎ澄ませ、アナログ情報を身体知として受け止める必要がある。五感を駆使した5次元思考である。

さらにはその先に、霊感という第六感を働かせなければならない。そうなると6次元思考と呼ぶべきかもしれない。いや、思考の域をはるかに超えるので、「直観」という異次元体験とでもいうべきか。

そのためには科学を超えて、宗教的体験にまで踏み込んでいかなければならない。この身体知、さらには霊性に基づく直観は、日本人が古来とても大切にしてきたものである。それを現代に呼び起こすことで、異次元の進化が期待できるのではないだろうか。

シン日本流の「流」は、英語に直すと「イズム」となる。そこに、「ホーリズム」「ダイナミズム」「アルゴリズム」という3つの「イズム」を実装すること。この新たな三種の神器が、シン日本流のハードパワーとなるはずだ。

ホーリズムとしてのシステム思考

「ホーリズム」は、南アフリカの哲学者ヤン・スマッツが、著書『ホーリズムと進化』（1926年）で初めて使った言葉だといわれている。そもそもは、ギリシア語で全体を意味する「ホロス」が語源。包括的、全人的、全連関的などといった意味を持つ。いま風に言えば、外部に向けては「インクルージョン」、内部においては「インテグリティ」という英語に近い。

20世紀後半には、「ホロン」という概念が注目を集めた。部分でありながら全体としての機能・性質を持ち、全体と調和して機能する。全体子とも呼ばれる。生物における器官、細胞、さらにはDNAもホロンの一種。生命科学の分野では、「個と全体の有機的調和」を意味する。

そもそもは、小説家アーサー・ケストラーが1967年につくり出した言葉だ。その後、ホロン理論にヒントを得た「ホロン経営」論が台頭する。日本では、亡父・名和太郎著『ホロン経営革命』（※119）が、その火付け役となった。

組織全体と組織で働く各個人がそれぞれの役割を担い、環境の変化に対応しながら全体・個ともに活かす企業活動を目指す。個々が自律していながら、全体が大きく同期している姿である。第15章で触れた自律異結合型組織DACOが、まさにホロン型組織の典型だといえよう。

この思想はその後、複雑系理論に受け継がれ、「システム思考」として体系化されていった。複雑なシステムの全体像を把握し、個別の事象間の関係性を読み解くことによって、本質的かつ持続的に成果を生み出そうとする考え方である。

経済分野においては、これまで自然資本や社会資本を、外部経済として分析の対象外としてきた。しかし、20世紀後半になって、それでは経済活動の持続可能性すら保てなくなることに気づく。そして、生態系《エコシステム》の中で経済活動をとらえ直すように、大きく舵が切られていった。

経営においては、社会価値と経済価値を包含するシステム思考が模索されるようになった。先述したCSV（共通価値の創造）モデルである。そのためには、システムの要素間の関係性を因果ループとして解き明かしていく必要がある（図18－2）。

古来、日本が関係性を重視し、自然との共生を大切にしてきたことは、前述した通りである。したがって、ホーリズムは日本の伝統芸ともいえる。ただし、2つの落とし穴に注意が必要だ。

一つは、それが画一化に流れやすいこと。協調を重視すると、同調圧力が強まる。それが行き過ぎると、全体主義になりかねない。そうなると、進化の芽がつぶされてしまう。進化は「カオスの縁」に起こる。日本には、「キワ」を際立たせる「別（オルタナティブ）文化」があったことを、いま一度思い起こす必要がある。

もう一つは、「仲間（We）」を大切にするという思いが、無意識のうちに、それ以外を「外」

図18-2

CSVの因果ループ

なぜCSV企業に投資すべきか

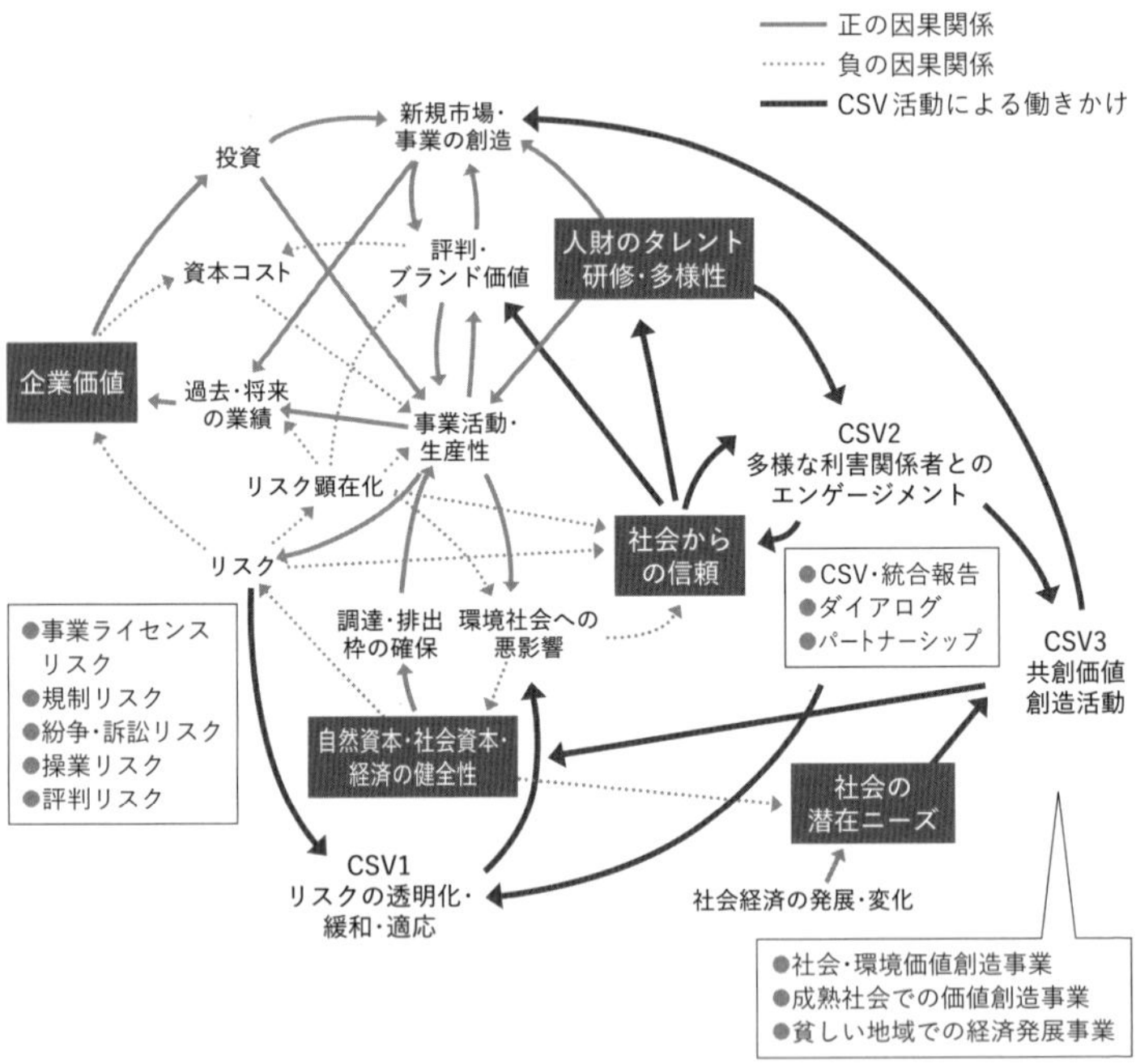

CSV経営を実践すると、適切なリスクマネジメントや多様なステークホルダーとの対話を通じて、社会からの信頼を獲得し、企業価値の向上が期待される。そのため、投資家にとってCSV企業への投資は重要な選択肢の一つとなる。

出所：名和高司(2013)を一部修正

においてしまいがちなことだ。結果的に排除の論理、さらには敵対の論理を生み出してしまう。日本には本来、内と外というデジタル思考はなじまない。住まいでは縁側がその両者をつなぐ。同様に社会では、内と外を行き来する「遊民（今日のネットワーカー）」が活躍してきた。このような「つなぎ」を大切にする文化を、いま一度呼び起こしたい。朝日新聞社がパーパスに掲げる通り、「つながれば、見えてくる」はずだ。

日本が得意としてきた「同質のインクルージョン」を、「異質のインクルージョン」へと進化させる必要がある。シン日本流がそのようなスケールの大きいホーリズムを身につければ、異次元のイノベーションをもたらすに違いない。

ダイナミズムがもたらす動的平衡

ダイナミズムとは活力を意味する。哲学では、あらゆる現象が力やエネルギーによって生み出されるという考え方を指す。ダイナミズムの対義語は「スタティシズム」、すなわち固定化、構造化である。

20世紀後半、哲学界では構造主義からポスト構造主義へという大きな潮流がうねりを見せた。前者の旗手、たとえばクロード・レヴィ＝ストロースが現象の本質を構造に落とし込もうとするのに対して、後者の旗手、たとえばジル・ドゥルーズは、構造からの「ずれ（差異）」が新たな価値を生み出し続けると論じた。日本ではその動向を、哲学者・浅田彰が『構造と力』(※120)で紹介、注目を集めた。同書が初刊から40年後の2023年に文庫化され、再びベストセラーになったことは、記憶に新しい。

同じく20世紀後半、科学界で複雑系理論が台頭していったことは、前述した通りだ。たとえばスチュアート・カウフマンは、主著『自己組織化と進化の論理』(※121)で、複雑系では自律したユニットが、相互作用を通じて自己組織化していくという「創発」理論を提唱した。またイリヤ・プリゴジンは、開放系においては、エネルギーが散逸していく流れの中で自己組織化が起こるという散逸構造論を展開、1977年にノーベル化学賞を受賞している。

日本でも清水博が名著『生命を捉えなおす』(※122)などで、バイオホロニクス(生命関係理論)を提唱。また福岡伸一が、『生物と無生物のあいだ』(※123)などで、先述した動的平衡論を展開している。

しかし、日本ではそもそもダイナミズムこそが世界観の中心にあった。「無常」という仏教思想は、生活文化や美意識に深く根を下ろしている。散りゆく桜や月の満ち欠けに美を感じ、四季の移ろいを愛でる感性。頻繁に発生する自然災害や栄枯盛衰の中で、したたかに生き続ける人生観。

セイゴオさんは、それを「フラジャイル(壊れやすい)」と表現する。壊れやすいから、直しやすい。変化を常態としてとらえることにより、「変態(メタモルフォーゼ)」し続けることができる。

VUCA時代と言われて久しい。先が読めないので、ついつい慣れ親しんできた世界にこもりがちだ。特にバブル崩壊後は、リスクを取ることを避けようとしてきた。しかし、変化のスケールとスピードが加速度的に高まる中では、リスクを避けることが最大のリスクにつながる。そのような「不作為リスク」が、平成時代の「失われた30年」を招いたのだ。

先が読めない時代だからこそ、いくらでも変化できる可能性に満ちている。そのためには「壊しながらつくる」という生命の知恵を、我々の中に呼び覚まさなければならない。

100年前、シュンペーターは「創造的破壊」こそがイノベーション運動の本質だと看破した。日本的感性にとって、「破壊」はあまりに過激に聞こえる。これは、いまなお変わらない。劇的な変化を好まないのは、日本人の静的DNAであるに違いない。一方で伝統の固い構造を崩し、組み替え、そこから新しいものを仕立てていくしなやかさを、身につけていた。それが日本人の動的DNAと呼べるだろう。その結果、伝統から革新を生み、それが次世代の伝統となっていった。

あのしなやかさをどこに置いてきてしまったのか。「失われたX年」という自虐的なフレーズに、いつまでも浸っていてはならない。日本は持ち前のダイナミズムを、いまこそ蘇らせる必要がある。そしてシン日本流の流儀として、磨きをかけていかなければならない。

進化するアルゴリズム

アルゴリズムとは、簡単に言えば「型」であり「しくみ」である。

問題解決を例にとろう。筆者が20年近く身を置いていたマッキンゼーでは、問題解決の「型」は3000パターン程度、といわれている。もっともそのすべてを見たことはなく、実際に使うのはせいぜい1000パターン前後である。

最近もてはやされている事業モデルの類型は、100にも満たない。筆者の知人で、スイスのザンクトガレン大学のオリヴァー・ガスマン教授らは、5年をかけた調査の結果、事業モデルは55パターンだけしかなかったと報告している(※124)。その後10以上、新しいモデルが出現しているものの、問題解決の型に比べると一桁少ない。

では価値創造モデルはどうか。価値創造は、問題を解決するだけでも、事業モデルを構築するだけでもない。新たな需要を生み出し、そこから新たな余剰を獲得し、それをまた需要創出に再投資することを意味する。言い換えれば持続的な市場創造のプロセスであり、シュンペーターはそれを「イノベーション」と呼ぶ。

イノベーションのモデルは多岐にわたる。21世紀に入っても、ディスラプティブ・イノベーション、オープン・イノベーション、リバース・イノベーションなど、欧米流の派手なモデルが一世を風靡した。イノベーションの本質が価値創造である以上、これからも新しいモデルが生まれ続けるだろう。

なぜなら、「価値」そのものが多義的だからだ。企業は、機能価値に加えて情緒価値、さらには社会価値、環境価値などへと空間が広がっていく。企業は、存在価値としてのパーパス（志）を思い思いに掲げる。すると企業の数だけ価値創造のアルゴリズムが存在しうる。

さらに、価値は時間とともに進化していく。すると、アルゴリズムそのものも進化し続けなければならない。そこでは「アルゴリズムを生むためのアルゴリズム」こそが、本質的に問われるのである。そしてそのためには、「学習することの学習」がカギを握る。それを筆者は「学習優位」と呼ぶ。

日本は古来、独自の学習プロセスを磨いてきた。セイゴオさんは、それを「編集力」と名付けた。では、編集力とは何か。筆者の見立てでは、そのプロセスは「ゆらぎ・つなぎ・ずらし」という3つの動きによって成り立っている。

「ゆらぎ」で学習がスタートする。そして、それを時間軸上での蓄積（既知）と、他の空間軸からの知恵（異知）と「つなぐ」。そこからさらに、組み合わせによる新たな次元の知へと「ずらし」ていく。生物学者・清水博によれば、「ゆらぎ・つなぎ・ずらし」は、生物が進化するプロセスである。ぜひそれを人や企業や社会の進化、すなわちイノベーションの技法として取り込みたい。

繰り返し述べているように、イノベーションは「カオスの縁」で起こる。言い換えれば辺境である。日本人が好きな言葉にすれば「現場」と言い換えられよう。イノベーションは本社ではなく、現場で起こる。なぜなら、そこが変化の波打ち際だからである。顧客の現場、開発の現場、サプライチェーンの現場など。そして、そこに変化に気づく社員がいれば、感度の高いセンサーとなって、最初の「ゆらぎ」が起こる。

そのように現場で同時多発的に発生する「ゆらぎ」のうち、スジがいいものを見つけて「つなぎ」、そこに投資をすることで、大きな「ずらし」を生み出していく。この「つなぎ」と「ずらし」をするのが本社の役割なのである。

現場力のある日本企業は、「ゆらぎ」の宝庫だ。それを本社がつなぎ、ずらすことによって編集していく。0→1ではなく、1→10、10→100にスケールさせる編集力をいかに学習するか。これが、シン日本流イノベーションのカギを握る。

第4のイズム　スピリチュアリズム

システム・ダイナミクスという手法を、聞かれたことがあるだろうか。複雑系の因果ループを、コンピュータアルゴリズムに落とし込むというものだ。20世紀後半、マサチューセッツ工科大学（MIT）を総本山として始まった。本章で述べた3つの「イズム」、すなわちホーリズム、ダイナミズム、アルゴリズムの3つを統合しようとする野心的な試みといえよう。

その初期的な成果としてよく知られているのが、1972年にローマクラブが発表したレポート『成長の限界』(※125)である。コンピュータシミュレーションの結果、「人口増加や環境汚染などの現在の傾向が続けば、100年以内に地球上の成長は限界に達する」と警鐘を鳴らしたのだ。このレポートを契機に、サステナビリティ(持続可能性)がグローバルアジェンダとして浮上し、システム思考が一躍、脚光を浴びることとなった。

筆者も1980年代、マッキンゼーに参画した当初、システム・ダイナミクスによるシミュレーションに何度も挑戦したことがある。しかし、一定の仮定の下での結果は示せるものの、未来を正確に予測することはできない。

なぜか。現実は変数が無限にあり、シミュレーションの前提通りにはならないからだ。複雑系の複雑系たるゆえんである。特に厄介なのがヒトだ。シミュレーションの途中経過を見て、想定外の結果が出そうだと気づくと、当初想定した行動を変えてしまう。ヒトが学習する動物たるゆえんである。

しかし、この手法が役に立たなかったわけではない。それどころか、そこから行動経済学が急浮上してくる。「ナッジ(変容を促すこと)」によって、ヒトの行動を変えることができるのだ。システム・ダイナミクスの途中経過が、このようなナッジを促すのである。そしてナッジをうまく仕掛けることで、未来を思い通りにつくり替えることすらできてしまう。

ＭＩＴでシステム・ダイナミクスを経営モデルに適用しようとしたのが、ピーター・センゲである。センゲの『学習する組織』（※126）は、ミリオンセラーとなった。原題は『The Fifth Discipline（第五の規律）』。システム思考を、第五の規律として位置付けたのだ。

その後、センゲはシステム・ダイナミクスから離れていく。守破離《しゅはり》の「離」である。向かった先は、「スピリチュアル（霊性）」の世界だ。心のパワーこそが、未来をつくると唱え始めたのである。

同僚のオットー・シャーマーらと『出現する未来』（※127）を上梓。その中で「U理論」を紹介している（図18－3）。次の3つのリズムを身につけることで、未来をつくり出すことができるという。

・現実の世界において五感を研ぎ澄ませて世界と一体となる（Sensing）
・深く内省することで、内なる知を呼び覚ます（Presencing）
・現実の世界でそれを素早く実践する（Realizing）

センゲは禅との出会いを通じて、このプロセスに目覚めたという。いまも、毎日1、2時間の瞑想を欠かさない。その効用を、次のように語っている（※128）。

図18-3

3つのリズムによる「U理論」

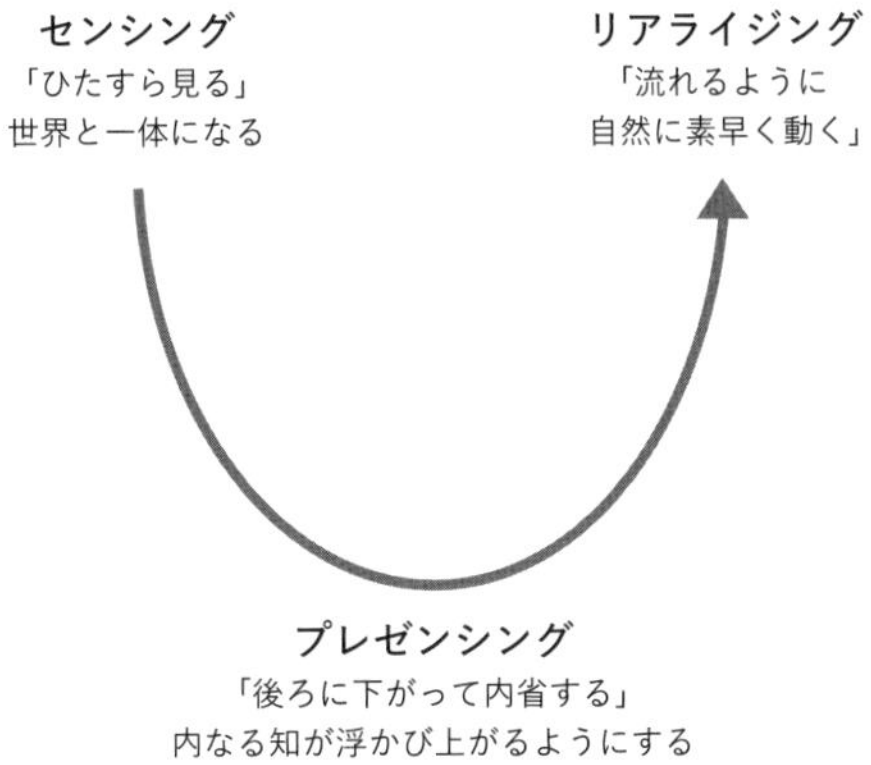
センシング
「ひたすら見る」
世界と一体になる
リアライジング
「流れるように
自然に素早く動く」
プレゼンシング
「後ろに下がって内省する」
内なる知が浮かび上がるようにする

出所：センゲほか（2006）

1つ目は、注意を払う力です。次々と色々なことが心に浮かび続ける中で、「何となく」集中するのではなく、自分が取り組んでいることに全力で取り組むことができる力です。

2つ目は、落ち着いた心を持って、あなたの意識の全体性を保てること。（中略）特に、感情と、そこから生まれる思考を保留する力です。

そして3つ目は、この世界に姿を現している物事に、つながることができる力です。

このような瞑想は、マインドフルネスという名で、いま世界中に静かに広がっている。インド、中国を経て、日本で大きく進化した禅がその源流となっていることを、我々は再認識しなければならない。当の日本人が、禅の実践から遠ざかって久しいからだ。瞑想を通じて未来を出現させるプロセスを、スピリチュアリズム（精神主義）と呼ぼう。4つ目の「イズム」である。

ホーリズムが3次元（空間軸）、ダイナミズムが4次元（時間軸）、アルゴリズムが5次元（価値軸）であるのに加えて、スピリチュアリズムは6次元（精神軸）というべき世界である。そしてそこは、まさに「第六感（Six Sense）」が発動する次元でもある。

稲盛和夫翁が、得度までして精神修行に励んだ話はよく知られている。筆者が畏敬する日本の名経営者の多くは、神仏との会話を欠かさない。この日本古来のスピリチュアリズムを再発見することこそ、シン日本流経営の原点である。そしてそれを広く外に発信することによって、日本発の新たな世界潮流を生み出すことができるはずだ。

第19章

第三の成長モデル・シン結合

世界が新たな成長モデルを模索している。資本主義陣営は、必死に延命策を探っている。たとえば多元的なステークホルダー資本主義によって、新たな活路を見出そうとしている。一方、成長そのものに背を向けようとする動きも胎動している。たとえば最近のウェルビーイング（幸福）主義は、繁栄より安定を重視する。そこに南北問題が色濃く影を落とす。貧困から脱して本格成長を目指そうとする南側に対して、サステナビリティ（持続可能性）に舵を切ろうとする北側諸国が難色を示す。

日本も相似形である。たとえば2021年に誕生した前・岸田政権は、「成長と分配の好循環」をコンセプトとする「新しい資本主義」を掲げた。一方、広井良典ら福祉主義陣営からは定常型社会が提唱され、斎藤幸平ら共産主義陣営は脱成長主義を声高に唱える。

それは多様性《ダイバーシティ》というより、「分断《ディバイド》」と呼ぶべき現象である。そして、世界でも日本でも、「分断」の亀裂が広がりつつある。この混迷から抜け出すためには、AかBか、0か1かといったデジタルな分断をシン結合する、第三のモデルを目指さなければならない。

同質化にも異質化にも未来はない。いま求められるのは、「異質のインクルージョン」である。そして本書で論じてきたように、シン日本流はその一つの有力な解となりうるはずだ。

本章では、シン日本流を基軸としたオルタナティブモデル（別流儀）を考えてみたい。それはアメリカ型の資本主導モデルでも、中国型の政府主導モデルでもない、第三のシン日本流モデルとなるはずだ。

昭和の成長は、強靭な公民連携がドライバーとなった。平成の失敗は、この連携が機能不全に陥ったことが真因の一つとなっている。シン日本流ではこの失敗を繰り返さず、かといって昭和の成功モデルに回帰することのない、第三の道を模索する必要がある。これを本書では「シンＰＰＰ（Public Private Partnership）」と呼ぶ。

従来モデルとの違いは3つだ。

第一に、複雑系理論を駆使した次世代成長を目指すこと。ネットワークのパワーを好循環に導いていくことで、異次元の成長を目指す。いまのところ、シリコンバレーが大きく先行している。しかし、日本一流の編集力を駆使すれば、新たな創発型モデルに舵を切ることができるはずだ。

第二に、日本に閉じることも、海外に目を転じることもなく、その両者の融合を目指すこと。これまでは日本 対 海外という狭義の「国策（ナショナルアジェンダ）」にとらわれがちだった。これからは、「和僑」の精神を踏まえたシン・グローバルアジェンダが求められる。

第三に、ソフトパワーとハードパワーの融合を図ること。昭和時代は家電や車に代表されるハードで世界制覇をもくろみ、平成時代は一転してクールジャパンに代表されるソフトパワーを武器にしようとしてきた。これからは、ハードとソフトが一体となったシン産業の創造がカギを握る。

本章の最後に、それらの具体的な青写真を一つ提案したい。名付けて「QoXエッジ（道場）構想」。世の中によくある未来予想図とは異なり、シン日本流ならではの構想になっていると自負している。

少なくとも筆者自身にとっては、十分実現可能なものと思える。ここまで読んでいただいた読者にも、共感いただけるとありがたい。未来は、みずからの志を掲げ、多くの共感を集めることによって、自分たちの手でつくり上げるものであるからだ。

スタートアップからスケールアップへ

2024年8月1日、政府主催のGX2040リーダーズパネル第3回が開催された。GX（Green Transformation）、すなわちクリーンエネルギーへの転換に向けた政策について、政府首脳と有識者が対話するシリーズだ。当時の岸田総理、齋藤経済産業大臣、伊藤環境大臣、林官房長官（いずれも当時）などの政府首脳と、経済産業省の中堅幹部が一堂に会した。

最終回のこの日は、次世代イノベーションがテーマとなり、筆者はシン日本流イノベーションを提案した。題して「10X（ケタ違いの）イノベーション」。なお、筆者のプレゼンテーションの内容は、内閣官房のサイト（※129）でご覧いただくことができる。

主な論点は、プレゼンの副題にも掲げた「スタートアップからスケールアップへ」だ。政府は、2022年に「スタートアップ」元年を打ち出した。スタートアップ企業を後押しすることで、沈滞ムードを吹き飛ばしたいという願いからだ。

ただ現実を見ると、これまでスタートアップは、日本でも雨後の筍のように生まれている。そして、その多くはあっという間に消えていく。もっとも、それはスタートアップの宿命だ。アメリカの起業家養成スクール「Yコンビネーター」の創業者、ポール・グレアム氏によれば、スタートアップが成功する（注：成功の定義は40億円以上の企業価値をつけること）確率は7%。さらに、ドロップボックス（Dropbox）やエアビーアンドビー（Airbnb）などのように大化けする確率は0・3%ほどしかないという。

残念なのは、日本ではせっかくIPO（新規株式公開）をしても小さな企業価値で留まり、大化けする企業が皆無であることだ。日米の成長格差の本質はスタートアップ企業の差ではなく、スケールアップする企業の差なのである。

アメリカの伝説のベンチャー・キャピタリスト（VC）ピーター・ティールが、『ゼロ・トゥ・ワン』（※5）というベストセラーを書いている。ただし、彼のいうワンとは10億ドル、すなわち年間1600億円近い利益を生み続けることを指す。そして、そのための条件として、同書の中で7つのキー・クエスチョンを掲げている。

かつてティール氏に、日本のユニコーン10社を説明し、関心を聞いてみたことがある。即座に「ノー」。まったくスケールする気がしないという。「このような泡沫スタートアップをユニコーンと呼んでいる時点で、日本はまったくイケていない。世界一流のVCが日本に興味を示さない理由が分かるか?」と逆に切り返されてしまった。

先のGX2040リーダーズパネルではその話も披露したうえで、スタートアップではなく、スケールアップこそが経済成長のカギを握ると力説。総理やほかの参加者も、「来年はスケールアップ元年にしなければ」と大きくうなずいていた。政権は代わってしまったが、経産省幹部とは、このテーマをめぐって討議を続けている。

新たな官民共創「シン共助」

世界を揺るがしている成長モデルは、大きく2つに分かれる。VCを中心とした大きな資本の力が後押しをするアメリカ型と、国家が牽引する中国型だ。

残念ながら日本には、スタートアップをスケールアップさせられるVCは存在せず、世界の有力VCは日本をパッシング(素通り)しているのが現状である。さりとて国家は、牽引するパワーもマネーもない。では、日本はどのような成長モデルを目指すべきか。

先に紹介した、デンマークやシンガポールなどの小国モデルは、極めて示唆に富む。パワーゲームを演じるのではなく、内村鑑三のいう「境界国」として「キワ」だつ存在を目指す。そこでカギとなるのが、日本一流の「和力」だ。二律背反に見えるものをシン結合することで、イノベーションを創発させる技である。たとえば3つのシン結合が考えられる。

1つ目が「公と私」の結合。日本では古来、「結《ゆい》」という習慣を大事にしてきた。共同体における相互扶助の仕組みだ。いまでも沖縄には、「ゆいまーる」という結の習慣が残っている。

また、島根県隠岐諸島の海士《あま》町の町おこしの姿は、NHKの番組「新プロジェクトX」（2024年5月25日放送）でも紹介された。最近力を入れているのが、トヨタ自動車を脱サラして移住してきた阿部裕志さん（現在、株式会社風と土と代表）らが中心となって始めた「島流し研修」。島外の企業や自治体、大学などから派遣された参加者が、島での体験を通じて相互学習していくプログラムだ。外部に開かれた「シン結合」とでも呼ぶべきモデルとして、注目される。

海士町の島民は、「島のことを『わがコト』としてとらえ、何か事があれば行政や民間が分野や垣根を超えて一致団結して乗り越える」と阿部さんは言う（※130）。筆者が「シンPPP」と呼ぶ、「公と私」のシン結合だ。

そして、その実践モデルとして、CSV型「地域創生マンダラ」を提唱している（図19－1）。

図19-1

CSV型「地域創生マンダラ」

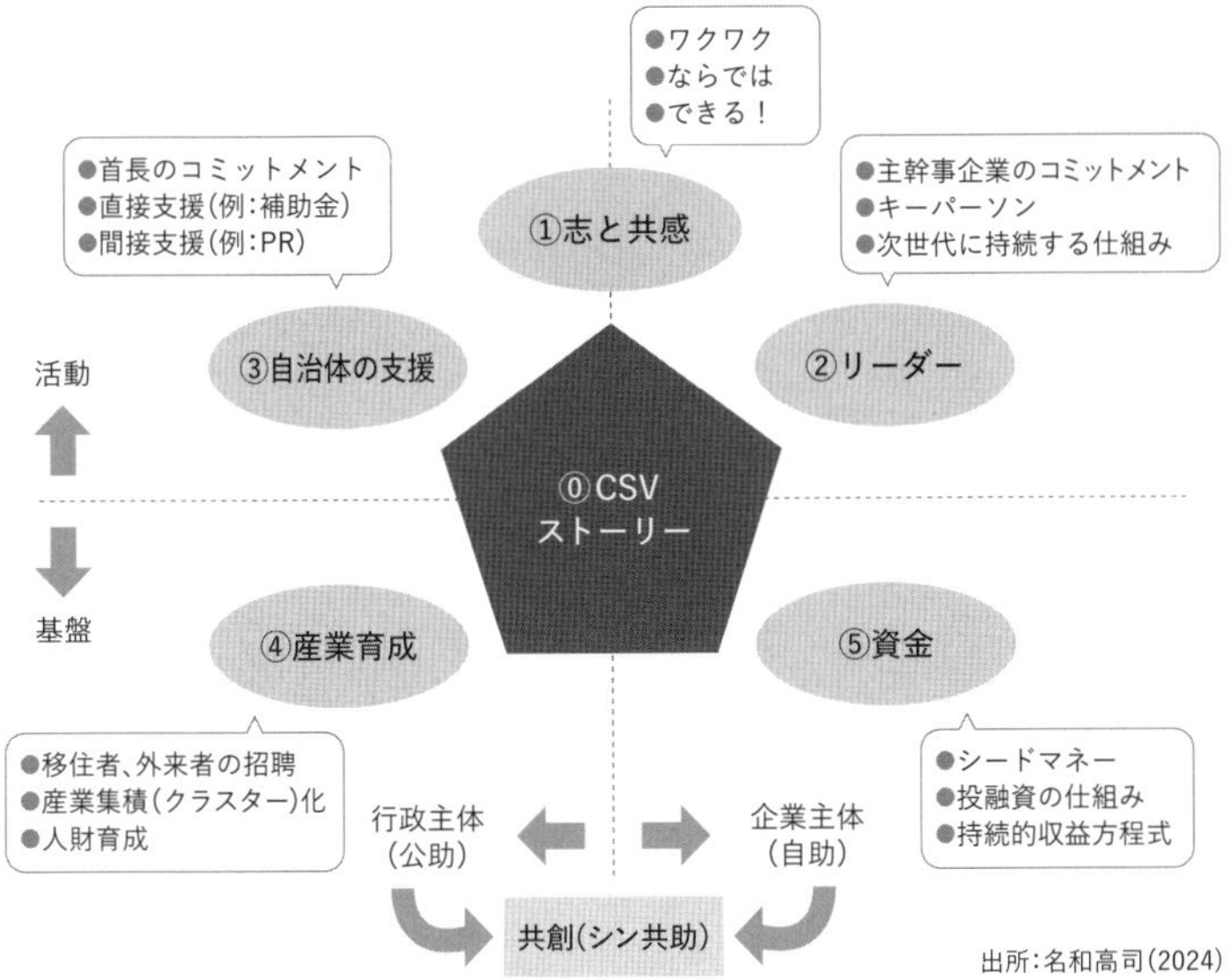

出所:名和高司(2024)

行政（公助）と企業（自助）が手を組むこと（シン共助）により、社会価値と経済価値の同時実現を目指すことができるはずだ。ＧＸのような大規模産業おこしにも、このようなマンダラモデルを応用できる可能性がある。

公の側では、単に供給側に補助金や資本を投入するだけでなく、みずから需要家となってアーリーアダプターの役割を担う。アメリカの国防省や中国の国営企業が果たしている役割を担う機関を、シンＰＰＰとして立ち上げることが望まれる。

民の側では、致命的に不足している、大規模事業プロデューサーとグローバルマーケターの育成がカギとなる。既存のビジネススクールやベンチャー支援機関には、そのような役割を果たす能力はない。日本の新エネルギー・産業技術総合開発機構（NEDO）やドイツのフラウンホーファー研究機構は、技術開発には力を入れているものの、事業や産業おこしの知恵はない。

事業や産業をスケールアップさせるための人財育成機関を、民が中心となって立ち上げることが急務である。そして、そこに国内・国外の産官学の参画を促すような取り組みが求められる。ドイツやシンガポールなどとも広く手を組むことにより、日本がシン産業人財育成機関のグローバル拠点の一つとなることも夢ではないはずだ。

シン日本インサイド

このグローバル連携は、2つ目のシン結合テーマにもつながる。すなわち「内と外」のシン結合である。

ディープテックの世界では、「ジャパン・インサイド」が成功モデルとして定着している。高性能の機能素材や機能部品は、世界の有力ブランドメーカーから求められ続けているからだ。しかし、組み立てや後工程は海外に出していたとしても、核となる開発を日本中心で行っている限り、グローバルサウス経済が大きく立ち上がる中で、市場機会は狭くなる一方だ。今後ますます比重が増すソフト開発においては、そもそも日本には人財が圧倒的に不足している。新

図19-2

シュナイダーエレクトリックの「BipBop」

企業理念　シュナイダーエレクトリックは、持続可能で包括的で拡張性のある方法でエネルギーの利用を可能にする

ビジネス
貧困層を対象にした電気ビジネスに取り組む企業の創設を支援するための投資ファンドを設立

イノベーション
貧困層への配電分野でトップになるための必要十分な(adequate)ソリューションを構築

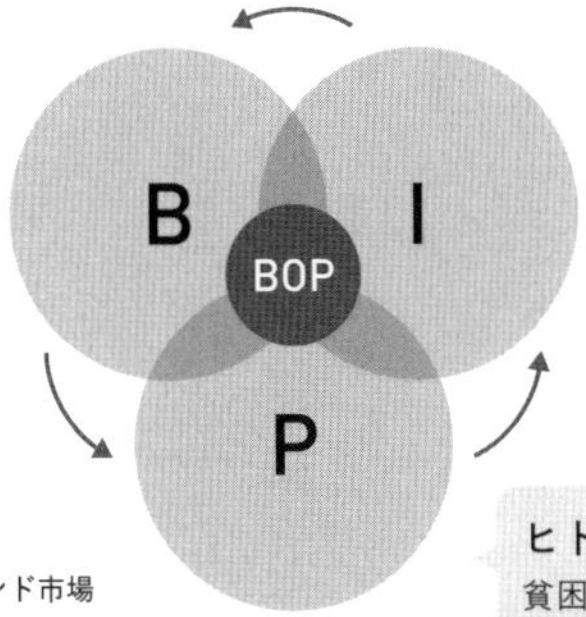

ヒト
貧困層の若者層に電気技術を訓練し、資金も提供

CASE　5億人がエネルギーの利用手段を持たないインド市場

〈ヒト〉2012年までに4000人の電気技師を訓練

〈イノベーション〉40万世帯に光を提供するイノベーティブなプランを開発

〈ビジネス〉新規に300人の起業家を支援し、電気市場でそれぞれの創業を支援

出所：シュナイダーエレクトリック

興国に開発拠点を広げ、需要に見合った品質（Good Enough Quality）でものづくりをする体制へのシフトが急務である。

シュナイダーエレクトリックの取り組みが参考になる。１８３６年にフランスで生まれた同社は、いまや世界各地で電気機器やエネルギー管理ビジネスを展開している。なかでも、新興国で異次元の成長を実現しているところに特徴がある。その際の切り札が「BipBop」モデルである（図19－2）。

BOPはボトム・オブ・ピラミッド、すなわち最貧国。そこでB（ビジネス）とI（イノベーション）とP（ピープル）を循環させるという

仕組みである。

スタートはピープルで、現地の若手人財を電気技師として育成する。そして、現地需要に見合った既存技術を提供して「必要十分」な商品開発（Adequate Innovation）を行う。さらに現地企業に対して資金提供することにより、現地ビジネスを育成する。このサイクルを回すことで、新興国において地場産業を立ち上げるとともに、自社の商圏を早期に確立していく。シュナイダーエレクトリックはこの手法によって、インドをはじめとして、アジア圏やアフリカ圏などに商圏を大きく広げている。さらにこのプログラムは、先進国の若手人財を惹きつけるマグネットにもなっている。「アクセス・トゥ・エネルギー（Access to Energy）」と銘打ったCSV型の取り組みに、新興国での活躍を望むZ世代が強く共感するためだ。

同社のこのような活動は、世界各国で高く評価されている。たとえば、カナダのコーポレート・ナイツが毎年発表する「世界で最も持続可能な100社」で、2021年に世界1位を獲得するなど、毎年上位にランクインしている。

ひるがえって、日本企業はどうか。インドで最も成功している日本企業といえば、スズキだ。同社はインドにおいてインサイダーとなるだけでなく、インドからアフリカなどの新興国への輸出を積極的に展開している。トヨタ自動車はインドで、現地人財を自動車技師に育成するプログラムに力を入れてきた。この両社が手を組み、インドの自動車産業の裾野を広げていくことがますます期待されている。

同様の取り組みを、GXなどの、日本が国家のトップアジェンダに掲げる産業にも広げていく必要がある。三井物産会長で日本貿易会会長でもある安永竜夫氏は、日本経済新聞の「次の国づくり」という連載の中で、次のように語っている(※131)。

「日本企業が持つ経験や技術、人材を用いれば、グローバルサウスの国々と相互に利益を共有できる関係をつくれる」

「グローバルサウスの国々に成長を求めるだけでなく、日本が生産人口を維持する上でも助けてもらう必要がある。日本は少子化で2100年には人口が半減することが統計学上、確実視されている。病院や工場など様々な現場が現実的には回らない」

「アジアは米国よりも能力主義を徹底し、若者が国や企業のリーダーになる。ビジネスでもスタートアップが新しい技術やビジネスモデルを次々に取り入れ、リープフロッグ(カエル跳び)で成長を遂げている。日本は『ルックサウス』の必要がある」

アジア諸国を生産拠点や成長市場としてだけでなく、共創関係を育むビジネスパートナーとして位置付け直す。そのうえで人財や知恵の交流を通じて、次世代イノベーションを生み出すことが、「シン日本インサイド」が目指すべき未来である。

シン資産価値

さてシン結合の３つ目は、資産価値に関するものだ。「無と有」をシン結合し、「過去と未来」をシン結合し、その両者をさらにメタ結合すること。やや複雑系なので、順を追って説明していこう。

まず「無と有」、すなわち無形資産と有形資産をシン結合する。金融資産と物的資産はバランスシートに計上されている。一方、組織資産、顧客資産、人的資産などは、バランスシートには載っていない。前者が有形資産で後者が無形資産だ。

かつては企業価値の中で、有形資産が占める割合が高かったが、最近は無形資産へと比重が大きくシフトしている。たとえば、日本においては、ここにきて「人的資本」がにわかに注目されている。

しかし、そこには大きく３つの課題がある。

１つ目は、無形資産そのものをいかに可視化するかだ。たとえば、人財の価値を評価する客観的な指標は存在しない。人財価値は環境や業務によって、また学習によっても大きく変化するからだ。さらに、人財教育にいくら投資しても、その投資効果を測定することは簡単ではない。組織資産や顧客資産についても同様だ。

2つ目は、これらの資産が有機的に絡み合って価値を創出するしくみを、いかにしてつくるかだ。無形資産同士が絡み合うだけでなく、有形資産とも深く関係している。たとえば物的資産としての設備やITシステムなどは、それを利用する人財のレベルによって付加価値が大きくぶれる。

3つ目の課題は、そもそも資産計上されていない外部資産の価値をいかに取り込むかだ。たとえば自然などの環境資産や、ウェルビーイングなどの社会資産につき、客観的に測定するのは困難を極める。さらに、これらの外部資産に企業が与えるプラス・マイナスの影響を、どこまで、どのように企業価値に取り込むかは、まだ議論が始まったばかりだ。

では、「過去と未来」のシン結合とは何か。財務諸表に示されているものは、過去の数字にすぎない。これだけ見ていたのでは、バックミラーを見ながら前に進もうとするようなものである。

一方、未来の価値を評価する指標としては、NPV（Net Present Value：正味現在価値）が使われる。特定期間のDCF（Discounted Cash Flow：割引キャッシュフロー）の総和から投資額を差し引いて計算される。そしてDCFは、未来のキャッシュフローを現在価値に割り戻すことで算出される。この手法は、経営の基本作法として学ぶものである。

しかし、DCFは現在価値であっても、未来価値を示すものではない。そこには2つの大きな課題がある。

第一に、そもそも未来価値は、現時点で予測不可能である。特に複雑系においては、内外の多様な因子間の相互作用で何通りでもシナリオが想定され、そのどれがどのくらいの割合で正しいかは判断できない。システム・ダイナミクスを使っても未来を予想できなかったことは、前述した通りだ。

第二に、無形資産はネットワーク経済が働くため、未来に行くほど指数関数的に価値が高まっていく。そして、長期にわたって株式を保有し続ける投資家にとっては、それを割り引いて現在価値に変換されても意味がない。1980年に買ったリンゴマークの会社（アップル）の初上場株を大切に持ち続けた結果、気がついたら億万長者になったフォレスト・ガンプにとって、DCFなどという会計上の小細工は有害無益だったはずだ（映画『フォレスト・ガンプ』より）。

「無と有」「過去と未来」という2つのシン結合は、有機的に絡み合っている。無形資産と有形資産の創発が、現在価値を未来価値へと創発していくのである。その関係性を正しく理解し、未来を予測するためには、財務諸表（バックミラー）に映し出された数字の行間と先を読み解かなければならない。それこそが事業家、そして投資家の腕の見せどころである。人的資本などという流行語に踊らされたり、過去の数字にひきずられている場合ではないのだ。

日本企業は平成以降、アメリカ型株主資本主義病に侵され、財務諸表の数字を取り繕うのに気を取られすぎている。しかも、未来をつくる際にもそれらの数字から出発して、確実に積み上げようとする。リスクを取って大きくイノベーションを仕掛けていく本来の日本流は、すっかり封印されたままだ。

伝統の中から革新を生み、それを未来の伝統にするという良質な日本流を、いまこそ取り戻す必要がある。そして、その価値創造の活動に「外」を巻き込むことによって、世界的な次世代成長の渦を生み出していかなければならない。それが、シン日本流の次世代成長を目指す姿であるはずだ。

QoXエッジ（道場）構想

日本が世界に呼びかける次世代成長の姿は何か。そして、そこで日本はどのような役割を果たすべきか。ここでは、「QoXエッジ（道場）構想」を一つの試案として提示したい。

Qは質（Quality）を意味する。一方のXには、先述した3つの意味を込めている。体験（eXperience）、異結合（Cross-Coupling）、変革（Transformation）の3つだ。「エッジ（辺境）」は「ハブ（中心）」の対義語で、表舞台のど真ん中ではなく、脇に置かれた修行の場としての道場を仕立てていく。

第一に、体験（eXperience）価値の質を上げることを目指す。日本ならではの「質」感へのこだわりを、新たな価値として世界に発信していく。「安心（Peace of Mind）」が担保され、健康寿命を長く保てる。非日常（「ハレ」）ではなく、日常生活（「ケ」）の充実を大切にする。「和」の精神を大切にして、多様な人間関係に気を配り、自然との共生関係を深め、対立ではなく対話を重視する。

これらを一言で言えば、「欲望（グリード）」ではなく、「希望（ビリーフ）」を基軸とした体験価値を高めることである。欲望資本主義から倫理資本主義へのシフトは、世界でも新たな潮流として共感されるはずだ。

第二に、「異結合（クロスカップリング）」を通じた創発の場を提供する。世の中には、さまざまなオープンイノベーション・ハブが存在する。たとえばデジタルハブやバイオハブなど。それぞれテーマ性が高く、出会いの場としては機能している。しかし、そこから大きくスケールするイノベーションが生まれることはほとんどない。合目的ではあるものの、関係が一過性で発展性に乏しく、深い創発が起こりにくいからだ。

ＱｏＸでは、より共感の次元を深め、関係性を深化し続けることを目指す。和みを体感できるように、日本的な建築、庭園、アートなどを仕立て、座禅や瞑想、語らいや集いの場を常設する。たとえるならば、グーグル本社の開放感のあるキャンパスというより、セールスフォースの本社や東京オフィスなどにある「オハナフロア」に近い。

先述の通りオハナはハワイ語で家族を意味し、同社ではオハナ文化を大切にしている。日中は社員とゲストが集い、会話を楽しみ、つながりを深める場所となっている。夜間は、非営利団体や教育機関などがファンドレイジングイベントや会合を行うため、スペースを開放している。筆者も日中、同社のイベントに呼ばれて社員の方々と語らいの場を持ったが、とても心の通う時空間を味わった。日本だけでなく、このように海外の「同志」とのネットワークを通じて、ＱｏＸエッジ体験を世界中に広げていくことを目指したい。

第三に、「変革（Transformation）」のエネルギー充填の場となること。変革は長いジャーニーであり、エネルギーを放出するだけでなく、蓄えることも重要になる。モーターレースにおける慌ただしいピットインというより、旅人にとっての「峠の茶屋」での一服感に近い。そこで、来し方行く末に思いを馳せるのもいいが、高い空や周りの景色に溶け込むことで、「志」と「気」を一新することができるはずだ。

アメリカ流の全社変革では、スピードが何よりも優先され、変革体験の質は軽視される。しかしそれではいずれ息切れして、持続的な進化は不可能だ。対して日本は、ヒトだけでなく企業の寿命も、長らく世界トップを誇ってきた。しかし、デジタル時代となり、進化のスピードを上げていかなければならない。そのためには変革が必須となる。

ただし、それ以前に体力をつけなければすぐに顎を出す羽目になる。ハードな短期集中型の減量に成功しても、必ずリバウンドが来る。ましてや、外科手術型の「切った張った」の変革となれば痛手は大きい。ＤＮＡそのものを進化させる漢方薬型の体質改善が望ましい。

変革体験の質を重視する姿勢は、これから世界的にも共感を呼ぶ可能性が高い。なぜなら変革の主役は経営者ではなく、社員であるからだ。そして多くの社員は、痛みの伴う変革を長く続けることには耐えられない。企業が新しい価値を生み出し、その中でみずからの進化を実感することで、初めて持続的な企業進化が実現する。これを日本企業が率先して実践し、世界に示していくことが大切だ。

そのような変革の質を高めるための気づきや学びの場として、ＱｏＸエッジ（道場）が世界に点在している未来を目指したい。エッジが「カオスの縁」の役割を果たすことで、シン日本流のイノベーション運動が世界に広がっていくはずだ。

第20章

世界はシン日本を待っている

いよいよ最終章までやってきた。ここでは、シン日本流が世界に広がる可能性を考えてみることとしたい。

日本が世界のレーダースクリーンに浮かび上がることにも、ある種の周期性があるようだ。東アジアを超えて日本が最初に注目されたのが、マルコ・ポーロの『東方見聞録』だろう。そこでは、「黄金の国・ジパング」として紹介されている。そして、1543年にはポルトガル人が種子島に鉄砲を伝え、6年後の1549年にはイエズス会のフランシスコ・ザビエルが、キリスト教布教のため鹿児島に上陸している。

この最初のヨーロッパとの邂逅からおよそ100年後の1639年に、江戸幕府はポルトガル船の来航禁止令を発出。しかし、その後も長崎の出島を舞台に、オランダなどとの交流は続けられた。

交易をしつつ、キリスト教の布教や人々と情報の交流を厳しく制限する鎖国政策を象徴する事件が、1828年に起きたシーボルト事件だ。ドイツ人シーボルトは、日本に西洋文明を広め、逆に日本の文化をヨーロッパに紹介する活躍を見せていたが、スパイ容疑で国外追放されてしまう。

しかし、1854年に200余年を経て開国が宣言されるや、西洋の文明と文化が怒涛のように流れ込んでくる。その一方で、この19世紀後半には、浮世絵を中心とした日本美術がヨーロッパに紹介され、ジャポニスムブームが生まれた。

それから100年を経て、3回目の日本への関心の高まりが始まったのが、20世紀後半。一つのきっかけは、アメリカの文化人類学者ルース・ベネディクトが執筆した『菊と刀』（1946年）である。菊に代表される優雅さと、刀に象徴される残忍さを兼ね備えた複雑系の国として描かれている。

1960年代にはアメリカを中心とするヒッピー世代の間で、禅ブームが広がっていった。経済面では日本の高度成長が驚異の目で受け止められ、社会学者エズラ・ヴォーゲルの『ジャパン・アズ・ナンバーワン』（※2）（1979年）でピークを迎えた。

およそ100年ごとの周期があるとすると、21世紀の後半のどこかで、またシン日本ブームが来るかもしれない。もっとも「オワコン」となって二度と浮上しないというシナリオも、大いに可能性がある。いずれになるかは、今後10〜20年の日本の自覚と行動次第ということになるだろう。

歴史を振り返ると、日本への関心が強まるのは、日本の経済成長と日本文化への興味が同時に高まるタイミングであることに気づかされる。特に19世紀後半の日本の近代化とジャポニスム、20世紀後半の高度成長と禅ブームがそれにあたる。逆に、列強を目指して経済成長に偏った昭和初期や、アニメやゲームなどのサブカルだけが注目された平成時代は、日本への関心は高まらなかった。

これからも、経済面だけで覇権を握ることは現実的ではない。しかし、日本文化を経済に実装した形で進化していくことができれば、世界にエッジ（キワ）のきいた存在感を示せるのではないだろうか。そしてそれは、セイゴオさんが「オルタナティブ（別）」の可能性と呼んでいたことの、一つのありすがた（別様）なのかもしれない。

文化を文明に実装する

日本人は古来、みずからの思いを形にすることに長けていた。最近、改めてブームを呼んでいる埴輪は、古墳時代、死者を弔う思いを素焼き土器に込めたものだ。

縄文時代から弥生時代にかけては、大陸からの渡来人に陶芸や冶金の技術を学び、日本流の工芸を育んでいった。その担い手は職人たちだ。大和王朝が成立した古代には、経済や社会の発展に伴い、日常生活から宗教活動に至るまでさまざまな職人が誕生し、中近世を通じてさらに職人文化が進んでいった。彼らが生み出す作品は「職人芸」と呼ばれ、高く評価された。

明治時代になると、海外の美術家による日本の伝統美術への関心が高まる。たとえば、アメリカの美術史家アーネスト・フェノロサ。岡倉天心とともに法隆寺の夢殿の厨子《ずし》を開扉させ、救世観音像の存在を明らかにした功績はよく知られている。

一方、大正末期から昭和初期になると、民芸運動が台頭する。その中心となったのが、宗教哲学者の柳宗悦だ。学生時代は西田幾多郎にドイツ語を、鈴木大拙に英語を学び、その後、同人文芸誌『白樺』の創設などにもかかわった。そして1925年、36歳の宗悦は、いよいよ「民芸運動」をライフワークとして立ち上げていく。

民芸とは日常的に使われる工芸品を指す。焼き物、染織、漆器、木竹工のほか、無名の職人がつくった日用雑器など、これまで美術史が高く評価してこなかった民族的工芸品の美を発掘し、世に紹介しようという活動である。いまも駒場東大前に日本民藝館が常設されているほか、2024年4月には、世田谷美術館で『民藝MINGEI—美は暮らしのなかにある』展が開催され、話題となった。

第5章でご紹介した中川政七商店は、「日本の工芸を元気にする!」というビジョンを掲げている。中興の祖である中川淳会長に、なぜ「民芸とは呼ばないのか」と尋ねたところ、「プロの仕事に敬意を払ってブランディングを手伝っているので、あえて工芸にこだわる」という答えが返ってきた。

一方、以前、別の機会に対談した際、良品計画の金井政明会長(当時)は、「我々は、生活の知恵を日常品に仕立てているので、民芸と呼んでもいい」と語っていた。職人 対 市井人、工芸 対 民芸という「流儀」の違いこそあれ、いずれも日本の文化を商品価値に変換する独自のアルゴリズムを確立しているところは、シン日本流の見事なお手本である。

この技は、日本企業の専売特許ではない。たとえば化粧品業界では、Ｐ＆ＧのＳＫ-Ⅱ物語が有名である。同社が買収したマックスファクターが、日本で開発した機能性スキンケア商品がＳＫ-Ⅱだ。そこには独自の美肌成分が配合されているが、それは日本酒を仕込む杜氏《とうじ》の手肌の美しさから着想を得て開発したものだという。

世界の化粧品市場では、いま韓国コスメがブームになっている。日本でも、２０２２年には韓国がフランスを抜いて、コスメ輸入先国のトップに立った。Ｋ-ＰＯＰや韓流ドラマなどの人気も背景に、低価格と高品質を売り物にしている。顧客層もＺ世代をメインとしつつ、上は50歳代まで幅広く支持されている。

日本の化粧品業界も、内輪でシェア争いをしている場合ではない。日本の美意識や日本文化を商品にしっかり実装し、それを世界の顧客に訴求することで、ジャパンブランドを広めていくことが求められている。

化粧品業界に限った話ではない。たとえばユニクロの独り勝ちが目立つアパレル業界。同じファーストリテイリング傘下のＧＵならずとも、ジャパンブランドの価値をうまく伝えることができれば、大きく世界市場に打って出られるはずだ。

リーマンショックの直後、日本政府はハードパワーからソフトパワーへのシフトをもくろみ、「クールジャパン戦略」を展開した。結果はまだら模様というより、2つの点で残念な「平成の失敗」に終わった。

まず、アニメやゲームなどのサブカルは、そのような政策とは無関係に、以前より世界で強みを発揮していた。クールジャパンはその勢いにあやかろうとしたが、政策の後押しによって大きな成果は生まれなかった。逆に着物や建築など、伝統的な日本文化が織り込まれたハイカルチャーは、サブカルの勢いに押されて波に乗れずに終わった。

さらに残念な失敗は、ハードとソフトをデジタルに切り分け、ソフトだけを後押ししてしまった点である。ソフトはうまくすれば利益率の高い産業ではあるものの、流行りすたりもまぬがれないため、持続可能性は保証されない。むしろソフトをハードに実装することで、より大きなスケールとサステナビリティを狙うべきだっただろう。そうすることで前述した化粧品や建築、さらには安心やサービスの質を実装したインフラや機器のビジネスチャンスを、桁違いに拡大できたはずだ。

このような失策を、いつまでも繰り返してはならない。シン日本流の真髄は、デジタルに切り分けることではなく、「あわせ」「結ぶ」ことだと肝に銘じる必要がある。そして文化（ソフト）を文明（ハード）に落とし込み、さらにそれを現地の文化に埋め込むことで、「シン日本インサイド」を目指さなければならない。

シン・ジャパニングという現象学

クールジャパンの「失敗の本質」を見極めるうえで、ジャパンと名の付く5つの現象を振り返ってみたい。

まず、よく知られている「ジャポニスム」現象。19世紀後半、国際博覧会に出展された浮世絵や伝統工芸品が、ヨーロッパ、特にフランスの芸術家に大きなインパクトを与えた。それは当初、「ジャポネズリー（日本趣味）」と呼ばれ、のちに「ジャポニスム」として広まっていった。クロード・モネの『ラ・ジャポネーズ』は、その代表作。ゴッホは、『名所江戸百景』を模写するほか、『花魁』や『タンギー爺さん』という、浮世絵を盛り込んだ名作を残している。

ゴーギャンやロートレック、クリムトらも、浮世絵から多大な影響を受けていることが知られている。その原本となったのは、喜多川歌麿、東洲斎写楽、葛飾北斎ら稀代の浮世絵師だ。そして彼らを発掘し、プロデュースしたのが、2025年のNHK大河ドラマ『べらぼう』の主人公・蔦屋重三郎（通称ツタジュウ）である。結果的に、世界の美術史に輝く「ジャパン・インサイド」の演出家として大活躍したのである。

それから100年を経た1980年代、「ジャパネスク」がブームとなる。日本風、日本調といった意味合いだ。禅ブームとも呼ばれる。和のテイストをいま風に「ずらし」た技が光る。

キモノ地のリメークや、和柄を取り入れたデザインなどが代表的だ。

日本では『なんて素敵にジャパネスク』が大ヒットした。宮廷貴族社会を舞台にした氷室冴子作の少女小説シリーズ。マンガやテレビドラマなども展開された。いずれも「ずらし」や「見立て」という遊び心があるところが、シン日本流にとっても多くの示唆に富んでいる。

さて、3つ目の現象が、「ジャパニック」である。ジャパンらしいというだけでなく、パニックと掛け合わされている。主にヨーロッパで、日本からの集中豪雨的輸出に対して批判的に用いられる言葉だ。これは要注意。ただ、最近はチャイナショックのほうが猛威を振るっているようで、ジャパニックという言葉はあまり耳にしなくなった。

4つ目の現象が「ジャパナイズ」。日本風にする、日本人流にする、という意味合いだ。明確な意思表示をしない、問題を棚上げにする、解決を先延ばしにするなど、否定的な意味合いで使われることがある。これも、いただけない。

一方で、よりポジティブな使われ方もある。蔦屋書店は、自社で展開する文具や雑貨に、「ジャパナイズ」という風合いをかぶせている。ウェブサイト(※132)では、その思いを次のように説明している。

「ジャパナイズ」とは、西洋の文化で生まれたものに日本文化のエッセンスを加えること。日本の職人の匠の技によりジャパナイズされたものは、現代のライフスタイルに寄り添い、斬新な魅力の中に、どこか懐かしさも感じることができます。大切な方への贈り物にいかがでしょうか。

さすが、「蔦屋」を名乗るだけはある。ツタジュウの編集術を、現代風に「ずらし」た妙技である。要は、メッセージの仕立て方と演出次第。シン日本流をいかにポジティブに表現し、共感を持ってもらえるかが勝負となる。

さて、最後に「ジャパニング」という現象を紹介しよう。一般的には、日本の生活文化が外国社会に広まり、浸透している状態を指す。

この言葉には歴史がある。18世紀に東洋から持ち込まれた漆器が人気となり、自分たちでもつくろうとするも叶わない。ヨーロッパでは漆《うるし》が育たないのだ。そこで、漆の光沢を模したラッカー塗料が使われるようになった。豪華に装飾された家具や小物が人気を博し、ジャパン塗装製品は多くの中産階級に愛用されるようになったという。一方で、上流階級の間では、本物の漆塗り製品の価値が、ますます高まっていった。

このエピソードから、3つの学びがある。まず、漆への憧れ。日本で磨き上げられた美は、異国情緒を超えて広く愛される素地がある。次に、「ホンマモノ」ではなく、言わば「マガイモノ」が横行するということ。「もどき」は日本だけの技ではない。さらに、そのような現地での「ずらし」によって、広く受け入れられやすくなるということ。一方で、ホンマモノの希少価値が高くなっていく。

これらの学びは、今日においても示唆に富む。たとえば、食の世界を考えてみよう。寿司は、海外で自由に進化している。「カリフォルニア巻」などが典型例である。「あれは寿司ではない」と目くじらを立てる必要はなく、むしろ一つの進化した姿として喜んで受け入れるべきではないだろうか。

あるいは「ヌーベル・キュイジーヌ」。1970年代にフランスで生まれた「新しい料理法」だ。従来のフランス料理に比べて軽く繊細で、見た目にも美しい盛りつけ方に特徴がある。日本料理の手法からヒントを得たものが多い。

1980年代には、それがさらに「キュイジーヌ・モデルヌ」へと進化する。ヌーベル・キュイジーヌと古典的な料理法を異結合したものだ。ジョエル・ロブション、アラン・デュカス、ピエール・ガニェールなど、日本でも名声が高いシェフたちが世界中に広げていった。

表には「ジャパン」は出てこない。しかし、その底には「ジャパン・インサイド」が深く流れている。そして、それが日本への逆輸出も含め、広く世界に受け入れられていく。これこそ、「シン・ジャパニング」と呼ぶべき理想的な進化の姿といえるのではないだろうか。

シン日本流経営も、一方的に「布教」してみたり、逆に模倣を期待するだけでは、世界に広がることはないだろう。「シン・ジャパニング」によって、世界で進化していく道筋を深く模索しなければならない。

ジャパンズ・インサイド

そのためにはまず、世界は日本のどこに価値を見出すのか、という問いから始める必要がありそうだ。

たとえば観光という分野で考えてみよう。アメリカの大手旅行雑誌『コンデナスト・トラベラー』は毎年、読者投票ランキングを発表している。2024年10月1日の最新版で、日本は「世界で最も魅力的な国」として、2年連続で第1位に選出された。

世界経済フォーラムの2024年版「旅行・観光開発ランキング」でも、日本はアメリカ、スペインに次いで世界3位にランクインしている。なかでも「文化資源」は、1位のイタリアに次いで2位と、高く評価されている。

では、日本文化の何が評価されているのか。これは、評価者によってまちまちだろう。神社仏閣などの宗教遺産や禅などの教え。あるいは、衣食住などの生活文化や工芸・民芸。そのどれもが、日本を知れば知るほど、魅力的に映ってくるはずだ。それをインバウンドだけで終わらせるのは、あまりにももったいない。日本が大切にしている文化価値に海外に住む人々が気づき、自分たちの生活や社会に取り込もうとするムーブメントをいかに起こせるのか。それが「シン・ジャパニング」の主題である。

アニメやゲームなどのサブカルだけでなく、伝播すべき日本文化は多様で多層だ。セイゴオさんの表現を借りれば、「ジャパン」ではなく「ジャパンズ」なのである。

しかし、そのようなディープな日本文化の本質を、アウトバウンドに広げることは、けっして簡単なことではない。クールジャパンの失策がそれを物語っている。そこでは、2つの工夫が必要になるだろう。

一つは、前述したように、文化を文明にくるむこと。目に見えないものを、目に見えるものに内在させる。工芸品や民芸品はその典型例である。それをより広く、モノやサービスにも包み込んでいく。モノで言えば、ディープテック、サービスで言えば、ディープ体験。第3章で「ディープX」として紹介した考え方だ。

もう一つは、日本文化の伝道師のネットワークを海外に広げること。SNSの世界における「インフルエンサー・マーケティング」のディープカルチャー版だ。その際には、飛び抜けて高いインフルエンス力を持った伝道師が望ましい。

経営の世界では、かつてのスティーブ・ジョブズ。いまで言えば、前述したセールスフォースの創業者マーク・ベニオフなどの名前がすぐ浮かぶ。思想の世界では、「哲学界のロックスター」と呼ばれるマルクス・ガブリエル。ドイツ史上最年少の29歳でボン大学教授となったことでも知られる。同氏が京都哲学研究所（KIP）のシニア・グローバル・アドバイザーに就任したことは、前述した通りだ。

親日派のガブリエル氏は、次世代モデルとして「倫理資本主義」を提唱している。最近、東京で対談した際にも、次のように振り返っていた（※133）。

「日本は私のロールモデルとなりました。10年にわたってこれほど頻繁に日本を訪れていなかったなら、私はいまのような倫理資本主義の擁護者になっていなかったと思います」

そして、日本に必要なのは、伝統のリノベーション（刷新）だと言う。それは、伝統から革新を生み出すことがシン日本流の本質だという筆者の主張と完全に符合する。

「神道や仏教といった宗教をはじめとする知的伝統、ソフトパワーの強み、建築、美学、世界の人々が興味を持つ日本製品、日本企業が生産した製品でなくてもよいのですが、そうした日本らしい要素を活かしてみてはいかがでしょうか。現代の科学や哲学における最高の知的水準まで倫理観を刷新して、次のレベルに引き上げる。さらに、日本の老舗企業のようにいろいろなものと融合させるのです。

私がいつも引き合いに出すのが、京都で花札製造から始まった任天堂の事例です。任天堂は常に新しい環境に適応し、直近の新型コロナウイルスによるパンデミックで大復活を遂げました。ロックダウンの時にはみんながゲームをしたので、勝ち組企業となったのです。

遠い昔に終わったものへの回帰ではなく、今も残っているものを現代化して刷新する。これからの日本の利益は、そこにあるのだろうと思います。これはアメリカナイズでは絶対にうまくいきません」

対談の最後に、「ぜひ日本とドイツの架け橋になってほしい」と語りかけると、次のようなコメントが返ってきた(※134)。

「ぜひそうしたいと思います。現代のドイツは日本から学べることはたくさんあります。私たちは経済の現実という同じ場所で一緒に踊っているのに、お互いに十分な会話を交わしていません。もっと相互に影響し合わなくてはなりませんね」

このような発信力の高い知性が、日本文化の伝道師になってくれると心強い。フランスにも、ジャック・アタリという知日派の知の巨人がいる。オックスフォード大学ビジネススクール元学長のコリン・メイヤー教授、ハーバード・ビジネス・スクールのレベッカ・ヘンダーソン教授なども加えて、「倫理(エシックス)」を基軸に知のネットワークを広げていきたい。

シン日本流が、次世代資本主義の有力なオルタナティブとして受け入れられていくためには、それが最善のシナリオではないだろうか。

ステンドグラスから万華鏡へ

その際には、シン日本流そのものも進化し続けなければならない。ここでも、時間軸、空間軸、価値軸の3軸で考えてみよう。まず、時間軸ではどうか。

たとえば、根幹となる「和」の精神。インクルーシブ（包括的）という点では、いま、世界が指向している方向性と一致している。では、その先は何か。一つのオルタナティブとして、「和」から「乗」へのシフトが考えられる。「足し算」ではなく「掛け算」だ。シュンペーター流のイノベーションは、「異結合」が原動力となる。日本は古来、同質のインクルージョンを得意としてきた。これから問われるのは、「異質のインクルージョン」である。

堀場製作所を例に取り上げよう。筆者は前著『経営改革大全』（※101）の中で次のように紹介している。

測定機器メーカーの堀場製作所では、「ステンドグラス」というメタファーが好んで使われる。教会のステンドグラスは個々のガラスの破片が個性的な色を発しながら、それが全体としての美しい調和を奏でている。ホリバリアンと呼ばれる同社の従業員は、3人に2人は外国人という。その一人ひとりが、部分としてのダイバーシティを保ちながら、全体として

の一体感を同時に醸し出している。（中略）

教会という一神教の神殿に、多様性の美学を見出しているところも、いかにも日本的な目の付け所ではないだろうか。このように、多神教的な日本人の精神構造は、あらゆる異質なものを取り込み、そこから次の進化を生み出す原動力となりうる可能性が高い。

ステンドグラスはとても崇高な佇まいであるが、一方で静的なイメージも伴う。筆者は同書の後半で、「万華鏡」というメタファーを提案している。万華鏡はそれぞれの異質な形と色が自在に融合しあって、常に新しい世界を映し出すからだ。

万華鏡は、実は1816年にスコットランドの物理学者が考案したとされる。それが3年後には日本に伝来し、独自の進化を遂げていったという。いかにも日本らしい文化の編集力を感じさせるエピソードだ。

古来、日本では「共存共栄」を大切にしてきた。「共存」は静的であるのに対して、「共栄」は動的だ。いかにも日本らしい「動的平衡」を目指したものだといえよう。最近はウェルビーイングがまことしやかに唱えられている。しかし、これも「ベター・ビカミング」という発想の転換が求められている。静的な「常態」に閉じこもるのではなく、殻を破って動的な「変態」を目指し続けなければならない。

先の「ジャパン」5段活用で言えば、「ジャパネスク」や「ジャパニック」のような形容詞ではなく、「ジャパニング」という動詞が望ましい。「電気よ、動詞になれ。」という明電舎のキャッチコピーは秀逸だ。これになぞらえて「日本よ、動詞になれ。」と言いたい。

「無常」という日本古来の倫理（エシックス）に立ち返れば、一瞬たりとも立ち止まっていてはならないはずだ。常に高みを目指して進化し続けることを、シン日本流の行動原理（プリンシプル）として肝に銘じておきたい。

シン和僑のすすめ

次に、空間軸で考えてみたい。「ずらし」こそが、日本流の真髄である。そして「キワ」、すなわち辺境という立ち位置こそが価値を生む。イノベーションは「カオスの縁」に生まれると説く複雑系理論とも、軌を一にする。

日本の中にも、辺境は無数にある。たとえば、「ないものはない」と謳い、地域活性化を図る隠岐諸島の海士町《あま》。コンビニもデパートも映画館もない。しかし、だからこそ自然との一体感を取り戻すことができるのだ。前述した「島流し研修」は、一度経験するとリピーターになるという。

もちろん、都会にもいくらでもディープな辺境は潜んでいる。『鬼滅の刃』の舞台となった浅草六区や谷根千（谷中・根津・千駄木）あたりは、いまでも下町情緒が色濃く残る一方、多くの訪日客に出会う不思議な一角だ。新大久保や東上野、赤坂2丁目あたりに行くと、コリアンタウンに紛れ込む。さらに少し郊外に足を延ばすと、「穴場スポット」には事欠かない。

しかし、何と言ってもおすすめは海外に身を置くことだろう。しかも旅行や出張ではなく、生活してみるのだ。筆者自身、20代前半の2年間をヨーロッパ、20代後半からの8年間をアメリカ、そして30代後半の3年間を韓国で過ごすことで、前述した「個人」から「分人」、そして「和人」への変態を実体験した。

いまは、東京、箱根、京都という3地点を飛び回る生活に明け暮れているが、できれば、もっと外に出たい。たとえば大好きな北欧で、じっくり生活してみたい。もっとも、精神年齢ならぬ「身心年齢」が若いほど、異質な体験からの学びは大きいことは確かだろう。

筆者がマッキンゼーで新卒採用の責任者になった時、最も重視したのが「ディープ体験」ストーリーだった。社会ボランティアやバックパッカー体験もそれなりに面白いが、何と言っても海外生活体験は真に迫るものがある。異質性に正面から向き合うことで人格そのものがゆさぶられ、「異結合」を起こすことの怖さと醍醐味を知るからだ。

第12章で紹介したように、ＹＫＫの創業者である故・吉田忠雄氏は、海外に赴任する社員に「土地っ子になれ」と叱咤激励を送ったという。永住するつもりで、現地に溶け込め、という教えだ。実際に同社では10年、20年の海外駐在も珍しくないという。

第15章で、「和僑」について触れた。「シン和僑」は、グローバル時代の「遊民」、そして

「遊牧民《ノマド》」の姿だ。いまのMZ世代（ミレニアル&Z世代）には、シン和僑になることをすすめている。これもぜひ、シン日本流の要件の一つに加えておきたい。

静かなリーダーシップ

３つ目の価値軸はどうか。ここでは、リーダーシップ論を取り上げてみよう。「カリスマ・リーダー」は、もはや過去の遺物である。上意下達の軍隊型の組織には、現場発の自律的な創発活動は根差さないからだ。

昨今、海外で標榜されているのが「オーセンティック・リーダー」である。オーセンティックを日本語に訳すと、「本物の」「信ずべき」などになる。したがって「オーセンティック・リーダー」とは、無理に外面を取り繕うのではなく、自分自身の倫理を軸に行動するリーダーを意味する。

野中郁次郎教授は、そのような資質を持ったリーダーを「賢慮のリーダー」と呼ぶ。そこでは、「善を判断する力」が最も大切だとされる。まさに賢慮（ギリシア語でフロネシス）が問われるのだ。そして、松下幸之助、本田宗一郎、柳井正など、日本を代表する経営者が賢慮のリーダーとして紹介されている。詳細は、竹内弘高教授・現国際基督教大学理事長との共著による同名の論文（※135）をご参照いただきたい。

図20-1

エシックス経営に求められる3QとS³

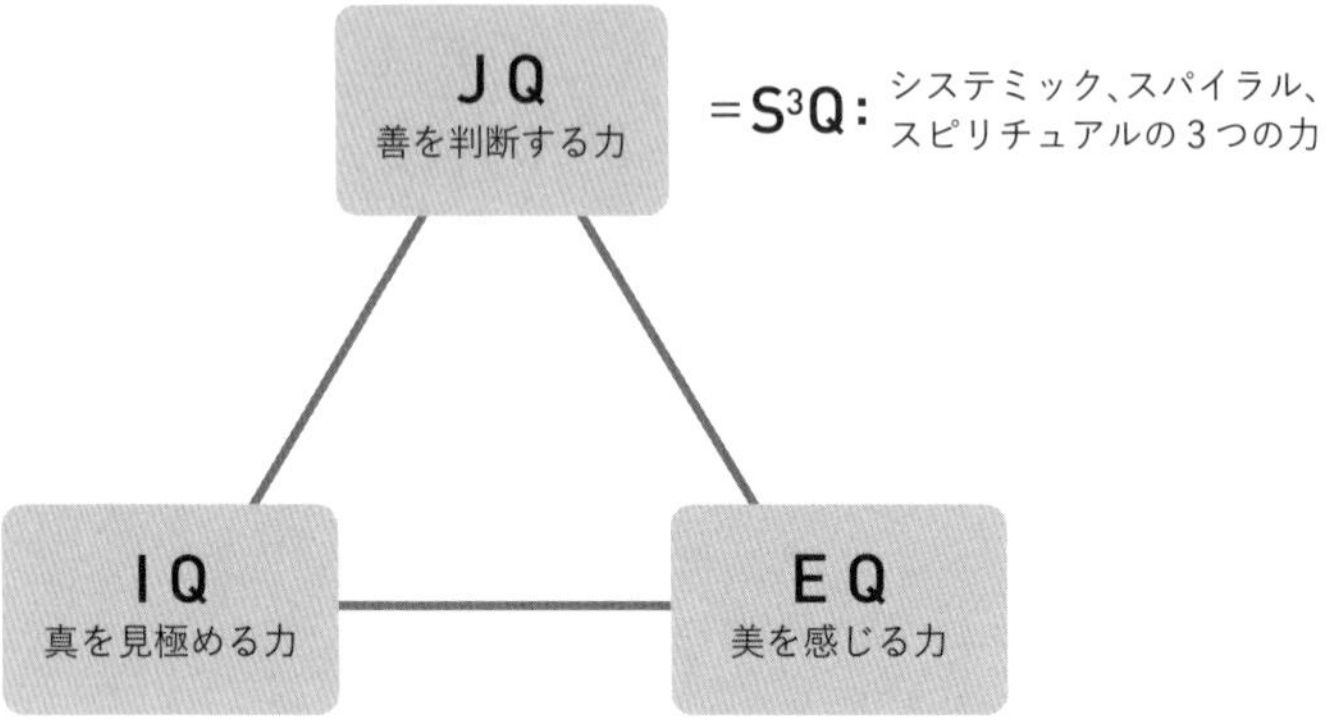

プリンシプルの実践には、３つのQ（資質）が欠かせない。

出所：名和高司（2024）を一部修正

筆者はかねてより、これからの経営には3つの資質が欠かせないと提唱してきた。IQ（Intelligence Quotient）、JQ（Judgment Quotient）、EQ（Emotional Quotient）の3つである。3つの資質は真善美、すなわち、真を見極める力（IQ）、善を判断する力（JQ）、美を感じる力（EQ）に相当する。

このうち、野中教授の語る「善を判断する力」、すなわちJQをいかに磨くかが、最も大切な要件となる。それは3つのSからできていると、筆者は考える。以前よりその重要性を唱えている、システミック（系）、スパイラル（渦）、スピリチュアル（霊）の3つだ。それぞれが、空間軸、時間軸、そして価値軸に相当することは、本書にここまで付き合っていただいた読者であれば、容易に気がつかれることだろう（図20－1）。

S^3の中で、最もつかみどころがないのがスピリチュアル（霊）だといわれてきた。しかし、これも本書では日本的霊性について詳述してきたので、ご理解いただけたことと思う。そして、これを鍛えるためには、禅や瞑想など、日本古来の精神体験が有効だということも、お分かりいただけただろう。

いま、日本では「静かなリーダー」が、それこそ静かにブームとなりつつある。場の「心理的安全性」を担保し、外から「押しつける（プッシュ）」するのではなく、内から「引き出す（プル）」ことができるリーダー像である。

アメリカでも、今世紀に入って「静かなリーダーシップ」が注目されるようになった。ハーバード・ビジネス・スクールのジョセフ・バダラッコ教授による同名の著作（※136）が、そのきっかけとなった。そこで描かれているリーダーは、次のような特性を持っている。

・忍耐強くて慎重。段階的に行動する
・みずから犠牲にならず、組織からも犠牲を出さない
・自分が正しいと信じることを、目立たずに実践する

従来のヒーロー型のリーダーシップとは、ほぼ真逆と言ってもいいかもしれない。誤解を恐

れずに言えば、男性的でも女性的でもなく、「中性的」なイメージを想起する。それ自体、ジェンダーニュートラルな時代にふさわしいプロフィールといえよう。

「倫理（エシカル）資本主義」の時代に、「倫理（エシックス）経営」を率いるためには、「静かなリーダー」の登場が求められる。筆者はそのようなリーダーを「エシカルリーダー」とも呼んでいる。良質な日本企業であれば、静かなリーダーシップの担い手は数多くいるのではないだろうか。そしてそのような人財が、「シン和僑」となって海外で活躍し、世界に「シン日本流経営」を広げるための推進力となることが期待される。

「未」をめぐる冒険

「我々は偶然の大地をあてもなく彷徨っているということもできる。ちょうどある種の植物の羽根のついた種子が気紛れな春の風に運ばれるのと同じように」（『羊をめぐる冒険』村上春樹）（※137）

さて、本書もいよいよ、最終ページに近づいてきた。

ここまで多くのことを語ってきた。まだまだ語り足りていないことが、山ほど残っているような気もする。セイゴオさんは「日本流」を語るだけで、一生をかけて何十冊という本を書いてきた。その巨人の肩に乗らせていただけたとしても、そこから「シン」を展開するには、この一冊で足りるわけがない。

しかし、シン日本流が「無常」を基軸としている以上、現在はいつまでも終わることはなく、未来は常に開かれ続けている。だとすれば、「未完」であることこそ、シン日本流の本質ともいえよう。ここまで長らくお付き合いいただいた読者に、未完と伝えることの、精一杯の言い訳としたい。

ところで「未」という字には、不思議な魅力がある。語源を調べてみると、「大きな木に、若い枝が生えている状態」を表した象形文字だという。なるほど、これからに期待が膨らんで、ワクワクしてくるわけだ。

未は「ひつじ」とも読む。十二支の中の8番目だ。庶民が十二支を簡単に覚えられるように、動物の名前をあてはめていき、「未」には「ひつじ」が充てられたようだ。もっとも羊は極寒を好むため、日本には長らく存在しなかったらしい。そういえば、村上春樹の『羊をめぐる冒険』の主人公も、羊を求めて、はるばる北海道の北部(美深町がモデルとされる)まで出かけていく。

本書も、「未をめぐる冒険」と名付けてしまいたくなる。終わりなき旅の道中にすぎないからだ。「終わりなき旅」といえば、Mr. Childrenの同名の名曲(1998年)を思い出す。次のような歌詞から始まる曲だ。

息を切らしてさ　駆け抜けた道を
振り返りはしないのさ
ただ未来だけを見据えながら　放つ願い

そしてサビの部分。コンサートでは一気に盛り上がるくだりだ。「次の扉をノックしたい」のリフレインは、何度聞いてもシビれる。

閉ざされたドアの向こうに　新しい何かが待っていて
きっと　きっとって　僕を動かしてる
いいことばかりでは無いさ
でも次の扉をノックしたい
もっと大きなはずの自分を探す　終わりなき旅

＊『終わりなき旅』作詞・作曲　桜井和寿

瞑想している時にも、この曲が幻聴となって耳元にこだまする。世俗の雑念かもしれないし、日本的霊性のささやきかもしれない。

そこで、つい「未の先は何か」と禅僧に問うものなら、一喝されてしまうだろう。「未の先は未」、あるいは、「未の先は無（何もない）」というのが答えかもしれない。正解を探してまごまごしていると、また「喝！」という声が飛んできそうだ。

ＡＩ時代には、「問う力」が大切だといわれている。ＡＩは問いそのものがイケていなければ、イケていない答えしか出してこないからだ。しかし、問うこと、すなわち、答えを求めること自体が、イケていないとしたら。

そもそも、未来について問うことそのものが、間違いなのだ。未来は自分で切り拓くものである。それが、道を究め続けようとするシン日本流の奥義である。筆者も気を取り直して、また「未をめぐる冒険」に出かけることとしよう。冒険の旅路で、読者とまた遭遇する機会があるだろうか。おっと、また「喝！」が飛んできそうだ。

「一期一会」の精神を尊び、本書での出会いを、そしていまを大切にしたい。

おわりに

さまざまな切り口で、シン日本流経営の流儀について語ってきた。いつもながら、てんこ盛りとのそしりをいただいてしまいそうだ。ただ、ここまでお付き合いくださった読者は、その主旋律が「守破離《しゅはり》」であることに気づかれたはずだ。本書は、言わばシン日本流「守破離」変奏曲である。

それは、経営に閉じた話ではない。なぜなら守破離とは、学習を主軸とした進化の方法論だからだ。それは、人としての生き方そのものに直結する。学生時代は、もちろん学習が本務である。しかし、学習、特に守破離というプロセスは、社会に出てからその本領を発揮する。

そこで本書を締めくくるにあたって、筆者自身の守破離体験を振り返ってみたい。40余年の社会人生活を振り返ると、大きく3つのフェーズに分けることができる。

最初の10年は、三菱商事時代。商社マンとしてビジネスの基礎を学んだ。言わば「守」フェーズである。

次の20年は、マッキンゼー時代。経営コンサルタントとして、多くの企業の変革と次世代成長のお手伝いをした。筆者なりの「破」フェーズである。

そしてこの10年余りは、実務派学者（？）時代。筆者は密かに、「分人時代」と呼んでいる。いくつもの自分を演じているからだ。一橋ビジネススクール、そして新設された京都先端科学大学のビジネススクールで教壇に立ちながら、思考のあり方と経営の未来について思いを巡らせてきた。まさに「離」フェーズと呼べそうだ。

さらにつぶさに見ると、それぞれのフェーズで、小さな守破離を繰り返してきたような気がする。

商社の最初の4年間は、機械・プラント部門に配属。第2次オイルショック直後の石油掘削ブームで、ヨーロッパから日本への先端技術導入に携わった。商売のイロハを叩き込まれた「守」時代だ。

その後の4年間は、ニューヨーク。日本企業によるアメリカ企業買収がブームとなり、提携やPMI（ポスト・マージャー・インテグレーション）を現地でお手伝いした。週の半ばは五大湖周辺（いまやラストベルトと呼ばれる地帯）を転々とし、ニューヨークに戻ると、世界トップの投資銀行や法律事務所とやり合った。前線に立つ「商社マン」として、「破」を演じていた時代である。

次の2年は、ハーバード・ビジネス・スクール（ＨＢＳ）で過ごす。当時、日本的経営が驚異と脅威の目で見られる一方、アメリカは産業構造のイノベーションを仕掛けていた。そこでは、全盛期のマイケル・ポーターら教授陣や、世界中から集まったＭＢＡ学生たちから多くを学んだ。と同時に、日本流の現場経営にもアメリカ流の戦略経営にも限界を感じ、次世代の経営モデルを模索していく。学習と脱学習のプロセスが回り始めたのである。

それは次の経営コンサルへの道に続く「破」の時代の始まりともいえよう。言わば卒業論文のつもりで、最初の自著を上梓。題して『ハーバードの挑戦』（プレジデント社、１９９１年）。

マッキンゼー時代の最初の4年間は、ソウルオフィスの立ち上げに従事、大前研一氏をはじめとした先人たちから、多くの技を学んだ。というより、盗ませてもらったという方が正確だろう。

ビジネススクールでの学びは、経営の実践ではまったく役に立たない。学び直しに徹する「守」の時代である。当時、日本的経営を徹底的に学んでいた韓国のクライアント企業群が、その後、日本を超えて大きく進化していったことは、いまさらながら感慨深い。

日本に戻ってからの8年間は、マネージャー、そしてジュニアパートナーとして、クライアントの経営陣と知的格闘技をひたすら演じた。当時の自分の写真やビデオを見ると、肩に力が入っている様子が伝わってくる。経営コンサルとしての「破」の時代である。

シニアパートナー（マッキンゼーでは「ディレクター」と呼ぶ）になってからの8年間は、次世代経営の潮流を仕掛けることに注力した。デジタルシフト支援組織「アクセラレーター@マッキンゼー」の東京オフィス代表として、ドットコムバブルとその崩壊に直面。その後、中国とインドをはじめとしたアジア圏の急成長に注力。後半は、ドイツオフィスのパートナー評価者という役割でドイツ流経営の真髄に触れたことも、日本流経営を再考するうえでよい経験だった。

その間、数多くの論文を執筆した。筆者が編集を主幹した『マッキンゼー・クォータリー日本版』が主な舞台となった。さらに、そのいくつかを編纂してマッキンゼーシリーズとして出版したほか、『DIAMOND ハーバード・ビジネス・レビュー』にも定期的に寄稿した。

それらの集大成として上梓したのが、『学習優位の経営』（※61）だ。こちらは言わばコンサル卒業論文であり、まさに「離」陸への滑走路となった。

一橋ビジネススクールで教壇に立ち始めた頃は、正直なところ戸惑った。コンサルの時と違って、こちらが答えを出してはいけない。学生たちに徹底的に考えさせ、議論させるための「演出家」としての手腕が問われる。HBS時代の恩師の一人でもあり、同スクールを立ち上げ、研究科長を務めていた竹内弘高教授から、その技をしこたま盗ませてもらった。改めての「守」

時代である。

その後はいまに至るまで、複数のビジネススクールに加えて、数多くの企業の経営幹部研修プログラムにも携わっている。一方で、経営潮流を切り拓く活動にも注力していく。その時々の思考をさまざまな切り口で編集して、年に1冊ずつ出版するペースで世に問うていった。

その際の心の師匠は野中郁次郎教授だ。野中流経営モデルに、世界最前線の経営の現場で筆者自身が編み出した思想を融合させ、シン日本流の元型《げんけい》を創発していった。筆者なりの新たな「破」のプロセスである。残念ながら本書作成の最終段階（2025年1月25日）に、野中先生は鬼門に入られた。改めて野中先生の遺志を汲んで、経営モデルを進化させ続けていきたい。

そしてここ数年、新たな「離」の季節が巡ってきている。経営という狭い世界から飛び出して、知の迷路に足を踏み出している。その時の心の師匠が故・松岡正剛翁だ。「編集工学」という日本発の知の技法を学びながら、「未の冒険」を始めている。セイゴオさんと野中先生が亡くなられたいまこそ、編集工学研究所、そして一橋ビジネススクールは、「シン日本流経営」を世界に発信していくつもりである。

そのような意味で、本書はこれまでの経営論の「離」の産物である。そして、同時に次の地平への出発点でもあるはずだ。

本書執筆にあたっては、編集工学研究所の安藤昭子社長と姜舜伊さんに、構想の段階から多くの示唆をいただいた。またダイヤモンド社 ダイヤモンドクォータリー編集長の宮田和美さん、同編集部の本村恵子さん、顧問の相澤摂さんには、細部に至るまで数々のご支援をいただいた。この場を借りて、心からお礼を申し上げたい。

「未の冒険」は終わりなき旅である。筆者の守破離の道は、これからも新たな扉を拓き続けるに違いない。読者のお一人おひとりが、守破離の旅を想い想いに楽しんでくださることを信じつつ、今回の旅のとりあえずの終着点としたい。

索引

参考文献

1. 「2023年版・アンホルト-イプソス国家ブランド指数(NBI)」イプソス, https://www.ipsos.com/ja-jp/nation-brands-index-2023-JA
2. エズラ・ヴォーゲル(1979)『ジャパン・アズ・ナンバーワン』広中和歌子ほか訳, TBSブリタニカ
3. 名和高司(2003)「学習優位の戦略」『DIAMONDハーバード・ビジネス・レビュー』3月号
4. レイチェル・カーソン(1974)『沈黙の春』青樹簗一訳, 新潮社
5. ピーター・ティールほか(2014)『ゼロ・トゥ・ワン』関美和訳, NHK出版
6. Salim Ismail, et al. 2014. *Exponential Organizations.* 邦訳・小林啓倫訳(2015)『シンギュラリティ大学が教える飛躍する方法』日経BP
7. ジェレミー・リフキン(2015)『限界費用ゼロ社会』柴田裕之訳, NHK出版
8. ジム・クウィック(2021)『LIMITLESS』三輪美矢子訳, 東洋経済新報社
9. レイ・カーツワイル(2007)『ポスト・ヒューマン誕生』井上健ほか訳, NHK出版
10. 名和高司(2024)『超進化経営』日経BP 日本経済新聞出版
11. デビッド・シンクレアほか(2020)『LIFESPAN 老いなき世界』梶山あゆみ訳, 東洋経済新報社
12. ユヴァル・ノア・ハラリ(2018)『ホモ・デウス』柴田裕之訳, 河出書房新社
13. 斎藤幸平(2020)『人新世の「資本論」』集英社
14. オスヴァルト・シュペングラー(2017)『西洋の没落』村松正俊訳
15. 広井良典(2001)『定常型社会』岩波書店
16. 名和高司(2015)『CSV経営戦略』東洋経済新報社
17. 坂本光司(2008~2022)『日本でいちばん大切にしたい会社』シリーズ, あさ出版
18. 塚越寛(2000)「人々から『いい会社だね』と認められれば永続企業になれます」ニッポンの社長, https://www.nippon-shacho.com/interview/in_ina/
19. ダイヤモンド経営者倶楽部編(2015~2024)『レガシー・カンパニー』シリーズ, ダイヤモンド社
20. 「世界はいずれ『日本化』する GDP4位騒ぎへ水野和夫さんの戒め」朝日新聞デジタル, 2024年2月15日
21. オルダス・ハクスリー(2013)『すばらしい新世界』黒原敏行訳, 光文社
22. 福岡伸一(2009)『世界は分けてもわからない』講談社
23. 「東レ日覺会長『経営の基本は人、組織の強さと成長は〈個〉の尊重』」日経ビジネスオンライン, 2024年3月15日, https://business.nikkei.com/atcl/NBD/19/00121/00257/
24. 中神康議「株主還元でPBR問題は解決しない」日本経済新聞, 2024年6月25日
25. 大來尚順「『もったいない』の日本語に隠れた本当の意味」東洋経済オンライン, 2017年1月16日, https://toyokeizai.net/articles/-/153266
26. 西田幾多郎(1979)『善の研究』岩波書店
27. 野中郁次郎(2021)「身体知こそイノベーションの源泉である」『DIAMONDハーバード・ビジネス・レビュー』3月号
28. 野中郁次郎、野間幹晴、川田弓子(2024)『二項動態経営』日経BP 日本経済新聞出版
29. 長谷川櫂(2009)『和の思想』中央公論新社
30. 大前研一(1975)『企業参謀』プレジデント社

31. 手塚治虫(1954~1988)『火の鳥』シリーズ

32. 三島由紀夫(1969~1971)『豊饒の海』新潮社

33. 千宗室(2020)『茶の湯 裏千家 心を通わすお茶(NHK趣味どきっ!)』NHK出版

34. 松下幸之助(1989)『人間としての成功』PHP研究所

35. 名和太郎(1976)『松下幸之助 経営の神髄を語る』国際商業出版

36. PHP総合研究所編(1999)『松下幸之助「一日一話」』PHP研究所

37. 名和太郎(1976)『評伝 松下幸之助』国際商業出版

38. 笹岡隆甫、鈴鹿可奈子、西平直「巻頭鼎談 革新してこそ伝統は続く」『紅萠』京都大学, 2021年9月号

39. 中川淳「日本の工芸を元気にする!」日立製作所Executive Foresight Online, 2016年12月7日, https://www.foresight.ext.hitachi.co.jp/_ct/17013963

40. 中川政七商店「中川政七商店初の複合商業施設・まちづくりの拠点『鹿猿狐ビルヂング』4月14日グランドオープン」, 2021年2月12日, https://www.nakagawa-masashichi.jp/company/press/2021/02/000143.html?srsltid=AfmBOoqBlkD7I0Afme-crfhAXZhxobDLqUVdHCyNzv8OWTD8DJvzjNjf

41. 「ダイキン十河社長『売上高4兆円でも我々は中小企業』」日経ビジネスオンライン, 2024年3月22日, https://business.nikkei.com/atcl/gen/19/00622/031900008/

42. 名和高司「パーパス経営を実践している企業の共通項とは」東洋経済オンライン, 2024年2月28日, https://toyokeizai.net/articles/-/726521

43. ダイキン工業「人を基軸におく経営」, https://www.daikin.co.jp/corporate/overview/vision/people_centered

44. 「ダイキンを空調世界一にした井上礼之会長『社員を「野人」に育てる』」日経ビジネスオンライン, 2024年3月25日, https://business.nikkei.com/atcl/gen/19/00622/032100010/

45. 「ダイキン会長『二流の戦略と一流の実行力。やっぱり人は大事にせなあかん』」ニュースイッチ, 2019年3月7日, https://newswitch.jp/p/16754

46. 井上礼之(2021)『人を知り、心を動かす リーダーの仕事を最高に面白くする方法』プレジデント社

47. 「ダイキン、1.5流の人材を10倍に成長させる『失敗を許す文化』」日経ビジネスオンライン, 2024年3月25日, https://business.nikkei.com/atcl/gen/19/00622/031900009/

48. 「ダイキン井上礼之会長『次の生業、決断を』100周年式典」日本経済新聞, 2024年5月21日

49. カネカ「カネカロン アフリカ市場調査プロジェクト」, https://www.kaneka.co.jp/recruit/project/03.html

50. カネカ「いのちの経営」, https://www.kaneka.co.jp/topics/ir_news/2023/mqjgu500000017cm-att/ir2306073.pdf

51. 延岡健太郎(2023)『キーエンス 高付加価値経営の論理』日経BP 日本経済新聞出版

52. 西岡杏(2022)『キーエンス解剖』日経BP

53. 名和高司(2013)『失われた20年の勝ち組企業 100社の成功法則 「X」経営の時代』PHP研究所

54. キーエンス「キーエンスの考え方」キーエンス新卒採用サイト, https://www.keyence-jobs.jp/company/philosophy.jsp

55. 「キーエンスの営業は『ライオンキング型』だから強い」日経ビジネスオンライン, 2022年6月9日, https://business.nikkei.com/atcl/gen/19/00428/060600014/
56. 「『キーエンスに過去は不要』色あせぬ滝崎名誉会長の教え」日経ビジネスオンライン, 2022年2月21日, https://business.nikkei.com/atcl/gen/19/00428/021700009/
57. オイシックス・ラ・大地「オイシックスの約束」, https://www.oisixradaichi.co.jp/story/
58. オイシックス・ラ・大地「CULTURE」, https://recruit.oisixradaichi.co.jp/ordig/99/
59. 髙島宏平、名和高司(2023)「巻頭対談・本気で会社を変えたければ、まず社長が自らを改革せよ」『理念と経営』8月号
60. オイシックス・ラ・大地「サステナビリティ トップメッセージ」, https://www.oisixradaichi.co.jp/sustainability/message/
61. 名和高司(2010)『学習優位の経営』ダイヤモンド社
62. 伊丹敬之(1987)『人本主義企業』筑摩書房
63. 松岡正剛(2006)『日本という方法』NHKブックス
64. 松岡正剛(1995)『フラジャイル』筑摩書房
65. 安藤昭子(2020)『才能をひらく編集工学』ディスカヴァー・トゥエンティワン
66. 松岡正剛(2000)『日本流 なぜカナリヤは歌を忘れたか』朝日新聞出版
67. 名和高司「平成日本企業の失敗『擬態経営』から脱却せよ」日本経済新聞, 2023年12月5日
68. 名和高司(2021)『パーパス経営 30年先の視点から現在を捉える』東洋経済新報社
69. 名和高司(2024)『エシックス経営』東洋経済新報社
70. 大江健三郎(1968)『持続する志』文藝春秋
71. 安宅和人(2020)『シン・ニホン AI×データ時代における日本の再生と人材育成』NewsPicksパブリッシング
72. ウリケ・シェーデ(2024)『シン・日本の経営 悲観バイアスを排す』渡部典子訳, 日経BP 日本経済新聞出版
73. 日本能率協会監修(2024)『シン・日本的経営』東洋経済新報社
74. 名和高司(2021)『稲盛と永守』日本経済新聞出版
75. Igor Ansoff, "Strategies for Diversification", *Harvard Business Review*, Sep.-Oct.(邦訳「多角化戦略の本質」DIAMONDハーバード・ビジネス・レビュー 2008年8月号)
76. マルクス・ガブリエル、名和高司「資本主義は今、曲がり角に来ているのか?」東洋経済オンライン, 2024年10月18日, https://toyokeizai.net/articles/-/834043?display=b
77. 「アシックス、欧州主導で最高益更新へ どん底からの復活」日経ビジネスオンライン, 2023年10月3日, https://business.nikkei.com/atcl/gen/19/00122/092800190/
78. 寺田寅彦(1935)『日本人の自然観』岩波書店
79. ツムラ「漢方医学と西洋医学の融合」漢方ビュー, https://www.kampo-view.com/know/part03
80. ツムラ「統合報告書 2022」
81. 吉田忠裕「『善の巡環』という企業精神」日立製作所Executive Foresight Online, 2016年9月28日, https://www.foresight.ext.hitachi.co.jp/_ct/16994459

82. 「企業は国民の幸せのために 柳井正ファストリ会長兼社長」『日経ビジネス』2021年1月15日号
83. ユニ・チャーム「経営陣と現場社員が一体となって前進する『共振の経営』」, https://www.unicharm.co.jp/ja/recruit/graduate/company/vision.html
84. デンソー「DENSO Crafting the Core」, https://www.denso.com/jp/ja/about-us/corporate-info/brandpurpose/
85. 松下幸之助(1979)『人を活かす経営』PHP研究所
86. 松下幸之助(1984)『人生心得帖』PHP研究所
87. PHP研究所編(2022)『[新装版]松下幸之助 日々のことば』PHP研究所
88. 松下幸之助(1968)『道をひらく』PHP研究所
89. 稲盛和夫(2019)『心。』サンマーク出版
90. 稲盛和夫(2021)『信念を高める』サンマーク出版
91. 及川美紀、名和高司(2024)「パーパスを実践に落とし込む、リーダーシップを発揮せよ!」『理念と経営』11月号
92. 名和高司(2022)『シュンペーター』日経BP
93. オリックス「『チャレンジと変化を恐れない』未来を創り出すために社員たちがPurpose &Cultureを導出」, https://www.orix.co.jp/grp/move_on/entry/2024/03/08/100000
94. 名和高司(2023)『桁違いの成長と深化をもたらす 10X思考 』ディスカヴァー・トゥエンティワン
95. 木村紀子(2023)『地名の原景』平凡社
96. 河合隼雄(1982)『中空構造日本の深層』中央公論社
97. 河合隼雄(1994)『昔話の深層』講談社
98. 鈴木大拙(2010)『日本的霊性 完全版』角川学芸出版
99. 鈴木大拙(1948)『日本の霊性化』法蔵館
100. 宮崎駿(2008)『折り返し点 1997~2008』岩波書店
101. 名和高司(2020)『経営改革大全』日本経済新聞出版社
102. 高坂正堯(1965)『海洋国家日本の構想』中央公論社
103. 松岡正剛編著(2024)『別日本で、いい』春秋社
104. 松岡正剛(1996)『知の編集工学』朝日新聞社
105. 松岡正剛「松岡正剛の千夜千冊 藤原成一『かさねの作法』」, https://1000ya.isis.ne.jp/1526.html
106. 松岡正剛(2020)『日本文化の核心』講談社
107. 「古都の頂点どっち?『奈良県民』と『京都人』インフルエンサー対決」朝日新聞, 2023年9月29日
108. (対談)河瀬直美氏・松岡正剛氏「奈良から世界へ」国際文化会館ウェブサイト, 2014年4月, https://www.i-house.or.jp/programs/ihj-world03/
109. 内村鑑三. 1894. *Representative Men of Japan*, 邦訳・鈴木範久訳(1995)『代表的日本人』岩波書店
110. 内村鑑三(1946)『後世への最大遺物・デンマルク国の話』岩波書店

111. 鈴木俊隆. 1970. *Zen Mind, Beginner's Mind*, 邦訳・松崎徳意訳(1979)『初心・禅心』白馬書房

112. 福岡伸一、池田善昭(2017)『福岡伸一、西田哲学を読む 生命をめぐる思索の旅』明石書店

113. 河合隼雄(2000)愛知学院大学禅研究所開所35周年記念講演

114. 出口康夫、鳴海拓志「わたしとアバターと自己と」Mogura VR News, 2022年5月27日, https://www.moguravr.com/metaverse-special-with-me-my-avatar-and-myself/

115. レベッカ・ヘンダーソン(2020)『資本主義の再構築』高遠裕子訳, 日経BP 日本経済新聞出版

116. コリン・メイヤー(2024)『資本主義再興』宮島英昭監訳, 日経BP

117. 編集工学研究所(2018)『日本語り抄』内閣府

118. 寺島実郎(2024)『21世紀未来圏 日本再生の構想』岩波書店

119. 名和太郎(1985)『ホロン経営革命』日本実業出版社

120. 浅田彰(1983)『構造と力』勁草書房

121. スチュアート・カウフマン(1999)『自己組織化と進化の論理』米沢富美子監訳, 日本経済新聞社

122. 清水博(1978)『生命を捉えなおす』中央公論社

123. 福岡伸一(2007)『生物と無生物のあいだ』講談社

124. オリヴァー・ガスマンほか(2016)『ビジネスモデル・ナビゲーター』渡邊哲ほか訳, 翔泳社

125. ドネラ・メドウズほか(1972)『成長の限界』大来佐武郎監訳, ダイヤモンド社

126. ピーター・センゲ(2011)『学習する組織』枝廣淳子ほか訳, 英治出版

127. ピーター・センゲ、オットー・シャーマーほか(2006)『出現する未来』野中郁次郎監訳, 講談社

128. Peter Senge, "The Principles of Learning Organizations", *Journal of Beautiful Business*, Dec.17, 2018

129. 名和高司「10X(ケタ違いの)イノベーション」内閣府・GX2040リーダーズパネル, 2024年8月1日, https://www.cas.go.jp/jp/seisaku/gx_jikkou_kaigi/gx2040/20240801/siryou2.pdf

130. 阿部裕志「もし島全体がティール社会だったら」英知出版オンライン, 2018年4月13日, https://eijionline.com/n/n6bf1215c725b

131. 安永竜夫「次の国づくり」日本経済新聞, 2024年11月2日

132. 蔦屋書店「OMIYAGE」, https://store.tsite.jp/hanedaairport/floor/shop/waitingroom/?srsltid=AfmBOooygrTLwQTIh__zqYuf87Zud44F6KSZSFc7RKyHvbZkTutxQ8S8

133. マルクス・ガブリエル、名和高司「日本企業は倫理資本主義を実践できるのか?」東洋経済オンライン, 2024年10月29日, https://toyokeizai.net/articles/-/836690

134. マルクス・ガブリエル、名和高司「最高哲学責任者(CPO)で会社はどう変わるか?」東洋経済オンライン, 2024年11月5日, https://toyokeizai.net/articles/-/837620

135. 野中郁次郎、竹内弘高(2011)「賢慮のリーダー」『DIAMOND ハーバード・ビジネス・レビュー』9月号

136. ジョセフ・バダラッコ(2002)『静かなリーダーシップ』夏里尚子訳, 翔泳社

137. 村上春樹(1982)『羊をめぐる冒険』講談社

［著者］
名和高司（なわ・たかし）
京都先端科学大学教授｜一橋ビジネススクール客員教授
東京大学法学部卒、ハーバード・ビジネス・スクール修士（ベーカー・スカラー授与）。三菱商事を経て、マッキンゼー・アンド・カンパニーにてディレクターとして約20年間、コンサルティングに従事。2010年より一橋ビジネススクール特任教授（2018年より客員教授）、2021年より京都先端科学大学教授。ファーストリテイリング、味の素、デンソー、SOMPOホールディングスなどの社外取締役、および朝日新聞社の社外監査役を歴任。企業および経営者のシニアアドバイザーも務める。著書に『学習優位の経営』（ダイヤモンド社、2010年）、『パーパス経営』（東洋経済新報社、2021年）、『稲盛と永守』（日本経済新聞出版、2021年）、『資本主義の先を予言した　史上最高の経済学者 シュンペーター』（日経BP、2022年）、『桁違いの成長と深化をもたらす 10X思考』（ディスカヴァー・トゥエンティワン、2023年）、『超進化経営』（日経BP 日本経済新聞出版、2024年）、『エシックス経営』（東洋経済新報社、2024年）など多数。

＊日本音楽著作権協会（出）許諾第2409583-401号

シン日本流経営 成長のダイナミズムを取り戻す「超進化」

2025年2月18日　第1刷発行

著　者――名和高司
発行所――ダイヤモンド社
〒150-8409　東京都渋谷区神宮前6-12-17
https://www.diamond.co.jp/
電話／03･5778･7231（編集）　03･5778･7240（販売）

装丁――金井久幸（TwoThree）
DTP――横山みさと、川添和香（TwoThree）
編集協力――相澤 摂、本村恵子
撮影――佐藤元一
校正――志村かおり（ディクション）、渡辺公子
制作進行――ダイヤモンド・グラフィック社
印刷――勇進印刷
製本――ブックアート
編集担当――宮田和美

ISBN978-4-478-12162-7